Pasteur Caesar O. BENEDO

Comprendre l'ART de la Prière

La personne la plus importante et la plus influente sur terre est celui ou celle qui sait prier efficacement et faire bouger la puissante main qui contrôle toutes choses.

Ce livre était au départ édité par Jabez Publishing House comme livre de poche le 25 Mai 2015 et conçu par J. Michael Advertising.

Il a paru sous le titre : UNDERSTANDING THE ART OF PRAYER
Copyright © 2015 par Caesar Benedo.
ISBN-13:978-99919-0-602-7

Traduit avec l'autorisation de l'auteur par Steeve A. LOKONON.

Tous droits réservés. La reproduction partielle, le stockage dans un système de récupération ou la transmission sous toute forme (électronique, photocopie, enregistrement, scan …) sans l'autorisation écrite de l'éditeur est formellement interdite.

Les références bibliques de cette publication sont tirées de la version Louis Segond, nouvelle édition.

Version Française
Copyright © 2016 par Caesar Benedo.
ISBN-13:978-99919-2-118-1

Conçu par Maxime OLAYEMI.

Remerciements

Je remercie spécialement les personnes suivantes pour leur amour, encouragements et prières qui ont rendu possible la parution de ce livre: Mr Louis Ugwulor, Mr Iheanyi Ononiwu, Mme Sheyi Bonou, Mme Vivian Asempapa, Mr Fadel Akpiti, Mr et Mme Odjo, Mr Kingsley Eme, Mme Georgette Gbesset Baffoh, Pasteur Eric Osei Yaw, Pasteur Veronica Bampoe-Darko, Pasteur Emenike Paul Ezechiluo, Pasteur Michael Okwara, Prophète Holy Joy Chikezie, Rév. Lucile Sossou, Rév. Mr et Mme Oluwaseyitan, l'évêque Okonkwo et j'en passe.

Mes sincères remerciements vont à l'endroit des membres de ma famille pour votre amour, encouragement, soutien et prière ; merci de croire en moi.

Je profite de cette occasion pour exprimer ma gratitude au pasteur Benjamin Opeyemi OLAOSEBIKAN pour le soutien fraternel, l'encouragement et ses prières pour la réussite de ce projet.

Je remercie particulièrement mon ami le Pasteur Maximo DELEON pour son soutien et ses encouragements. Puisse DIEU te bénir abondamment.

Je remercie particulièrement le Pasteur Kwesi ADUTWUM pour son amour, ses encouragements, conseils et prières. Je remercie vraiment DIEU pour ta vie et pour l'énorme soutien que tu m'as témoigné. Puisse le Seigneur te bénir abondamment.

Je profite de cette occasion pour exprimer ma gratitude au Pasteur Zina PIERRE pour ton amour et l'opportunité que tu m'as donnée de partager et d'utiliser le manuscrit original de ce livre afin de former les intercesseurs pour *Thebreakingroom*.

Je remercie particulièrement Mme le Rév. Betty N. COLEMAN pour ta contribution dans la finalisation de ce projet. Que DIEU te bénisse et te récompense abondamment pour le merveilleux travail que tu fais pour le royaume.

Je remercie particulièrement mon Pasteur et Père spirituel, l'Evêque Derek Kwaku NUNEKPEKU pour ton amour, tes encouragements et prières. Merci de croire en moi.

Je profite de cette occasion pour exprimer ma gratitude à l'apôtre Michael Adeyemi ADEFARASIN pour avoir fait ressortir le meilleur en moi. J'admire ton engagement à l'excellence, ton désir sincère de faire la différence et ton amour pour le travail bien fait.

Les mots ne peuvent pas exprimer ma gratitude pour l'amour, l'attention, le soutien et les prières du grand diacre et sa femme, maman Georgina LAMPTEY pour tout l'investissement que vous avez fait dans ma vie. Merci à vous d'avoir été à mes côtés au moment même où j'en avais le plus besoin. Que le Seigneur vous bénisse abondamment.

Dédicaces

 e dédie ce livre à DIEU le Tout-Puissant pour la grâce et la sagesse qu'il m'a données d'écrire ce livre.

Table des matières

REMERCIEMENTS III
DÉDICACES V
INTRODUCTION 1

Chapter 1   LES PRINCIPES FONDAMENTAUX DE LA PRIÈRE..........5

Qu'est-ce que la prière?...6
Pourquoi nous prions?...10
Comment prier?..16
Le lieu secret de Dieu..18
Les niveaux de la prière..20
Demander 21
Chercher..22
Frapper..24
Les règles d'Engagement...27
Les obstacles à la prière 34
L'ignorance 35
Le péché..36
Les mauvaises intentions..38
Dieu refuse de répondre 40
Opération démoniaque 42
Mauvais timing..45
Le manque de foi...48

Chapter 2   LE MÉCANISME DE LA PRIÈRE...................................51

Chapter 3 — LES CLEFS POUR UNE PRIÈRE EFFICACE 61

- La relation avec Dieu 61
- L'humilité 63
- La connaissance 64
- La louange et l'adoration 66
- La passion 68
- La communion 70
- La détermination 72
- Le langage de la prière 76
- La foi 84
- La gratitude 86
- Le sacrifice 88
- Le jeûne 93
- L'engagement 100

Chapter 4 — LES DYNAMIQUES DE LA PRIÈRE 103

- Les merveilles de la prière 109
- La prière de Jaebets 109
- Nature de la prière de Jaebets 113
- La prière de Corneille 116
- La puissance protectrice et préventive de la prière 121
- L'évasion de prison miraculeuse de Pierre 126
- Le rôle de la prière dans la découverte de votre destinée divine 128
- Le rôle de la prière dans l'accomplissement de votre destiné prophétique 135

Chapter 5 — LA PRIÈRE STRATÉGIQUE 139

- Introduction à l'intercession 141
- Points importants 141
- Le ministère d'intercession 143

La stratégie de l'intercession...145
L'importance de l'intercession..152
Comment intercéder 155
Le rôle de l'intercesseur 157
Les Guides du combat spirituel..159
L'art du combat spirituel..161
La stratégie du combat spirituel..164
Les niveaux du combat spirituel..170
Le rôle d'un guerrier de la prière...178
L'importance du combat spirituel..179
Les armes du combat spirituel...181
Manier l'épée..183
La bataille de la pensée..187
La cartographie spirituelle...198
Les ruses et la stratégie de bataille de Satan 203
Briser les autels démoniaques..210
Briser les malédictions transgénérationelles......................................215
Les motifs de la lignée..222
L'ennemi de la maison..234
Lier l'homme fort..239
Détruire les flèches démoniaques..243
Manifester les décrets prophétiques 250

Chapter 6　　　GÉMIR EN ESPRIT...259

Abréviations Importantes...263

Le président des Etats-Unis le fait, le Premier Ministre d'Israël le fait, le Président du peuple Palestinien le fait, et la Reine d'Angleterre le fait. Les Juifs le font, les Musulmans le font, les Hindou le font, les Bouddhistes le font, les païens le font, les barbares le font, les Chrétens le font, tout le monde le fait. Peu sont convaincus de son efficacité, et doutent même de sa nécessité. Qu'est-ce que c'est ?

La prière !

- D. Myles Munroe

Introduction

La prière n'est pas juste une activité religieuse, mais un mode de vie. Voilà ce qui nous amène à étudier l'art de la prière. Dans son livre *La prière -l'art de croire*, Neville Goddard écrit : « La prière est un art et requiert de la pratique ». L'art de la prière est l'aptitude requise pour une prière consistante et efficace. C'est le *comment-faire et le savoir-faire* de la prière.

Apprendre l'art de la prière, c'est comme apprendre à maîtriser l'art de la négociation, du discours, de se faire des amis, etc... Certains appellent ça la discipline de la prière.
Le dictionnaire en ligne gratuit définit *un art* comme suit : une aptitude que l'on acquiert par l'étude, la pratique, ou l'observation. L'art de la prière peut être appris par l'étude, la pratique, et l'observation. Ceux qui arrivent à comprendre l'art de la prière en maîtrisent le *comment-faire et le savoir-faire*.

Ce livre fournit les directives pratiques pour une prière efficace. Il explique les conditions de base pour une prière consistante. Il enseigne ce qu'est la prière, comment elle opère, ce qu'elle fait, comment prier, les obstacles à la prière, les lois de la prière, les niveaux de la prière, les clefs pour une prière consistante, les choses qui donnent du poids à la prière, les types de prière, la prière stratégique, etc...Il parle de certaines raisons pour lesquelles beaucoup prient sans recevoir l'exaucement, et comment y remédier. La prière est l'un des sujets les plus enseignés dans la chrétienté du fait de son importance. Elle est cependant, peut-être le plus mal compris. On a le plus souvent mis l'accent sur *la nécessité de prier* que sur *comment prier*. La plupart d'entre nous savons que nous avons besoin de la prière et nous pouvons énumérer plusieurs raisons pour lesquelles nous devons prier. Le plus grand problème auquel les chrétiens sont confrontés aujourd'hui est la juste compréhension du *comment-faire* de la prière. Avoir une vie de prière productive, requiert la connaissance des techniques efficaces. Beaucoup sont très peu disposés à prier soit parce qu'ils perçoivent la prière comme une corvée ou comme une perte de temps. D'autres qui étaient jadis motivés et très désireux de prier se sont refroidis après avoir longtemps prié pour quelque chose en particulier sans obtenir gain de cause. Certains en arrivent même à se demander si la prière est efficace.

La prière fait des merveilles! Elle change la vie et la situation! Elle fait bouger la main puissante qui contrôle les cieux et la terre. Si elle n'opère pas pour vous, c'est sans doute parce que vous ignorez certains facteurs essentiels qui font qu'elle opère. Dieu entend et exauce les prières. Il le fera toujours parce qu'il ne change jamais. La prière a toujours porté des fruits et il en sera ainsi pour ceux qui en étudient le *comment-faire* et acquièrent *le savoir-faire*.

Comprendre de l'art de la prière est la clef maitresse qui fait décoller votre vie de prière et la transporte dans une nouvelle dimension. C'est pourquoi ce livre est à lire absolument pour tous ceux qui désirent une vie de prière consistante. Il est le résultat de mes nombreuses années d'expériences à la tête des guerriers de la prière et de notre équipe d'intercession à l'église ainsi que d'autres réseaux de prière où j'ai enseigné à plus d'un comment prier.

INTRODUCTION

Je partagerai avec vous certains aperçus et expériences personnelles que j'ai eues en tant que directeur national de prière de l'Action Chapel International Benin (ACI) pendant neuf années. Je partagerai avec vous les choses que nous avons apprises aussi bien de notre papa, l'archevêque Nicholas Duncan-Williams, qui est connu dans le monde entier comme apôtre de prière stratégique, que d'autres distingués hommes et femmes de Dieu qui nous ont enseigné comment prier, à l'instar de l'apôtre Michael Adeyemi Adafarasin, évêque Derek Nunekpeku, et autres.

Mon papa, l'archevêque disait toujours que Dieu ne peut faire rien pour l'humanité à moins que quelqu'un prie (car, c'est illégal pour Lui d'intervenir sur la terre des Hommes sans avoir été invité par la prière puisqu'il a donné la terre à la race Humaine) et que la prière est le canal qui arrache, depuis les confins de l'éternité ce que Dieu nous a préparé et nous les apporte. Le ciel ne peut nous être favorable sans la prière. Plus important encore, la prière est le lieu où Dieu rencontre l'humanité. Quel mystère!

Joignez-vous donc à moi et ensemble, explorons ce thème ô combien capital : « L'art de la prière ». Ma prière est que l'Esprit Saint ouvre les yeux de votre entendement pendant votre lecture, et ravive votre vie de prière à travers ce que vous aurez appris. Bienvenue donc à bord!

Pourquoi la prière semble-t-elle ne pas fonctionner? Pour répondre à cette question, nous devons d'abord comprendre la source, les principes, l'origine, et le but de prière. Qu'est-ce que la prière? Pourquoi la prière est-elle nécessaire? Comment devons-nous nous prier? Pourquoi prier Dieu au nom de Jésus? Pourquoi ne recevons nous pas toujours l'exaucement qu'on espère de nos prières? Quand devons-nous cesser de prier? Quel est le rôle de la foi dans le processus de la prière? Doit-on "être qualifié" pour prier? Si Dieu est souverain et peut faire ce qu'il veut, alors pourquoi prier? Est-ce que la prière affecte ou change le destin?

- Dr. Myles Munroe

LES PRINCIPES FONDAMENTAUX DE PRIÈRE

Luc 11:1 nous relate comment le Seigneur Jésus priait dans un certain lieu. Quand il eut fini, l'un de ses disciples vint à Lui et Lui dit : « Seigneur, enseigne nous à prier comme Jean l'a fait à ses disciples ». En réponse à leur demande, le Seigneur leur formula un modèle de prière afin de les guider. Il voyait donc qu'il fallait enseigner la prière et cela selon un modèle afin que quiconque s'intéressait à cet art l'apprenne et prie de façon efficace.

Tout d'abord, les disciples en observant sa façon de prier et ont vu qu'il connaissait quelque chose qu'ils ne connaissaient pas (votre connaissance de la prière détermine votre attitude).

Ensuite, ils ont appris de Jean-Baptiste que la prière s'enseigne (on peut donc l'apprendre). Tout ce qui s'enseigne peut être appris. Le fait que Jean ait enseigné à ses disciples comment prier implique que Jésus pouvait également leur enseigner son savoir sur la prière. Le simple désir d'acquérir les connaissances d'autrui sur le sujet vous rend à même de recevoir le savoir qui rehaussera votre vie de prière.

En outre, la connaissance c'est le pouvoir. Savoir ce que Jésus savait sur la prière changerait leur façon de prier. Comprendre le *comment-faire* de la prière changera votre attitude vis-à-vis de la prière. L'une des raisons principales pour lesquelles beaucoup voient la prière comme une corvée est qu'ils n'ont pas une bonne compréhension du sujet. La prière est un sujet dense mais très important pour la chrétienté. Elle doit être bien enseignée, apprise, et pratiquée. Ceux qui connaissent et comprennent correctement ce qu'est la prière, accomplissent beaucoup de choses par elle. Votre connaissance de la prière déterminera la consistance de votre vie de prière.

Enfin, ils ont pu comprendre l'art de la prière en apprenant de leur maître, en mettant en pratique tout ce qu'il leur enseignait, et en l'observant attentivement pour en apprendre plus sur les techniques et stratégies qui rendent la prière consistante. L'étude, la pratique, et l'observation sont les clefs pour comprendre l'art de la prière.

QU'EST-CE QUE LA PRIÈRE

Mon papa, l'Archevêque Duncan-Williams, définit la prière comme une arme surnaturelle que Dieu a mise à notre disposition vous et moi pour le déployer Lui et ses anges, afin de manifester son règne et sa volonté sur le royaume des humains ainsi que les œuvres de l'ennemi. Selon lui, la prière est le canal qui amène à accomplissement les desseins de Dieu sur la planète terre. Le ciel ne peut rien faire pour l'humanité sans la prière.

En réponse à la demande adressée par les disciples à Jésus de leur enseigner comment prier, Il dit : « Quand vous priez, dites »:

LES PRINCIPES FONDAMENTAUX DE PRIÈRE

« Père! Que ton nom soit sanctifié; que ton règne vienne. Donne-nous chaque jour notre pain quotidien; pardonne nous nos péchés, car nous aussi nous pardonnons à quiconque nous offense; et ne nous induis pas en tentation. » Lu. 11:2-4 LSG

Nous constatons dans le passage ci-dessus que la seule manière d'amener le règne et les desseins de Dieu sur la terre est le canal de la prière. Le passage révèle également que la prière est à la fois une communication et une relation. Elle commence par un acte d'adoration et place les intérêts du royaume au-dessus de notre agenda personnel. La volonté et le conseil divins ne peuvent être conçus que dans le sein de la prière, et sans la prière Dieu ne saurait se manifester sur la terre. Cela est dû au fait que Dieu ait donné le mandat de la domination à l'humanité, mais Adam l'a cédé à Satan par le péché. A cause de cela, Satan est le gouverneur de ce monde, comme il l'a précisé pendant la tentation du Seigneur Jésus (prétendant que l'autorité et la gloire de tous les royaumes du monde lui avaient été données, et qu'il la donnerait à qui il voudrait. Il voulait ainsi inciter Jésus à l'adorer (Luc 4:5-6). Je développerai cet aspect au fur et à mesure que nous évoluons.

La prière est une expression de la foi et de la dépendance en Dieu. Ce sont les principes fondamentaux de la prière que doit connaitre tous ceux qui aspirent à une vie de prière véritable. On adore Dieu pour ce qu'Il est et on le loue pour ce qu'il fait. Une vie de prière est une vie d'adoration, d'intimité, de communication, de foi, de sainteté, de pardon, de charité, de sacrifice, de puissance, d'autorité, ainsi de suite.

Parlant de la « puissance de l'intercession », le Dr. Cindy Trimm explique que l'une des choses à faire si vous voulez vraiment persévérer dans la prière est de se discipliner. « Apprenez les fondamentaux, et quand c'est fait, vous commencez à vous amuser. Vous ne pouvez pas vous amuser sans avoir appris les fondamentaux ». Pour comprendre l'art de la prière, il faut en apprendre les principes fondamentaux.

(Qu'est-ce que la prière, pourquoi nous prions, comment prier, quand prier, les niveaux de la prière, les obstacles à la prière, les clefs pour une prière consistante, etc.). La prière devient passionnante quand on en a assimilé les principes fondamentaux.

Le Seigneur Jésus a commencé son enseignement en disant : « Quand vous priez, dites : » parce que la prière engage à la fois celui qui prie et celui qu'on prie. C'est une communication entre les Hommes et Dieu. Elle nous connecte à Dieu et nous introduit dans sa présence. Elle est une expression de notre foi, confiance, et espérance en lui. Le Dr Trimm l'énonce comme ceci : « La prière est la déclaration de dépendance de l'homme envers Dieu ». Nous prions parce que nous savons que Dieu existe et qu'il entend et exauce les prières. Il n'y a pas de meilleure manière d'exprimer notre foi en Dieu que par la prière. Goddard dit que l'essence de la prière est la foi. La prière n'est pas une simple activité religieuse mais un acte de foi qui ouvre aux Hommes l'accès au monde spirituel, d'où proviennent la puissance et l'autorité pour changer et influencer la terre. De la même manière que la prière donne aux Hommes l'accès au monde spirituel, elle donne également à Dieu l'accès au monde physique. E.M. Bounds écrit « Dieu façonne le monde par la prière. Plus il y a de prière dans le monde, meilleur ce dernier sera, et plus grande la résistance contre les forces du mal ».

Dr Myles Munroe parlant du « modèle de prière du royaume » met dans sa définition de prière ceci: « la prière n'est pas une activité religieuse, la prière est le permis terrestre d'avoir l'influence céleste. La prière signifie que l'humanité donne à Dieu la permission d'interférer dans des affaires de la terre.... La prière signifie que la puissance du ciel est transmise à la terre par l'autorité terrestre de l'homme.... La prière signifie que humanité donne au ciel le pouvoir d'accomplir la parole de Dieu sur terre. »

C'est l'une des raisons qui rend la prière si puissante, qui font d'elle un trésor dans les mains de ceux qui en maîtrisent l'art. Vous devez savoir à qui vous adressez vos prières, parce que la prière tisse un lien entre vous et celui que vous priez. La prière commence par la connaissance de qui Dieu est pour vous et ce qu'il représente pour vous. Voilà pourquoi le Seigneur Jésus nous demande de nous adresser à lui en tant que « notre père ». Cultiver une vie de prière consistante commence par la connaissance de qui Dieu est, ce qu'il fait, pourquoi vous avez besoin de Lui, où il est, comment il opère, ses plans, et son acceptation comme votre Père. La prière implique une connexion, une communion, et une communication. Elle est une expression de la foi en Dieu.

La prière est un exercice spirituel qui fait bouger la puissante main qui contrôle toutes choses. Elle est la clef maitresse qui ouvre les cieux et change le cours des choses. Elle détermine l'issue de tout événement. Jacques 5:17-18 raconte comment le prophète Elie, par la prière ferma les cieux en Israël. Pendant trois ans et demi, il ne tomba plus de pluie à cause de leurs péchés et iniquités. Il pria encore, et les cieux firent tomber la pluie. Dans Luc 3:21-22, le Seigneur Jésus pria de même pour ouvrir les cieux sur son ministère, et fit descendre sur lui l'Esprit Saint de façon visible. Il fit également retentir la voix du Père pour approuver son ministère terrestre (voilà ce que fait la prière).

La prière n'est pas un don mais un mode de vie. C'est pourquoi on apprend cette discipline. Ceux qui sont vraiment versés dans la prière peuvent vous dire combien elle a changé leurs vies du fait des règles d'engagement. La prière fixe des limites et des barrières quant à votre façon de vivre, où vous avez l'habitude d'aller, qui sont vos amis, comment vous vous habillez, ce que vous dites, lisez, suivez, etc... Elle vous conduit au lieu du sacrifice et vous sépare des choses que Dieu n'agrée pas.

Puisque la prière est une discipline spirituelle, elle fait croitre les désirs de l'esprit et s'oppose aux convoitises et aux désirs de la chair, car les œuvres de la chair nous induisent en inimitié avec Dieu (Ro.8:5-11, Ga.5:17-25). Les vrais hommes et femmes de prière marchent dans la sainteté parce que la prière les sanctifie. Elle crée l'atmosphère pour faire asseoir une vie de sainteté, et nous amène à la connaissance de la révélation.

POURQUOI NOUS PRIONS

Dieu a établi l'Homme afin qu'il règne sur toute la création ici-bas, Il lui a donné le droit légal de gouverner le monde. Bien sûr, ce mandat de domination ne l'incluait pas (Ge.1:26-28). Il est donc de ce fait illégal pour Dieu de venir agir à sa guise parmi les hommes sans la permission, l'invitation, ou la coopération de l'humanité. Dieu ne reprend pas ce qu'il donne, comme c'est écrit dans Romains 11:29. Aussi longtemps qu'il y aura des descendants d'Adam sur la terre, le monde demeure leur domaine, mais le droit de le gouverner a été cédé à Satan dans le jardin d'Éden par la séduction et la ruse. Pour conséquence, Satan détient la terre en otage et ce jusqu'à l'avènement du règne millénaire de Christ où il liera Satan pendant mille ans et l'empêchera ainsi d'exercer sa domination sur le monde (Ap.20:1-3). Cependant, Satan sera temporairement libéré peu après le millénium afin d'exercer encore son règne et sa séduction sur l'humanité jusqu'à ce qu'il soit finalement jugé et jeté dans l'étang de feu (verset 7-10).

Puisque Dieu a fait de la terre la juridiction de l'Homme et que Satan, par la ruse a usurpé ce droit de domination aux humains, le Seigneur ne peut plus interférer dans les affaires terrestres à moins que ceux-ci prient. Autrement, il violerait sa parole et ses principes. Mathieu 6:8 dit que Dieu sait de ce dont nous avons besoin avant même que nous le demandions, et le verset 9 nous enseigne un modèle de prière, nous encourageant ainsi à prier. Ma question est celle-ci, si Dieu sait ce dont nous avons besoin avant même que nous ne priions, pourquoi nous demanderait il alors de prier? Ne peut-il pas juste nous donner ce dont nous avons besoin sans attendre que nous le demandions? N'est-il pas le créateur du ciel et la terre, le propriétaire de toutes choses? Pourquoi devrions-nous prier pour des choses avant qu'il nous les accorde? Pourquoi devrions-nous prier pour que son règne vienne et que Sa volonté soit faite sur la terre comme aux cieux?

Les réponses à toutes les questions ci-dessus est que Dieu a créé la terre, l'a donnée à l'homme qu'il a doté du libre arbitre et s'est soustrait de la gestion des affaires humaines. Il ne veut ni se mêler ni insérer à son agenda les affaires humaines à moins d'avoir reçu l'invitation des Hommes, et le seul moyen de l'inviter est la prière. J'ai trouvé dans la bible un passage qui m'émerveille chaque fois que je le lis. Le Seigneur dit dans Apocalypse 3:20 qu'il se tient à la porte et frappe. Si quelqu'un entend sa voix et ouvre, il entrera et soupera avec celui-ci. Pourquoi Dieu chercherait il la permission et le consentement humains avant de faire quoi que ce soit au milieu d'eux? Je suis convaincu que la raison est qu'il a doté l'humanité du libre arbitre et ne veut pas violer leurs frontières. La prière lui donne le droit légal de venir en territoire humain. Pour cette raison, il nous a donné un modèle de prière, aussi bien pour nous enseigner comment prier que ce pour quoi prier.

Le Dr. Myles dit que le premier et plus important principe pour avoir de l'impact sur terre est la prière. Je crois que la raison est ceci : parce que la prière ouvre les cieux, donne à Dieu l'accès à la terre, instaure son royaume, et manifeste sa volonté aux royaumes des humains et aux œuvres du malin. Personne n'a plus d'influence sur la terre que quelqu'un qui sait prier efficacement. Il peut faire descendre Dieu sur la scène, commencer, changer et déterminer le cours des choses par la prière.

Dans Luc 22:40 et 46, la Bible nous demande de prier afin de ne pas tomber en tentation. La puissance pour prévenir le mal est libérée par la prière.

Elle élève les antennes spirituelles et érige une haie de protection autour de ceux qui sont fermes dans cet art, les rendant moins vulnérables à la séduction du malin. La prière est une arme forte!

Nous vivons dans un monde contrôlé par le diable (Jn.12:31, 14:30, 16:11). 1 Jean 5:19b dit que le monde entier est sous la domination du malin. Michée 2:1-2 parle de ceux qui conçoivent l'iniquité et établissent le mal sur leurs couches et qui accomplissent leur mauvais dessein dès, l'aurore, quand ils ont le pouvoir de le faire. Ils harcellent les gens et prennent leurs propriétés de force. Il en est ainsi parce que Satan et ses troupes règnent en ce bas monde.

Puisque le seul qui a le droit légal d'agir sur la terre est l'Homme, (être spirituel possédant un corps), et que l'humanité a cédé l'autorité à Satan par la tromperie, Dieu a envoyé sa parole (Jésus de Nazareth, Fils du Dieu vivant) mourir pour les péchés de l'humanité; et restaurer leur autorité perdue, celle que le diable a volée (Ph.2:5-11, Hé.2:9-14, 1 Jn.3:8). Ayant dépouillé les dominations et les autorités, il les a publiquement livrées en spectacle et a rendu la domination à l'humanité. Il a inauguré une nouvelle ère du royaume de Dieu sur la terre et a institué l'église (son corps lui faisant office d'agence sur la terre) avant de monter physiquement pour représenter l'humanité à la cour de justice céleste.

Dieu par la prière de l'église réalise de son plan et établit sa volonté sur la terre. Il ne fait rien sur la terre sans la prière des saints. Les églises, par la prière l'amènent à mouvoir sa main en faveur des hommes. Dieu ne passera pas outre l'autorité qu'il a donné à l'humanité sur la terre, ni n'interfèrera dans les affaires des hommes à moins d'avoir été invité. Nous prions pour donner au ciel l'accès et la permission d'agir en ce bas monde où règne la méchanceté. Voilà pourquoi la Bible nous recommande de prier (afin de donner à Dieu l'accès sur terre en utilisant l'autorité qu'il nous a donnée et il ne la violera pas, dit le Dr. Myles.)

Dans le modèle de prière de Jésus, il nous a demandé de prier pour que le règne de Dieu vienne et que sa volonté soit faite sur la terre comme au ciel (Mt 6:10). Le règne Dieu et sa volonté ne peuvent s'établir sur la terre sans que les Hommes ne la manifestent par la prière. Dieu cessera d'agir quand les humains cesseront de prier. La seule chose qui lui permet d'opérer sur la terre est les prières des saints. Pas de prière, pas de permis d'agir.

Pendant le ministère terrestre de Jésus, quand tout le monde vint au Jourdain se faire baptiser par Jean, Jésus savait que pour expérimenter ce que les autres n'avaient pas expérimenté, il lui fallait faire ce que les autres n'avaient pas fait. La Bible dit qu'il pria après s'être fait baptiser et les cieux s'ouvrirent. Par la prière il fit également descendre physiquement l'Esprit Saint sur lui sous forme de colombe et une voix retentit du ciel pour valider son ministère. Etant fils de l'homme vivant sur la terre, la seule manière qu'il y avait pour le Père et l'Esprit Saint d'interférer dans ses affaires était la prière, parce qu'il était en territoire humain. Dieu honore ses principes ; il ne viole sa parole pour rien.

Beaucoup pensent que nous prions à cause de nos besoins, mais les écritures disent le contraire. Dans son enseignement sur la prière, le Seigneur Jésus place les besoins du royaume au-dessus des nôtres. Il nous préconise de prier d'abord pour que le règne de Dieu vienne, pour que sa volonté soit faite sur la terre comme aux cieux avant de lui demander de satisfaire nos besoins. La prière est l'un des moyens élémentaires par lesquels le royaume des cieux envahit la terre. Elle amplifie la manifestation du règne de Dieu et crée la plateforme sur laquelle sa volonté s'établit. Sans prière, le royaume des cieux ne peut pas faire grand-chose sur la terre. Le ciel cesse de d'opérer sur la terre quand les humains cessent de prier.

La raison majeure qui fait que la prière apporte des solutions aux problèmes des Hommes et change les vies est que quand le divin rencontre l'humain, quelque chose de miraculeux se produit. La prière fait descendre le ciel sur la terre. Elle libère la puissance de Dieu qui change les choses. Plus nous prions, plus nous activons et libérons la puissance du ciel.

L'apôtre Jacques dit : si quelqu'un dans l'église est dans l'affliction, préoccupé, souffrant, ou traverse des temps difficiles, qu'il prie. Que si quelqu'un est heureux, gai, ou dans la joie, qu'il chante des cantiques. Ou si quelqu'un dans l'église est malade, qu'il invite les anciens de l'église à prier, l'oindre d'huile au nom du Seigneur car la prière faite avec foi guérira le malade, et le seigneur le guérira, le relèvera et lui pardonnera si il a commis des péchés et ils lui seront pardonnés (Jaques. 5:13-15). Nous voyons dans ce passage que la prière est l'antidote pour l'affliction, les problèmes, les difficultés, la souffrance, et la maladie, du point de vue de Dieu. Autrement, il aurait recommandé d'autres lignes de conduite pour affronter ce genre de situations. Le fait de souligner par la bouche de son apôtre que nous devrions prier quand nous sommes affligés et de chanter quand nous sommes dans la joie est que la prière provoque le miracle. Dans l'affliction, Job est demeuré ferme dans son intégrité, s'est disputé avec ses amis, a plaidé, a maudit le jour de sa naissance, désirait ardemment voir Dieu face à face, etc... Il a tout fait hormis la prière. Dieu a dû l'inciter à prier en lui envoyant ses trois amis pour qu'il prie pour eux. Job 42:10 déclare que l'Eternel restaura le bonheur de Job après qu'il ait prié pour ses amis. Bien que la prière fût la solution à son affliction, Job n'a pas prié jusqu'à ce que Dieu le lui ait demandé.

Un autre exemple est le prophète Jonas que Dieu avait envoyé à la grande ville de Ninive pour prophétiser contre elle. Au lieu d'obéir au commandement de Dieu, Jonas prit un billet pour Tarse à bord d'un navire et cela, afin de fuir loin de la face de l'Eternel.

Alors Dieu fit souffler un grand vent sur la mer qui secoua fortement le navire. Tous dans le bateau avaient si peur que qu'ils s'écrièrent chacun à son dieu, mais Jonas descendit sous la plate-forme, et tomba dans un profond sommeil. Quand le capitaine le vit, il dit : « comment peux-tu dormir ? Lève-toi et prie ton Dieu! Peut-être il aura pitié de nous, et nous ne périrons pas ». Enfin ils décidèrent de tirer au sort pour découvrir qui était la cause de ce malheur, et le sort tomba sur Jonas. Ils lui demandèrent quoi faire pour calmer la mer, et il leur demanda de le jeter par-dessus-bord. Le verset 14 dit qu'alors qu'ils jetaient Jonas dans les flots agités de la mer, ils prièrent Dieu de leur pardonner leur action, mais l'homme de Dieu ne pria pas jusqu'à ce qu'il ait passé trois jours et trois nuits dans le ventre du poisson que Dieu envoya pour l'avaler. Depuis le ventre du poisson, Jonas s'écria vers Dieu dans une attitude de prière et l'Eternel ordonna au poisson de le vomir sur une terre sèche. La solution aux problèmes, aux difficultés, et à l'affliction de Jonas était la prière. Cependant, c'était la seule chose qu'il refusait de faire jusqu'à ce qu'il se retrouve dans le ventre du poisson pendant trois jours et trois nuits (Jon. 1:1-17, 2:1-10). N'attendez pas que tout se dégrade avant de prier. Il est vrai que la prière guérit, délivre et restaure, cependant elle a également la capacité de prévenir le malheur.

Depuis que Christ a inauguré une nouvelle ère du royaume de Dieu sur la terre jusqu'ici, une bataille perdure entre le royaume de lumière et celui des ténèbres, chacun faisant tout pour contrôler la terre. L'une des raisons pour lesquelles le Seigneur Jésus nous a demandé de prier pour faire venir le royaume et la volonté de Dieu sur la terre est que cela amène l'invasion du royaume des cieux sur la terre afin d'en prendre le contrôle. La prière donne aux croyants d'avoir le dessus sur le malin parce qu'elle déplace la main de Dieu et la fait agir sur la terre (instaure son règne et établit sa volonté).

L'une des choses que la Bible nous demande à plusieurs reprises de faire est de prier sans cesse (Lu. 18:1, Ep.6:18, Col.1:3, 9, 4:2-3, 12, 1 Th.5:17, 2 Th.1:11, 1 Ti.2:8). Je crois que la raison est que la prière fait valoir les intérêts du royaume des cieux sur terre et change les vies. Rien ne donne au ciel le droit légal d'agir dans ce monde hormis la prière. La divinité rencontre l'humanité dans le lieu de la prière. Elle fait naitre le royaume de Dieu sur la terre et surimpose sa volonté aux œuvres des humains. Quand le ciel règne, les Hommes vivent en harmonie, et pour que le ciel règne sur terre, il faut la prière.

Je vous encourage à partir d'aujourd'hui de prier intentionnellement. Faites-le en sachant que la prière n'est pas une activité religieuse mais un art de la foi qui permet au ciel de descendre sur la terre et de changer les vies et les circonstances. Quelle que soit la situation dans laquelle vous êtes, vous pouvez la changer. La prière provoque l'intervention divine, et quand Dieu fait irruption dans votre situation, il change tout ce qui vous concerne.

COMMENT PRIER

La Bible déclare dans Romains 8:26 que nous ne savons pas ce qu'il nous convient de demander dans nos prières, et Jacques 4:3 dit que la raison que nous ne recevons pas des réponses à nos prières est parce que nous demandons avec de mauvaises motivations. Une chose est de prier et autre chose est de recevoir ce qu'on demande en prière. La raison pour laquelle beaucoup ne connaissent pas un bon aboutissement à leurs prières est qu'ils leur manque la connaissance élémentaire sur la manière de prier.

Apprendre comment prier est essentiel pour bâtir une vie de prière consistante. Pour prier efficacement, nous devons comprendre les différentes dynamiques que cela implique. La prière est dense et profonde. Elle requiert des études continues et de la pratique. Pour maîtriser cet art, vous devez faire des sacrifices.

Afin d'apprendre comment prier, vous devez prier, dit le Dr. Trimm. Le modèle de prière du Seigneur commence par : « Quand vous priez, dites ». Apprendre *quoi* dire et *comment* le dire importe beaucoup dans la prière. Matthieu 6:7 nous met en garde contre les vaines répétitions dans la prière, et ajoute que ce n'est pas parce qu'on emploie beaucoup de mots qu'on est exaucé. Le verset 8 dit que Dieu sait exactement de ce dont nous avons besoin avant que nous ne le lui demandions. La vérité est que tous ceux qui prient désirent être entendus et exaucés quelle que soit la façon dont il le fait. Personne n'a envie de passer son temps à prier sans en obtenir l'aboutissement. De même, Dieu a bien envie d'exaucer toutes les prières et de réaliser tous les désirs. Il ne nous demanderait pas de prier s'il ne voulait pas répondre.

Du peu nous avons appris jusque-là, il n'y a plus de doute sur le fait que Dieu a besoin de notre prière pour opérer sur la terre. Cela dit, n'oublions pas que Dieu agit conformément à sa parole et les principes qu'il a établis. Il désapprouve ce qui n'est pas conforme au conseil de sa volonté (Ep. 1:11). Tout doit passer par le test décisif de sa volonté afin de gagner son approbation. C'est pourquoi connaitre la volonté de Dieu pour chaque situation est très important. La Bible déclare dans Romains 12:2 que nous ne devrions pas nous conformer au siècle présent mais être transformés par le renouvellement de l'intelligence afin que nous puissions discerner la volonté de Dieu - c.-à-d. ce qui est bon, agréable, et parfait.

Le Seigneur Jésus donna une parabole dans Luc 18:9-14 sur deux hommes qui montèrent au temple pour prier, l'un était un pharisien et l'autre un publicain. Il expliqua comment le publicain rentra chez lui, justifié contrairement au pharisien à cause de son attitude. Certains passent beaucoup de temps à prier sur une situation particulière et se demandent pourquoi ils ne reçoivent pas l'exaucement. Ce n'est pas la quantité de temps que vous passez à prier qui détermine vos résultats. Il y a beaucoup de choses qui ajoutent de la valeur à la prière (nous verrons les différents facteurs au fur et à mesure que nous évoluons).

Jacques 5:17-18 dit que le prophète Elie était un homme de la même nature que nous, il pria avec instance qu'il ne plût point, et il ne tomba point de pluie sur la terre pendant trois ans, six mois. Les écritures dépeignent admirablement la raison initiale pour laquelle sa prière avait eu un résultat si exceptionnel : c'est parce qu'il a prié avec instance. Le prophète pouvait fermer ou ouvrir les cieux à tout moment parce qu'il avait appris à prier avec ferveur. Le verset 16c dit que la prière fervente du juste a une grande efficacité. Nous pouvons avoir le même résultat qu'Elie a eu en son temps en apprenant comment prier avec ferveur. Les hommes dans l'ancien temps faisaient des merveilles par la prière. Dieu n'a pas changé ! Il est le même hier, aujourd'hui, et éternellement (Hé.13:8). Pour faire des merveilles par la prière, il nous faut assimiler les différents facteurs qui font que la prière marche.

LE LIEU SECRET DE DIEU

Mon papa, l'archevêque Duncan-Williams, précise catégoriquement que le lieu secret de Dieu est le lieu de prière. Pour lui, c'est le lieu où la divinité rencontre l'humanité. La Bible dit dans Matthieu 6:6 que quand tu pries, il te faut entrer dans ta chambre, fermer la porte et prier à ton père qui est dans le lieu secret, alors ton Père qui voit dans le secret te récompensera. Le Psaume 91:1 déclare que celui demeure sous l'abri du Très-Haut demeure à l'ombre du Tout-Puissant. Pour jouir de la protection continue du l'Eternel, nous devons demeurer dans son lieu secret, et le lieu secret de Dieu est celui de la prière.

Le cabinet de prière, comme l'appellent certains, est un lieu où l'on va à la rencontre personnelle du Seigneur. C'est le lieu où l'agenda de Dieu pour l'humanité est déplacé de l'éternité au temps. La puissance et l'autorité pour faire venir le royaume de Dieu et surimposer sa volonté au royaume des hommes et aux œuvres du malin sont activés dans le lieu de prière.

Exode 19:10-23 décrit comment Moïse fit sortir le peuple du camp et les amena au pied de la montagne pour rencontrer Dieu. Moïse avait dû les consacrer pendant trois jours avant de les faire sortir comme Dieu le lui avait dit. Il y avait des règles établies pour eux, et tout acte de violation était puni de mort. Les règles d'engagement décrivent les "fais" et les "ne fais pas". Ils définissent également les paramètres et fixent les limites et les barrières quant à ce qui pourrait vous donner l'avantage ou vous le faire perdre dans le lieu de prière. Ils accentuent les valeurs principales qui ajoutent du poids à la prière. Le passage montre comment Dieu avait instruit le peuple de laver leurs vêtements et de se tenir prêts pour le rencontrer le troisième jour. Ils ne devaient absolument pas toucher la montagne, et quiconque violerait les règles devait être lapidé ou troué de flèches. En outre, ils ne devaient pas s'approcher de leurs femmes (pureté sexuelle). Connaitre ces règles et vivre par elles vous donne l'avantage dans la prière.

Le lieu de prière est un refuge et une forteresse où sont déployées toutes sortes d'armes spirituelles, celles défensives ou celles offensives. C'est un centre de commandement chargé de contrôler toutes les opérations spirituelles. Le lieu secret de Dieu est rempli de puissance et d'autorité. Ceux qui en font leur demeure y ont un libre accès.

C'est pourquoi quelqu'un qui prie avec ferveur et qui passe beaucoup de temps dans la prière possède une si grande autorité. Le Psaume 91:1 parle de celui qui demeure ou fait de l'endroit secret de Dieu sa résidence, que mon papa appelle le lieu de prière.

Exode 34:28-33 relate comment Moïse resta avec l'Eternel pendant quarante jours et quarante nuits sur le mont Sinaï sans manger ni boire pour pouvoir recevoir les dix commandements. Quand il descendit de la montagne, il ne savait pas que son visage était rayonnait, car la gloire de Dieu l'avait saturé et transformé pendant qu'il parlait avec l'Eternel. Pour atteindre ce niveau, il est d'abord sorti du camp, s'est mis à part, est monté jusqu'au sommet de montagne, s'est abstenu des désirs fondamentaux de la chair, est resté dans la présence de Dieu, et a parlé avec lui jusqu'à ce que son visage brille et reflète la gloire de Dieu. Ceux qui étaient dans le camp voyant son visage resplendissant avaient peur de l'approcher. Moïse fut investi d'une grande puissance et autorité parce qu'il avait demeuré dans la présence de Dieu pendant quarante jours et quarante nuits sans manger ni boire. Passer du temps dans la prière peut changer votre vie et vous amener à refléter la gloire de Dieu. Le lieu de la prière est un lieu de gloire, de bénédictions, d'autorité, et de discipline.

LES NIVEAUX DE LA PRIÈRE

Matthieu 7:7-8 dit demandez, et l'on vous donnera, cherchez et vous trouverez, frappez et l'on vous ouvrira. Car quiconque demande reçoit ; celui qui cherche trouve, l'on ouvre à celui qui frappe. Il existe trois différents niveaux de prière. Demander est le premier niveau de la prière que certains appellent le premier niveau. Chercher implique persister dans la prière, alors que frapper signifie la prière douloureuse ou d'agonie.

DEMANDER

Il y a des niveaux de prière, et demander en est le premier. On l'appelle *le niveau préliminaire* parce que tous ceux qui étudient la prière pensent toujours qu'il ne s'agit que de demander et de recevoir. En apprennent plus sur le sujet, ils se rendent alors compte que la prière est une puissante arme dont sont dotés humains pour opérer des changements sur la terre. Ceux qui possèdent peu de connaissances sur l'art de la prière, quand ils prient ramènent toujours tout à eux-mêmes. Voilà pourquoi nous apprenons les principes fondamentaux de la prière. Ce que vous connaissez sur la prière déterminera votre attitude dans la prière.

Le niveau préliminaire n'est pas tout juste pour les nouveaux convertis comme le pensent certains, mais pour tous ce qui ne comprennent pas vraiment l'art de la prière. Cela ne dépend pas du nombre d'années qu'ils ont passées en Christ. Le passage de Matthieu 7:9-11 dit que Dieu donne de bonnes choses à ceux qui les lui demandent. Bien que les trois niveaux de la prière soient centrés sur demander, la différence réside dans le *comment* et le *quoi* (cherchez et vous trouverez, frappez et l'on vous ouvrira). Jacques dit que si quelqu'un manque de sagesse, qu'il la demande à Dieu qui donne simplement sans reproche et elle lui sera donnée. Mais il doit demander avec foi, sans douter car celui qui doute est semblable au flot de la mer agité par le vent et poussé de côté et d'autre. Une telle personne ne peut pas s'imaginer recevoir quelque chose du seigneur, car il est irrésolu et inconstant dans ses voies (Ja.1:5-8). Cela signifie que pour recevoir ce que nous demandons du Seigneur, il faut demander avec foi, et sans la foi, il est impossible d'être agréable à Dieu (Hé. 11:6). Mais la foi vient de l'écoute de la parole de Dieu (Ro 10:17). En étudiant la prière, la connaissance que nous recevons produit le niveau de foi qu'il nous faut pour recevoir de Dieu par la prière. Pour opérer dans cette dimension, il nous faut apprendre les principes fondamentaux de la prière.

CHERCHER

Chercher signifie fouiller, rechercher, poursuivre, etc... J'appelle ce niveau *la prière persistante*. Il s'agit ici de savoir ce que vous voulez vraiment et de tenir ferme dans la prière jusqu'à l'obtenir. Le Seigneur Jésus évoque une parabole dans Luc 18:1-8 qui illustre l'importance de la prière persistante. L'histoire parle d'une veuve qui, à plusieurs reprises était allée voir un certain juge pour qu'il lui fasse justice de son adversaire. Le juge, qui ne craignait pas Dieu et n'avait d'égard pour personne, l'ignora pendant un temps. Mais il se dit finalement à lui-même : « bien que je ne craigne pas Dieu et n'aie d'égard pour personne, puisque cette veuve continue à m'importuner, je ferai qu'elle obtienne justice afin qu'elle cesse de m'importuner». Le juge inique accorda à la veuve son souhait car elle avait continué à le déranger sans répit à ce sujet. Le verset 7 dit que Dieu ne tardera pas à l'égard de ses élus qui crient à lui jour et nuit, alors que le vers 8 déclare qu'il leur fera promptement justice. La veuve obtint ce qu'elle cherchait parce qu'elle avait persisté. La persistance dans la prière vous donne la victoire.

L'apôtre Paul explique dans 2 Corinthiens 12:7-9 comment il lui avait été mis une écharde dans la chair, un messager de Satan, pour le souffleter et l'empêcher de s'enorgueillir à cause des grandes révélations qu'il avait reçues de Dieu. Il pria alors le Seigneur pour qu'il l'ôte de lui. Mais le Seigneur dit à Paul : « Ma grâce te suffit, car ma puissance s'accomplit dans la faiblesse. L'apôtre Paul savait ce qu'il voulait, et il pria trois fois Dieu afin de lui ôter l'écharde. La persévérance dans la prière donne des résultats si ce que vous cherchez est dans la volonté de Dieu. C'est pourquoi la connaissance est si primordiale. La connaissance que vous avez de la volonté de Dieu et des choses qui rendent ce niveau de prière opérationnel déterminera l'efficacité de votre prière. Pour passer au niveau suivant, vous devez comprendre les fondamentaux, les mécanismes, et les bases d'une prière efficace.

La Bible raconte comment le prophète Daniel a prié et Dieu a répondu à sa prière au moment même où il avait prié en lui envoyant un ange. Mais le prince du royaume de Perse avait résisté à l'ange et l'avait retenu pendant vingt et un jours. Cela a retardé la réponse de Dieu à la prière de Daniel. Daniel a tenu ferme et persévéré devant la face de Dieu en prière jusqu'à ce que l'ange Michael soit délégué du ciel pour libérer l'ange qui transportait la réponse à sa prière de la prison démoniaque. Si Daniel n'avait pas persévéré dans la prière, les renforts célestes n'allaient pas accourir à la rescousse de l'ange qui détenait la réponse à sa prière pour le libérer du prince du royaume de Perse (Daniel 10:1-13).

Le prophète Daniel s'est tourné vers Dieu pour plaider par la prière et le jeûne. Dieu avait entendu sa prière et répondu à sa demande dès le premier jour, mais Daniel n'avait pas pu recevoir ce que l'Eternel lui avait envoyé parce que les principautés démoniaques qui siégeaient dans la région où il vivait avaient empêché le miracle d'atterrir en capturant l'ange qui le transportait. C'était pour l'empêcher de rejoindre Daniel. Si Daniel s'était juste contenté de prier, il n'aurait jamais eu la victoire. Mais il a tenu ferme, persévéré encore et encore jusqu'à obtenir la victoire.

Corneille, l'officier romain, était aussi un homme qui a changé sa vie par la persévérance dans la prière. Le passage dans Actes 10:1-48 relate comment il a prié Dieu sans relâche jusqu'à ce qu'un ange descende du ciel lui dire que ses prières et aumônes étaient montées devant Dieu et qu'il s'en était souvenu. Il a tenu ferme jusqu'à ce que sa prière pousse Dieu à changer son plan originel concernant le ministère des païens. Paul est l'apôtre que Dieu avait prédestiné pour apporter le message de l'évangile aux païens, alors que Pierre devait aller chez les juifs. À ce moment-là, Paul n'étant pas prêt, Dieu a donc dû utiliser Pierre pour l'occasion. La prière persistante de Corneille a provoqué une intervention et une direction divine qui ont totalement changé sa vie.

Elle la conduit au lieu où se trouvait Pierre, a abattu la forteresse de son esprit, renversé la loi qui était contre lui, et apporté le salut dans sa maison (j'approfondirai la prière de Cornelius au chapitre quatre). S'il n'avait pas persisté dans la prière, Dieu n'aurait pas fait tout cela juste pour le sauver lui et sa famille.

FRAPPER

C'est ce que j'appelle la prière d'agonie, douloureuse ou prédominante. C'est une prière stratégique qui ouvre toutes sortes de portes, aussi bien spirituelles que physiques. Une porte est le point d'entrée et de sortie (elle détermine ce qui entre et sort d'un endroit). La prière douloureuse est une prière porte qui vous permet d'entrer à la cour de justice céleste et vous donne accès aux décisions juridiques et à l'ordre exécutif de Dieu concernant l'humanité afin que vous puissiez l'exécuter sur la terre. Rien ne descend du ciel sur la terre sans passer par la porte du ciel. Cette prière enfonce la porte céleste pour relâcher les bénédictions divines. Ceux qui opèrent dans cette dimension comprennent les merveilles de la prière, la dynamique de la prière, le ministère d'intercession, l'art de la guerre spirituelle, et les soupirs de l'esprit.

La plupart des dictionnaires définissent l'agonie, les douleurs de l'enfantement comme étant une angoisse, une douleur insupportable, une détresse, un chagrin, une souffrance, une misère, un labeur, un travail difficile etc… On agonise devant une situation qui engendre la douleur, les malaises, la souffrance, l'angoisse, la détresse, la misère et autres, aussi bien mentalement que physiquement. La douleur génère un fardeau insupportable qui pousse à pleurer et gémir dans la prière.

Hébreux 5:7 montre comment le Seigneur Jésus, par ses gémissements et pleurs fit monter des prières et des supplications quand il était sur terre à celui qui pouvait le sauver de la mort, et il fut entendu. Pour sauver l'humanité du péché et de la mort, il a souffert une douleur pénible sur la croix et s'est écrié d'une voix forte : « Mon Dieu, mon Dieu, pourquoi m'as-tu abandonné? ». Le Père détourna son visage de lui parce qu'il portait les péchés du monde afin de sauver les âmes humaines de la damnation éternelle (27:46-50 mat). Quand une femme donne naissance à un enfant, elle souffre les douleurs de l'enfantement (Jn. 16:21). De même, la prière d'agonie vous fait éprouver des douleurs comme une femme en travail, et quand vous agonisez dans la prière, vous poussez, poussez, et accouchez aussi bien spirituellement que physiquement.

    Le cachet de la prière douloureuse est l'accouchement, car elle ouvre les cieux et provoque un relâchement divin. Peu importe ce que vous avez conçu en esprit, vous pouvez l'accoucher par la prière douloureuse. Le prophète Esaïe dit qu'avant d'éprouver les douleurs, Sion a enfanté (Es.66:7). Quand vous éprouvez des douleurs dans la prière, cela ouvre le sein de votre esprit et vous fait accoucher. Apocalypse 12:1-6 nous dépeint un tableau d'une femme enceinte dans les douleurs de l'enfantement qui précèdent l'accouchement. Elle est en travail à cause de la douleur, et donne naissance à un enfant mâle qui doit paitre toutes les nations avec une verge de fer. De même qu'une femme enceinte en travail reçoit de l'aide des sages-femmes, l'Esprit Saint nous aide dans notre faiblesse quand nous atteignons ce stade en intercédant pour nous par des soupirs inexprimables (Rom.8:26). Quand vous éprouvez des douleurs ou agonisez dans la prière, vous accouchez du miracle. J'approfondirai ce niveau de prière à mesure que nous évoluons.

    La Bible déclare dans Jacques 5:17-18 que le prophète Elie était un être humain de la même nature que nous. Il pria avec instance qu'il ne plût pas et il ne tomba pas de pluie sur la terre pendant trois ans et demi.

1 Rois 18:41-44 décrit comment il a procédé, ce que ça lui a coûté, et la douleur qu'il a endurée afin d'imposer la parole de Dieu et d'accomplir la prophétie par la prière. Le passage dit qu'il se pencha contre terre, mis son visage entre ses genoux, et envoya son serviteur regarder du côté de la mer en quête d'un signe annonciateur d'une forte pluie. Le serviteur alla et ne vit rien à prime abord. Elie l'envoya consécutivement regarder s'il verrait quelque chose jusqu'à la septième fois, où il vit un nuage aussi petit que la paume de la main d'un homme s'élevant de la mer. Bien que cela ait pris du temps, le prophète Elie a obtenu ce qu'il cherchait parce qu'il a prié dans la douleur. Certains appellent ce qui il a fait dans ce passage les sept dimensions de la prière. Cela implique qu'à part les trois niveaux de la prière, il existe des dimensions. C'est pourquoi tout le monde n'a pas le même résultat dans la prière. Les gens peuvent être au même niveau mais pas à la même dimension (je développerai ceci au fur et à mesure que nous évoluons).

Mattieu 26:37-44 décrit à quel point le Seigneur Jésus était angoissé et troublé, qu'il demanda à ses disciples de veiller avec lui pendant qu'il priait. Le passage montre comment il pria spécifiquement trois fois sur un sujet à cause de la lutte entre sa volonté et la volonté du Père. La version que relate Luc de ce passage dit qu'un ange vint du ciel le fortifier après qu'il ait prié que la volonté du Père soit faite. Et étant dans l'agonie, il pria plus instamment jusqu'à ce que sa sueur devienne comme des grumeaux de sang qui tombaient à terre (Lu 22:41-44). D'après les deux passages, nous remarquons que le Seigneur Jésus qui cherchait coûte que coûte à établir sa propre volonté, ce qui était contraire au plan originel du Père, a fini par surimposer la volonté du Père et libérer ainsi sa destinée prophétique. En disant : « Non pas ma volonté, mais que la tienne soit faite", il a surimposé la volonté du Père à sa propre volonté et a libéré sa destinée prophétique. Pour en arriver à là, l'écriture dit qu'il agonisait, et pria encore plus intensément jusqu'à ce que sa sueur tombe à terre comme des gouttes de sang. Ceci prouve également le fait qu'il existe des dimensions de la prière. Il pria jusqu'à ce que sa sueur devienne aussi épaisse que des gouttes de sang.

LES RÈGLES D'ENGAGEMENT

Il y a des choses que les gens disent et font en priant, qui ne sont pas légales selon l'ordre et les principes divins. Comprendre le système légal spirituel et comment il fonctionne est très important dans la prière. C'est bien de comprendre comment fonctionne la cour de justice céleste, et la base requise pour appliquer les décisions juridiques ainsi que l'ordre exécutif de Dieu pour l'humanité, les nations, la communauté, les familles, ou des personnes sur terre (territoire de l'homme). Dieu est juge dans la cour de justice céleste, et Jésus est l'avocat de défense qui nous défend énergiquement chaque fois que le diable vient nous assigner et déposer des accusations légales contre nous. L'Esprit Saint nous aide dans notre faiblesse en nous rendant capables d'exercer notre autorité divine et d'utiliser le langage céleste pour présenter notre cas selon la volonté du Père.

Apocalypse 12:7-9 raconte comment l'ange Michael (ministre céleste de la défense) et ses anges ont combattu le dragon (Satan) quand il s'est rebellé contre Dieu. Le dragon et ses anges ont aussi combattu, mais ils n'étaient pas assez forts pour résister à Michael et à ses anges. Le grand dragon (le serpent ancien, diable, ou Satan) a perdu sa place au ciel et a été jeté sur terre avec ses anges. Dieu n'a pas combattu Satan, car ce n'était pas approprié pour lui de combatte sa créature, et il n'a pas non plus repris au diable les talents qu'il lui a donnés (il ne reprend pas de ce qu'il donne). Michael a combattu, résisté, et chassé le diable hors du ciel.

A la mort de Moïse, Satan a réclamé son corps, et quand l'ange Michael s'est interposé pour empêcher le diable de prendre le corps, l'écriture dit qu'il n'osa pas porter un jugement injurieux contre lui (Jude 9). Lors de la première bataille dans le ciel, Michael avait utilisé tous les moyens pour combattre et arrêter le diable parce que le ciel est sa juridiction, mais quand le champ de bataille s'est déplacé sur la terre,

Michael ne pouvait pas tenir de mauvais propos contre le diable parce qu'il était en dehors de sa juridiction. La terre est la juridiction de l'homme, mais Adam l'a cédée à Satan par le péché. Cela a fait de Satan le gouverneur et le dieu du monde. C'était illégal pour Michael de combatte Satan sur la terre parce qu'il était en dehors de sa juridiction. Il a dû référer le cas à une plus Haute Autorité en le réprimant au nom du Seigneur puisqu'il n'avait personnellement aucun pouvoir légal de confronter Satan sur la terre. Connaître ce qui est légalement permis selon le système juridique divin vous donne l'avantage dans la prière. Quand Michael a vu qu'il n'avait aucun avantage sur le diable à cause de l'emplacement du champ de bataille, il a changé la stratégie et a référé le cas au Seigneur, dont la juridiction n'a pas de frontières. S'il avait tenté d'utiliser sa propre autorité, il aurait probablement fini comme l'ange dans Daniel 10:13 qui s'est fait arrêter et détenir pendant vingt et un jours par le prince de Perse jusqu'à ce que Michael vienne le secourir. Les gens commandent et lient des choses sur lesquelles ils n'ont pas d'autorité légale. Certains commandent même le Père, le Fils, et le Saint Esprit en prière. Pour prier efficacement, vous devez savoir ce qui est légal selon les écritures. Vous n'avez pas le droit de commander celui qui vous donne le pouvoir.

Dans Genèse 32:2-26, la Bible raconte comment Jacob a envoyé des messagers à son frère Esaü, qui vivait dans la région de Séir en territoire d'Edom, afin d'obtenir sa faveur et son pardon, car Jacob avait volé la bénédiction d'Esaü avant de s'enfuir à Padan Aram à la maison de Bethuel, père de sa mère. Quand sa mère Rebecca entendit qu'Esaü projetait de tuer Jacob, elle lui demanda (à Jacob) fuir chez son frère Laban à Charan et de rester là avec lui jusqu'à ce que la colère de son frère se soit calmée et qu'il ait oublié ce que Jacob lui avait fait (Ge 27:42-45). Jacob demeura chez Laban jusqu'à ce que Dieu lui ordonne de retourner à la terre de ses pères (Ge 31:3).

Après vingt ans chez Laban, Jacob décida de rentrer à la maison. Sur le chemin, il envoya des messagers le précéder avec des cadeaux pour Esaü dont il avait peur afin d'apaiser sa colère. Jacob donna cette instruction à ses messagers : « Ainsi parle ton serviteur Jacob, j'ai séjourné chez Laban et j'y suis resté jusqu'à présent. J'ai des bœufs, des ânes, des brebis, des serviteurs et des servantes et j'envoie l'annoncer à mon seigneur pour trouver grâce à tes yeux. Les messagers revinrent auprès de Jacob, en disant: « Nous sommes allés vers ton frère Esaü, et il marche à ta rencontre avec quatre cents hommes » Pour cette raison, Jacob partagea en deux camps ceux qui étaient avec lui, les brebis, les bœufs et les chameaux parce qu'il était très effrayé et saisi d'angoisse. Il se disait que si son frère Esaü attaquait un camp, l'autre pourrait s'échapper. Après quoi, il pria:

Dieu de mon père Abraham, Dieu de mon père Isaac, Éternel, qui m'a dit: Retourne dans ton pays et dans ton lieu de naissance, et je te ferai du bien! Je suis trop petit pour toutes les grâces et pour toute la fidélité dont tu as usé envers ton serviteur; car j'ai passé ce Jourdain avec mon bâton, et maintenant je forme deux camps. Délivre-moi, je te prie, de la main de mon frère, de la main d'Ésaü! Car je crains qu'il ne vienne, et qu'il ne me frappe, avec la mère et les enfants. Et toi, tu as dit: Je te ferai du bien, et je rendrai ta postérité comme le sable de la mer, si abondant qu'on ne saurait le compter. » (Ge 32:9-12 LSG)

Après la prière, Jacob prit de ce qu'il avait sous la main un présent pour le présenter à son frère Esaü, afin de l'apaiser d'avoir volé son droit d'ainesse et sa bénédiction. Il envoya également tout ce qu'il avait devant et il resta seul dans le camp. Tout à coup, un homme vint à lui et lutta avec lui jusqu'au lever de l'aurore. Voyant qu'il ne pouvait pas vaincre Jacob, il le frappa à l'emboiture de la hanche. Rappelez-vous que Jacob avait un différend avec son frère pour avoir volé sa bénédiction et quand il apprit qu'Esaü venait à lui avec quatre cents hommes, il fut saisi de peur. Il pria alors que Dieu le délivre des mains de son frère. Dieu lui dit de retourner à la maison de son père pour posséder la terre qu'il avait promise à son père Abraham. Mais Jacob l'avait prise par la ruse, feignant d'être Esaü quand Isaac avait prié pour lui.

L'Eternel se devait d'arranger tout ça avant que Jacob ne revienne à la maison. Alors il rendit visite à Jacob pendant qu'il était seul, car Jacob ne pouvait pas affronter son frère Esaü et posséder la terre tel qu'il était. Certaines choses devaient être corrigées avant qu'il ne puisse posséder la bénédiction. Je suis convaincu que Dieu n'est pas allé chez Jacob pour se battre mais pour l'aider parce que Jacob avait prié et demandé son intervention. Jacob a peut-être commencé la bagarre pour se défendre quand il a vu qu'il y avait un étranger sous sa tente.

Comme Dieu se rendit compte qu'il ne pouvait pas dompter Jacob, il le frappa à l'emboîture de la hanche pour avoir l'avantage sur lui. Au lever de l'aurore, Dieu demanda à Jacob de le laisser partir mais il refusa et dit : « Je ne te laisserai point aller, que tu ne m'aies béni ». Jacob lui donna une condition et força Dieu à accepter son accord avant de le laisser partir. Nous constatons ici que bien que Dieu soit Tout-Puissant, il ne pouvait pas vaincre Jacob (un simple mortel) car la bataille s'était déroulée dans la juridiction de l'homme. Cela donna à Jacob l'avantage sur le champ de bataille et il put résister à l'Eternel. Si l'écriture dit que Dieu ne pouvait pas le vaincre, ça veut dire que c'est Jacob qui avait gagné. Quand Jacob demanda à Dieu de le bénir, il répondit en lui demandant son nom. « Quel est ton nom » lui demanda l'homme. « Jacob » répondit-il. Dieu aurait pu lui demander autre chose avant de le bénir. N'oubliez pas que son père Isaac lui avait posé la même question avant de le bénir. Mais quand son père Isaac lui avait demandé son nom, il avait répondu qu'il s'appelait Esaü pour voler la bénédiction de son frère. C'était une erreur qu'il fallait corriger avant de pouvoir jouir pleinement des bénédictions d'Abraham et d'échapper à la fureur de son frère. « Ton nom ne sera plus Jacob, mais tu seras appelé Israël ; car tu as combattu avec Dieu et avec des hommes, et tu as été vainqueur » lui dit l'homme. Je suis convaincu que Dieu est venu vers Jacob pour corriger l'erreur et pour changer son nom afin qu'il possède la bénédiction d'Abraham de la bonne manière. Mais Jacob l'ayant pris pour un ennemi venu chercher querelle s'est dressé face à lui pour se défendre. Bien que Tout-Puissant, Dieu ne pouvait pas vaincre Jacob parce que la bataille s'est déroulée dans le domaine de l'homme. Quand son frère Esaü l'a finalement rencontré, il a vu un homme différent (Israël) et non Jacob, car son identité avait changé. Il a donc couru à sa rencontre, l'a embrassé, s'est jeté à son cou et lui a donné un baiser.

Après la chute de l'homme dans le jardin d'Éden et qu'il ait cédé à Satan le droit de gouverner la terre, le diable a établi son gouvernement sur la terre, et il règne maintenant sur les royaumes des Hommes. Genèse 3:15 met l'accent sur comment Dieu a mis l'inimitié entre le serpent (le diable) et la femme, et il déclare que la postérité de la femme écrasera la tête du diable, et que le diable lui mordra le talon. La tête de Satan représente sa mentalité, son autorité, son leadership, son gouvernement, et sa domination, alors que le talon de la postérité de la femme représente la stabilité ou encore l'équilibre de son corps.

La parole de Dieu s'est faite chair, a été engendrée par une femme (Marie), et il a vécu parmi les hommes pour délivrer les fils de l'homme du péché, de la mort, et de la domination du malin. Après sa mort et sa résurrection d'entre les morts, il a dépouillé le diable et lui a pris l'autorité qu'il avait volée à l'homme et il l'a donnée à son corps, l'église afin que celle-ci l'exerce sur la terre. Voilà pourquoi l'église est la seule entité accréditée par le ciel pour exercer l'autorité divine et pour appliquer la volonté et le plan de Dieu sur la terre. Nous sommes les agents chargés d'appliquer la loi de Dieu sur la terre, et nous avons l'autorité légale de défier, résister, et réprimer le diable par la parole de Dieu et par la prière. Christ nous a donné la garantie et l'autorité divines afin de détruire les œuvres du malin, appliquer le conseil juridique de Dieu pour l'humanité, et manifester sa volonté sur la terre.

Pour cette raison, Satan utilise tous les moyens possibles pour attaquer l'église et l'ébranler ou la faire tomber. C'est pour lui une revanche de ce que lui a fait Christ. Il utilise principalement les occasions et les accusations comme armes. Il profite de la moindre occasion pour charmer, inciter, provoquer, tenter, ou influencer le croyant à faire quelque chose dont il pourra se servir pour les critiquer, accuser, ou les assigner devant la cour de justice céleste (Ec. 9:11, Ap12:10). Il y a certaines choses que nous faisons, qui affaiblissent notre haie de protection. Satan provoque toujours, attire ou séduit les croyants à faire ce qui constitue des raisons légales dans le monde spirituel et il les utilise pour nous poursuivre, résister, attaquer, ou gêner. 2 Corinthiens 2:11 parle des manigances du diable qu'il utilise pour avoir l'avantage sur les gens.

Le Seigneur Jésus dit dans Matthieu 22:29 que nous sommes dans l'erreur pour deux raisons. La première est que nous ne connaissons pas les écritures, et la seconde est que nous ne connaissons pas la puissance de Dieu. Le diable se sert de notre ignorance pour nous manipuler et avoir l'avantage sur nous. « Mon peuple est détruit, parce qu'il lui manque la connaissance » dit le prophète dans Osée. 4:6.

Zacharie 3:1-7 raconte comment Josué le souverain sacrificateur s'est tenu devant l'ange du Seigneur, et Satan à sa droite pour l'accuser. La main droite indique la puissance et l'autorité, et le fait que Satan se tenait à la droite Joshua signifiait que Josué avait perdu son autorité à cause des vêtements sales qu'il portait. Au verset 4, l'ange de l'Eternel lui a dit (Josué) que son péché avait été ôté, pendant qu'au verset 7, l'ange lui dit de marcher dans l'obéissance et d'observer les préceptes. Cela va sans dire, que la désobéissance et le péché de Josué avaient attiré les vêtements sales sur lui et lui avaient fait perdre son autorité. Satan en a profité et s'en est servi comme raison légale pour l'accuser, le discréditer, et lui résister devant l'ange de l'Eternel. Il y a certaines choses que nous faisons qui donnent au malin le droit légal de nous résister en Esprit.

Satan n'a aucun pouvoir sur nous en tant que chrétiens à cause de l'œuvre parfaite du Christ sur la croix. Il n'est pas aussi puissant que le pensent plusieurs, ce qu'il utilise pour avoir le dessus sur nous, c'est la séduction, les circonstances et les accusations. Il connait très bien les règles et il comprend comment fonctionne le système légal spirituel. Il profite de notre ignorance et l'utilise pour nous manipuler. Christ a repris à Satan l'autorité légale que lui a donnée l'homme et l'a donnée l'église, son corps. Christ est la tête et l'église est son corps. Son talon est une métaphore qui représente son corps (l'église, parce que le talon est une partie du corps), et c'est pourquoi Satan attaque brutalement l'église. Le seul endroit que Dieu permet à Satan de frapper est le corps du Christ (le talon), selon Genèse 3:15. Pour ce faire, il conçoit des stratégies et prépare le fondement légal sur lequel il se tient pour lancer des assauts mortels contre le corps du Christ. Le Seigneur Jésus a dit dans Matthieu 16:18 qu'il bâtira son église et que les portes de l'enfer ne prévaudront pas contre elle. Quelque soient les attaques de Satan et de ses troupes contre l'église, elles ne prévaudront pas contre nous. Romains 16:20 dit que Dieu écrasera Satan sous nos pieds.

Les règles d'engagement décrivent les "fait" et les "ne fait pas" et fixent les limites et les barrières conformément au système légal céleste, tel que révélé dans la parole de Dieu. Elles définissent les circonstances dans lesquelles certains actes considérés comme illégaux pourraient être légalement acceptables dans la cour de justice céleste. Elles établissent également les raisons pouvant favoriser ou condamner certains actes. La compréhension de ces règles et leur acceptation nous donne l'avantage dans la prière. Pendant le ministère terrestre de Jésus, il a fait et dit tellement de choses qui étaient considérées comme choquantes et illégales par les chefs religieux de son temps. Jean 8:28-29 révèle qu'il faisait toujours ce qui est agréable au Père et parlait selon ce que le Père lui avait enseigné. Dans Jean 12:49, le Seigneur dit que c'est le Père qui lui a prescrit lui-même quoi dire et comment le dire. Connaître ce qu'approuve le Père lui donna le droit de faire ce que personne d'autre ne pouvait imaginer ou même faire. Un autre bon exemple est quand Marie et Aaron avaient murmuré contre Moïse au sujet de sa femme. La Bible dit que la colère de l'Eternel s'enflamma contre eux deux, mais quand vint le jugement, il affecta seulement Marie. Comment se fait-il que deux personnes aient fait quelque chose et que seulement l'une des deux soit punie? La raison est que Aaron avait l'immunité que lui conférait le service et les vêtements sacerdotaux qui le mettaient à part (No 12:1-15).

En gros, il s'agit de comprendre des vérités, concepts, et principes bibliques. Dieu ne fait rien en dehors de sa parole, il suit uniquement les principes qu'il a lui-même établis. Votre compréhension de cette règle vous donne l'avantage dans la prière. Savoir qui vous êtes, ce qui est permis par les écritures, comment opèrent les méchants, les choses qui leur donnent l'avantage en esprit, comment briser leurs fondements légaux et annuler leurs accusations, pourrait vous rendre très efficace dans la prière. Vous ne pouvez pas lier ou tuer Satan car sa fin a été décidée par Dieu. Il a été condamné par la cour céleste à la damnation éternelle et personne n'y peut rien. Jusqu'à ce que son temps prenne fin, il continuera de perpétrer ses mauvaises œuvres sur la terre et séduira beaucoup. Le mandat que Christ a donné à l'église n'est pas de lier ou tuer Satan, parce c'est légalement impossible selon l'écriture (Ap.20:1-10).

Quand Christ est mort et ressuscité des morts, Dieu l'a souverainement élevé et lui a donné le nom qui est au-dessus de tout nom, afin qu'à la mention de son nom, tout genou fléchisse dans le ciel, sur terre, et sous la terre, et que toute langue confesse que Jésus-Christ est Seigneur à la gloire du Père (Ph 2: 6-11). Ces trois dimensions d'autorité que le Père lui a données, Christ les a données à l'église et il s'attend à ce que nous les exercions en son nom. 2 Pierre 1:3 dit qu'il nous a donné tout qui contribue à la vie et la piété au moyen de la connaissance de révélation que nous avons sur lui. La connaissance de révélation produit la foi (Ro 10:17), et la foi est un facteur essentiel dans la prière (Mc 11:23, Hé.11:6). Savoir exactement qui nous sommes en Christ, ce que nous avons, comment l'utiliser, qui est notre ennemi, son mode opératoire, et comment traiter avec lui, vous donne le dessus dans la prière. Apprenez-en plus sur les vérités, concepts et principes bibliques dans la parole écrite de Dieu, et vous comprendrez les règles d'engagement, concernant le combat spirituel et l'intercession. Le code est contenu dans la Bible et bien verrouillé. Lisez entre les lignes et vous le pourrez le débloquer.

LES OBSTACLES A LA PRIÈRE

L'amour éternel de Dieu pour l'humanité le conduit toujours à interférer dans les affaires humaines, mais il ne peut pas le faire sans la permission de la race humaine par la prière. Autrement, il violerait les principes qu'il a établis au commencement quand il a confié à l'humanité l'autorité de gouverner la terre. Les prières autorisent Dieu à travailler sur la terre, mais quand les règles d'engagement et l'ordre divin sont violés, nos prières peuvent être bloquées. Voilà ci-dessous une liste d'obstacles à la prière.

L'IGNORANCE

L'ignorance n'est pas une excuse. Il y a une histoire dans Marc 9:14-29 qui illustre ce point. Le passage montre comment un certain homme amena son fils qui était possédé par un esprit sourd muet aux disciples de Jésus en quête de délivrance, mais ils ne purent le guérir. Ceci suscita une dispute entre les maitres de la loi et les disciples de Jésus. Dès que la foule vit Jésus, elle alla le saluer. Jésus demanda à ses disciples l'objet de leur dispute. Le père de l'enfant malade répondit : « maitre, j'ai amené auprès de toi mon fils, qui est possédé d'un esprit muet. En quelque lieu qu'il le saisisse, il le jette par terre. L'enfant écume, grince des dents, et devient tout raide. J'ai prié tes disciples de chasser l'esprit, et ils n'ont pas pu ». Jésus répondit : « race incrédule, jusqu'à quand serai-je avec vous? Jusqu'à quand vous supporterai-je? Amenez-le-moi. On le lui amena. Et aussitôt que l'enfant vit Jésus, l'esprit l'agita avec violence ; il tomba par terre, et se roulait en écumant. Jésus demanda au père : combien y a-t-il de temps que cela arrive? Depuis l'enfance répondit-il. Et souvent l'esprit l'a jeté dans le feu et dans l'eau pour le faire périr. Mais, si tu peux quelque chose, viens à notre secours, aie compassion de nous. Jésus lui dit: Si tu peux!... Tout est possible à celui qui croit.

Aussitôt le père de l'enfant s'écria: Je crois! Viens au secours de mon incrédulité! Jésus, voyant accourir la foule, menaça l'esprit impur, et lui dit: Esprit muet et sourd, je te l'ordonne, sors de cet enfant, et n'y rentre plus. Et il sortit, en poussant des cris, et en l'agitant avec une grande violence. L'enfant devint comme mort, de sorte que plusieurs disaient qu'il était mort. Mais Jésus, l'ayant pris par la main, le fit lever. Et il se tint debout. Quand Jésus fut entré dans la maison, ses disciples lui demandèrent en particulier: Pourquoi n'avons-nous pu chasser cet esprit? Il leur dit: Cette espèce-là ne peut sortir que par la prière.

Comme je l'ai dit plus tôt, l'ignorance n'est pas une excuse. Ce que vous savez sur la prière détermine l'efficacité de votre prière. Si les disciples connaissaient l'importance du jeûne et de la prière dans la délivrance, ils auraient réussi à délivrer l'enfant du mauvais esprit qui le retenait captif. Il y a tant de choses que nous ignorons sur la prière qui impactent négativement notre vie de prière. Osée 4:6 dit que nous sommes détruits car il nous manque la connaissance. La connaissance, c'est le pouvoir. La connaissance que vous avez des choses qui font fonctionner la prière peuvent transporter votre vie de prière à une nouvelle dimension. Apprenez-en plus sur la prière, comprenez-en plus sur ce qui la fait fonctionner, et vous produirez plus de résultats par la prière. Les disciples lui demandèrent pourquoi ils n'avaient pas pu faire sortir le mauvais esprit, parce qu'ils réalisèrent qu'ils ignoraient quelque chose qui les affectait négativement. Savoir ce que Jésus savait sur la prière les aurait amenés à produire le même résultat que Jésus. Et savoir que le cas auquel ils étaient confrontés nécessitait le jeûne et la prière pour avoir le dessus et triompher les auraient rendus très efficaces s'ils avaient mis cela en pratique.

LE PÉCHÉ

La Bible déclare dans 2 Chroniques 7:14 que « si mon peuple sur qui est invoqué mon nom s'humilie, prie, et cherche ma face, et s'il se détourne de ses mauvaises voies, je l'exaucerai des cieux, je lui pardonnerai son péché, et je guérirai son pays. ».

Nous remarquons dans ce passage que pour que Dieu entende et exauce la prière de son peuple, certaines conditions doivent être remplies. Autrement, sa prière ne sera pas exaucée, parce que Dieu honore sa parole et opère selon les principes qu'il a mis en place. Quand le principe est violé, il ne peut pas aller à l'encontre de sa parole et répondre aux besoins de son peuple. Osée 7:1-2 dit Lorsque je voulais guérir Israël, L'iniquité d'Éphraïm et la méchanceté de Samarie se sont révélées, Car ils ont agi frauduleusement; Le voleur est arrivé, la bande s'est répandue au dehors. Ils ne se disent pas dans leur cœur. Que je me souviens de toute leur méchanceté; Maintenant leurs œuvres les entourent, Elles sont devant ma face. dit l'Eternel. Le peuple avait beau pleurer, aussi longtemps que leurs péchés les avait engloutis et obscurci leur chemin, leurs prières ne pouvaient pas être exaucées. Le péché et l'iniquité sont l'obstacle du numéro à l'exaucement de la prière. Le psalmiste dit, si j'avais entretenu le péché dans mon cœur, l'Eternel n'aurait point écouté. Il dit ça parce que le péché bloque l'exaucement à la prière.

« Non, la main de l'Éternel n'est pas trop courte pour sauver, Ni son oreille trop dure pour entendre. Mais ce sont vos crimes qui mettent une séparation entre vous et votre Dieu; Ce sont vos péchés qui vous cachent sa face et l'empêchent de vous écouter » Es 59:1-2 LSG

Dieu dit dans Esaïe 1:15-18 que quand nous élevons nos mains dans la prière, Dieu détourne son visage de nous et il ne nous multipliera pas. Et bien que nous fassions beaucoup de prières, il ne les écoutera pas, parce que nos mains sont pleines du sang. Lavez-les donc et purifiez-les. Otez de devant les yeux de l'Eternel la méchanceté de vos actions; et arrêtez de faire le mal. Qu'il nous faut apprendre à faire le bien, rechercher la justice, Protéger l'opprimé; Faire droit à l'orphelin, et défendre la veuve. Ensuite de venir et plaider et que quel que soit l'état de nos péchés Dieu nous purifiera totalement ".

Le péché est une maladie mortelle qui peut nous séparer de Dieu. Quelle que soit la durée et la force de notre prière, le péché peut bloquer l'exaucement de nos prières. Tout ce que Dieu demande de nous est de nous repentir, confesser, et nous détourner de nos mauvaises conduites, c'est alors qu'il nous pardonnera et nous purifiera de toutes nos fautes.

« Si nous disons que nous n'avons pas de péché, nous nous séduisons nous-mêmes, et la vérité n'est point en nous. Si nous confessons nos péchés, il est fidèle et juste pour nous les pardonner, et pour nous purifier de toute iniquité. Si nous disons que nous n'avons pas péché, nous le faisons menteur, et sa parole n'est point en nous. Mes petits enfants, je vous écris ces choses, afin que vous ne péchiez point. Et si quelqu'un a péché, nous avons un avocat auprès du Père, Jésus Christ le juste.
(1 Jn.1:8-2:1 LSG)

Dire que nous n'avons en nous aucun péché est un mensonge car notre corps est faible. Tout ce qu'attend de nous le Seigneur est que nous reconnaissions notre péché et nous détournions de lui. Car quiconque pèche est esclave du péché, selon l'écriture (Jn. 8:34).1 Jean 2:1 dit que nous ne sommes plus censés pécher, mais si que si quelqu'un arrive a péché , nous avons un avocat qui parle au Père en notre nom, Jésus-Christ, le Juste, qui est mort pour nos péchés et qui a été ressuscité pour notre justification ;et donc par son sang précieux, nous sommes purifiés parce que sans effusion de sang, il n'y a pas de, rémission des péché (Hé. 9:22). Le sacrifice a été fait, et le sang est disponible. Tout que nous avons à faire est de reconnaître nos péchés, les confesser pour obtenir le pardon au nom de Jésus-Christ.

LES MAUVAISES INTENTIONS

Nous servons un Dieu qui juge le cœur ou les intentions de nos actes. Il a dit au prophète Samuel dans 1 Samuel 16:7 qu'il ne regarde pas ce qui frappe aux yeux, mais au cœur.

Genèse 38:6-10 raconte comment Juda a pris une femme pour Er, son premier né et elle s'appelait Tamar. Mais Er était méchant aux yeux de l'Eternel, qui le fit mourir. Alors Juda demanda à son deuxième fils Onan d'aller avec la femme de son défunt frère pour susciter une postérité à son frère. Mais Onan savait que l'enfant ne serait pas à lui. Alors, toutes les fois qu'il allait avec femme de son frère, il se souillait à terre pour ne pas susciter une postérité à son frère. L'Eternel le fit mourir également, parce que son acte était méchant. Ça prouve que Dieu cherche toujours les intentions cachées derrière nos actes, y compris la prière. Et quand l'intention est mauvaise, il ne nous exauce pas, car il est droit et juste et aussi juste et droit. Romains 8:27 dit que Dieu sonde les cœurs pour connaitre les pensées de l'esprit.

« Mais un homme nommé Ananias, avec Saphira sa femme, vendit une propriété, et retint une partie du prix, sa femme le sachant; puis il apporta le reste, et le déposa aux pieds des apôtres. Pierre lui dit: Ananias, pourquoi Satan a-t-il rempli ton cœur, au point que tu mentes au Saint Esprit, et que tu aies retenu une partie du prix du champ? S'il n'eût pas été vendu, ne te restait-il pas? Et, après qu'il a été vendu, le prix n'était-il pas à ta disposition? Comment as-tu pu mettre en ton cœur un pareil dessein? Ce n'est pas à des hommes que tu as menti, mais à Dieu. Ananias, entendant ces paroles, tomba, et expira. Une grande crainte saisit tous les auditeurs. Les jeunes gens, s'étant levés, l'enveloppèrent, l'emportèrent, et l'ensevelirent. Environ trois heures plus tard, sa femme entra, sans savoir ce qui était arrivé. Pierre lui adressa la parole: Dis-moi, est-ce à un tel prix que vous avez vendu le champ? Oui, répondit-elle, c'est à ce prix-là. Alors Pierre lui dit: Comment vous êtes-vous accordés pour tenter l'Esprit du Seigneur? Voici, ceux qui ont enseveli ton mari sont à la porte, et ils t'emporteront. Au même instant, elle tomba aux pieds de l'apôtre, et expira. Les jeunes gens, étant entrés, la trouvèrent morte; ils l'emportèrent, et l'ensevelirent auprès de son mari. Une grande crainte s'empara de toute l'assemblée et de tous ceux qui apprirent ces choses. » (Actes 5:1-11 LSG)

Ananias et sa femme Saphira sont morts parce que leur cœurs ou intentions n'étaient pas justes devant Dieu. Ils avaient des arrière-pensées en vendant une certaine propriété, gardèrent une partie de l'argent pour eux-mêmes, apportèrent le reste aux apôtres, et firent semblant que c'était tout l'argent. Peut-être qu'ils firent cela pour forcer le respect du le peuple, mais c'était un acte mauvais aux yeux de Dieu. Tous pouvaient penser que leur acte était noble, mais le Seigneur qui sonde la motivation derrière chaque acte savait que leur motivation était fausse. Il les fit donc mourir comme il l'a fait à Onan le fils de Juda. Le chapitre précédent raconte comment Barnabas vendit un champ qu'il possédait et apporta l'argent aux apôtres. Cet argent fut alors distribué au peuple selon leurs besoins afin qu'il n'y ait pas d'indigent parmi eux (Actes 4:34-37). Tout acte est alimenté par une motivation, et il ne peut jamais y avoir de motivation sans intention. Aux yeux de l'Eternel, l'intention prime sur l'acte. C'est pourquoi Jacques 4:3 dit vous demandez, et vous ne recevez pas, parce que vous demandez mal, dans le but de satisfaire vos passions. Par conséquent, une mauvaise intention peut amener Dieu à ne pas exaucer nos prières. Pour avoir de bonnes intentions, vérifiez la raison principale pour laquelle vous formulez votre requête. Une bonne raison produit une intention positive qui alimente vos actions.

DIEU REFUSE DE RÉPONDRE

En dehors des péchés et des mauvaises intentions, il y a beaucoup d'autres raisons pour lesquelles Dieu peut décider de ne pas répondre à certaines prières. La première est lorsque ce que ce nous demandons n'est pas sa volonté ou son plan original. L'écriture déclare dans Ephésiens 1:11 que Dieu opère toute chose d'après le conseil de sa volonté. Cela signifie qu'avant que Dieu ne réponde à votre prière, elle doit être en harmonie avec sa volonté. Connaitre la volonté de Dieu dans chaque situation est très important si vous aspirez à une vie de prière consistante.

Matthieu 26:36-44 décrit comment le Seigneur Jésus disait que son âme était triste jusqu'à la mort, il se jeta sur sa face et pria que le Père éloigne la coupe de lui. Malgré qu'il ait longuement pleuré sur le même sujet, le Père n'accorda pas sa demande, parce que c'était contraire à sa volonté. La volonté de Dieu était que le Christ meure pour les péchés de l'humanité, mais Jésus ne voulait pas aller à la croix et priait pour que le Père change le plan. La même chose s'est produite avec l'apôtre Paul quand il a été mis une écharde dans la chair pour l'empêcher de s'enorgueillir à cause de l'excellence des révélations que Dieu lui a données au sujet du Christ et de l'église. Il pria trois fois que l'ange de Satan envoyé pour le souffleter dans sa chair parte, mais Dieu n'exauça pas sa prière parce que, ça lui aurait fait plus de mal que bien (2 Co.12:7-9).

« Et toi, n'intercède pas en faveur de ce peuple, N'élève pour eux ni supplications ni prières, Ne fais pas des instances auprès de moi; Car je ne t'écouterai pas. Ne vois-tu pas ce qu'ils font dans les villes de Juda Et dans les rues de Jérusalem? Les enfants ramassent du bois, Les pères allument le feu, Et les femmes pétrissent la pâte, Pour préparer des gâteaux à la reine du ciel, Et pour faire des libations à d'autres dieux, Afin de m'irriter. Est-ce moi qu'ils irritent? dit l'Éternel; N'est-ce pas eux-mêmes, A leur propre confusion? » (Jé. 7:16-19 LSG)

Nous constatons dans les passages ci-dessus que l'Eternel a dit son serviteur le prophète Jérémie de ne pas prier pour son peuple. Ne prie pas pour ce peuple, ne plaide pas pour eux, et n'intercède pas en leur faveur, parce que je t'écouterai pas, dit l'Eternel. Que Dieu lui dise de ne pas intercéder pour son peuple signifie que Jérémie s'apprêtait prier à Dieu pour le peuple, l'Eternel a donc dû l'arrêter. Le chapitre 14:11-12 montre comment l'Eternel lui a demandé (Jérémie) de ne pas prier pour le bien-être du peuple. S'ils jeûnent, je n'écouterai pas leurs supplications, s'ils offrent des holocaustes et des offrandes, je ne les agréerai pas, dit l'Eternel.

OPÉRATION DÉMONIAQUE

Du moment où Adam a cédé le droit et l'autorité de régir la terre à Satan, le diable et ses troupes ont dirigé les affaires du royaume des hommes. Et puisque la prière est le premier moyen par lequel les hommes donnent à Dieu l'autorisation d'interférer dans les affaires de l'humanité, les démons orchestrent des choses pour la bloquer. Pour ce faire, ils cherchent des ouvertures parmi des hommes et les utilisent pour établir le fondement légal sur lequel ils se tiendront pour continuer d'exécuter leurs mauvais desseins. Daniel 4:34-35 déclare que le royaume et la domination de Dieu sont éternels, et tous les habitants de la terre sont à ses yeux que néant. Il agit comme il lui plait avec l'armée des cieux et avec les habitants de la terre et il n'y a personne qui résiste à sa main et qui dise : Que fais-tu ? Néanmoins, il respecte les principes et ne fait rien qui soit non conforme à sa parole. Quand les méchants établissent des fondements légaux dans une région, ils l'utilisent pour régner sur le lieu, comme nous constatons avec le prophète Daniel, qui jeûna et pria vingt et un jours pendant qu'il était à Babylone (Daniel 10:2-13). Malgré que Dieu ait entendu sa prière dès le premier jour où il avait commencé à prier, il ne put recevoir de l'Eternel ce qu'il avait demandé, car l'ange que Dieu avait envoyé pour répondre à sa prière avait été bloqué et détenu par le prince de Perse.

Le prince de Perse est une entité démoniaque ou encore une principauté (Ep. 6:12) qui régnait sur la région du royaume de Perse où vivait Daniel à l'époque. Et parce que le droit de régir le lieu avait été donné à cette principauté, elle contrôlait les voies spirituelles de la région, et rien ne pouvait entrer ou sortir de la région sans sa permission. Quand l'ange qui portait la réponse à la prière de Daniel entra dans la juridiction du royaume perse, l'esprit qui régnait là, l'a intercepté et capturé. Le fait que Daniel ait continué de jeûner et prier a provoqué l'arrivée des renforts célestes, et l'ange Michael a été envoyé pour libérer le messager de Dieu qui transportait la réponse à la prière de Daniel de la détention démoniaque.

La détention de l'ange avait retardé le miracle de Daniel. Si Daniel n'avait pas persévéré dans la prière, il n'aurait pas reçu la réponse à sa prière bien que Dieu lui ait accordé ce qu'il désirait. Les opérations démoniaques bloquent parfois l'exaucement des prières.

Puisque les esprits ne peuvent pas opérer sur la terre sans un corps, ils se servent des corps humains pour amener à exécution leur plan d'action. Mais ils ne peuvent pas se servir du corps de quelqu'un sans que la personne ne s'offre à eux au préalable en faisant des choses qui donnent aux esprits démoniaques le droit de les influencer, inciter, manipuler ou contrôler. Dieu utilise les hommes de pour amener sa volonté sur la terre, et Satan fait de même. Le Seigneur Jésus a dit dans Apocalypse 3:20 qu'il se tient à la porte qu'il frappe, si quelqu'un entend sa voix et ouvre, il entrera et soupera avec la personne. Dieu n'entre pas dans le cœur de quelqu'un sans que la personne l'invite, en acceptant son offre concernant le salut et en confessant sa seigneurie (Ro 10:9-10). Il en est ainsi parce qu'il (Dieu) a donné à la race humaine le libre arbitre pour faire leurs propres choix (Ge 2:16-17), et il ne viole pas ses principes. De la même manière que nous nous disposons à être utilisés par Dieu dans l'exécution de son conseil sur la terre, il y a également des choses que les gens font qui donnent à Satan le libre accès de les utiliser pour mener à bien son plan maléfique dans ce monde. Il y a une bataille continue pour notre corps car la lumière, qui représente Dieu, et les ténèbres, qui représentent Satan, veulent s'en emparer pour amener à exécution leurs plans sur la terre. Aucun esprit ne peut opérer en ce monde sans un corps.

Quand un esprit démoniaque contrôle une nation, une région, ou une maison, il peut intercepter, contrôler ou déterminer tout ce qui se passe dans ce lieu à moins qu'on le lie. Voilà pourquoi Christ nous a donné le pouvoir de lier tout homme fort et de renverser leurs œuvres là où nous demeurons. Luc 11:21-22 déclare que quand un homme fort, et bien armé, gardes sa maison, ce qu'il possède est en sûreté.

Mais, si un plus fort que lui survient et le dompte, il lui enlève toutes les armes dans lesquelles il se confiait, et il distribue ses dépouilles. C'est pourquoi Marc 3:27 dit que personne ne peut entrer dans la maison d'un homme fort et piller ses biens sans avoir auparavant lié cet homme fort. De même, chaque fois que vous entrez dans une région, examinez la en esprit et utilisez votre autorité divine pour changer le climat spirituel qui règne là en brisant tout fondement légal que possèdent les méchants dans la région, prenez autorité, puis surimposez le règne et la volonté de Dieu sur le territoire (je développerai cela au chapitre 6).

Le prophète Zacharie relate comment Dieu lui a montré le souverain sacrificateur Josué debout devant l'ange de l'Eternel, et Satan qui se tenait à sa droite pour l'accuser. Comme je le disais un peu plus tôt, la main droite se réfère à la puissance et l'autorité, et le fait que Satan se tenait à sa droite signifiait que Josué le souverain sacrificateur avait perdu son autorité légale à cause du péché, puisqu'il portait un vêtement sale. Pour conséquence, Satan a eu le dessus sur lui et a pu s'opposer à son intercession. Aussi longtemps que Josué porterait ce vêtement sale, le diable aurait pu résister à sa prière et bloquer l'exaucement, eut il longuement prié avec zèle (Za. 3:1-7). La seule porte de sortie est de traiter avec les légalités qu'utilise Satan en déployant le sang de Jésus. Qu'il s'agisse du péché, des alliances, des malédictions, de l'ignorance, ou de quoi que ce soit qui donne au méchant du terrain pour opérer afin que votre prière ne soit plus bloquée. Les démons n'ont aucun pouvoir sur nous à part celui que nous leur donnons par nos paroles ou actes. Ephésiens 4:26-27 dit si vous êtes en colère, ne péchez point ; que le soleil ne se couche pas sur votre colère, et ne donnez pas accès au diable. Quand vous donnez à Satan l'accès, il l'utilise contre vous dans bien des manières. Josué le souverain sacrificateur avait perdu son autorité et donné au malin un accès par le péché. Cela lui a coûté son immunité et a donné au diable le droit légal de l'exercer contre lui. Si vous avez l'impression que vos prières ont été retardées ou gênées à cause des orchestrations démoniaques, traitez premièrement avec tout fondement légal possible à partir duquel ils opèrent, puis parlez à l'esprit qui se cache derrière en exerçant votre autorité divine en Christ.

MAUVAIS TIMING

Dieu travaille dans le temps. « Il y a un temps pour tout, un temps pour toute chose» dit le maitre (Ec. 3:1). Le verset 11 du même chapitre déclare que Dieu fait toute chose bonne en son temps, c.-à-d. au moment de la chose (car toute chose a son temps). Savoir comment Dieu travaille est très important dans la marche avec le Saint-Esprit, parce que le Seigneur fait les choses selon son propre calendrier. Et le timing divin diffère du timing humain. 2 Pierre 3:8 dit qu'un jour est comme mille ans devant le Seigneur, et mille ans sont comme un jour. Ses voies ne sont pas nos voies ; car de même que les cieux sont élevés par rapport à la terre, ainsi les voies du Seigneur élevés par rapport aux nôtres. La Bible parle des hommes d'Issacar qui avaient compris les signes des temps et savaient ce qu'Israël devait faire. Cela leur a donné l'avantage et les a rendus maitres de leurs proches.

Luc 19:41-44 dit comment le Seigneur Jésus, voyant la ville de Jérusalem commença à pleurer sur elle, parce qu'elle n'avait pas su le temps de sa visitation. Si vous étudiez bien la Bible, vous remarquerez que Jésus ne pleurait pas pour un rien. Il y a eu peu d'exemples dans la Bible où Jésus a pleuré, et c'en était un. Il pleura sur Jérusalem car elle n'a pas su le temps en lequel elle était, et elle n'a pas non plus su ce qui aurait pu lui apporter la paix. Leur Messie qu'ils avaient tant attendu était là, au milieu d'eux, mais les habitants de Jérusalem ne l'avaient pas reconnu. Ils ont manqué le temps de leur visitation, et ont vécu des temps difficiles, comme nous le constatons dans le passage.

« Comme il approchait de la ville, Jésus, en la voyant, pleura sur elle, et dit: Si toi aussi, au moins en ce jour qui t'est donné, tu connaissais les choses qui appartiennent à ta paix! Mais maintenant elles sont cachées à tes yeux. Il viendra sur toi des jours où tes ennemis t'environneront de tranchées, t'enfermeront, et te serreront de toutes parts; ils te détruiront, toi et tes enfants au milieu de toi, et ils ne laisseront pas en toi pierre sur pierre, parce que tu n'as pas connu le temps où tu as été visitée. » (Luc 19:41-44 LSG)

S'ils avaient su le temps de leur visitation, ils se seraient positionnés, auraient tiré le meilleur de ce moment. Quand vous comprenez le timing divin et savez discerner le bon moment pour chaque chose, vous ferez toujours des merveilles par la prière.

Le passage de 1 Chroniques 14:8-17 fait ressortir l'importance de reconnaitre et marcher selon le timing de Dieu. Quand Les Philistins apprirent que David avait été oint pour roi sur tout Israël, et ils montèrent tous à sa recherche. David, qui en fut informé, sortit au-devant d'eux. Les Philistins arrivèrent, et se répandirent dans la vallée des Rephaïm. David consulta Dieu, en disant: Monterai-je contre les Philistins, et les livreras-tu entre mes mains? Et l'Éternel lui dit: Monte, et je les livrerai entre tes mains. Ils montèrent à Baal Peratsim, où David les battit. Puis il dit: Dieu a dispersé mes ennemis par ma main, comme des eaux qui s'écoulent. C'est pourquoi l'on a donné à ce lieu le nom de Baal Peratsim. Ils laissèrent là leurs dieux, qui furent brûlés au feu d'après l'ordre de David. Les Philistins se répandirent de nouveau dans la vallée. David consulta encore Dieu. Et Dieu lui dit: Tu ne monteras pas après eux; détourne-toi d'eux, et tu arriveras sur eux vis-à-vis des mûriers. Quand tu entendras un bruit de pas dans les cimes des mûriers, alors tu sortiras pour combattre, car c'est Dieu qui marche devant toi pour battre l'armée des Philistins. David fit ce que Dieu lui avait ordonné, et l'armée des Philistins fut battue depuis Gabaon jusqu'à Guézer. La renommée de David se répandit dans tous les pays, et l'Éternel le rendit redoutable à toutes les nations.

Vous remarquerez dans ce passage que David avait eu la victoire grâce à sa capacité à chercher la face de l'Eternel pour chercher sa direction et à son obéissance aux instructions divines. Dieu lui a ordonné d'attendre jusqu'à ce qu'il entende un bruit de pas dans les cimes des mûriers avant de sortir pour combattre ses ennemis. S'il était allé attaquer les philistins avant le bon moment, il leur aurait fait face seul et aurait perdu la bataille, parce que Dieu ne l'aurait pas accompagné sur le champ de bataille.

La Bible déclare dans Psaumes 102:14 que Dieu se lèvera, aura pitié de Sion car le temps d'avoir pitié d'elle, le temps fixé est à son terme. Selon Ecclésiaste 9:11, la course n'est point aux agiles, ni la guerre aux vaillants, ni le pain aux sages, ni la richesse aux intelligents, ni la faveur aux savants ; car tout dépend pour eux du temps et des circonstances.

« Ainsi parle l'Éternel des armées, le Dieu d'Israël, à tous les captifs que j'ai emmenés de Jérusalem à Babylone: Bâtissez des maisons, et habitez-les; plantez des jardins, et mangez-en les fruits. Prenez des femmes, et engendrez des fils et des filles; prenez des femmes pour vos fils, et donnez des maris à vos filles, afin qu'elles enfantent des fils et des filles; multipliez là où vous êtes, et ne diminuez pas. Recherchez le bien de la ville où je vous ai menés en captivité, et priez l'Éternel en sa faveur, parce que votre bonheur dépend du sien. Car ainsi parle l'Éternel des armées, le Dieu d'Israël: Ne vous laissez pas tromper par vos prophètes qui sont au milieu de vous, et par vos devins, n'écoutez pas vos songeurs dont vous provoquez les songes! Car c'est le mensonge qu'ils vous prophétisent en mon nom. Je ne les ai point envoyés, dit l'Éternel. Mais voici ce que dit l'Éternel: Dès que soixante-dix ans seront écoulés pour Babylone, je me souviendrai de vous, et j'accomplirai à votre égard ma bonne parole, en vous ramenant dans ce lieu. Car je connais les projets que j'ai formés sur vous, dit l'Éternel, projets de paix et non de malheur, afin de vous donner un avenir et de l'espérance. Vous m'invoquerez, et vous partirez; vous me prierez, et je vous exaucerai. Vous me chercherez, et vous me trouverez, si vous me cherchez de tout votre cœur. Je me laisserai trouver par vous, dit l'Éternel, et je ramènerai vos captifs; je vous rassemblerai de toutes les nations et de tous les lieux où je vous ai chassés, dit l'Éternel, et je vous ramènerai dans le lieu d'où je vous ai fait aller en captivité. » (Jé. 29:4-14 LSG)

Le passage ci-dessus met plus l'accent sur l'importance du timing divin et sur comment il affecte l'exaucement de nos prières. Quand le peuple de Dieu alla en exile de Jérusalem à Babylone, certains ont cru qu'ils allaient être de retour bien assez-tôt. Dieu a dû leur faire comprendre par la lettre du prophète Jérémie que la quantité de prière ou de sacrifice n'allait pas lui faire changer d'avis sur leur retour de l'exil avant son verdict de soixante-dix ans. Son plan était de les visiter après les soixante-dix années passées à Babylone, et de tenir sa belle promesse de les ramener sur leur terre natale. Vous me chercherez, et vous me trouverez, si vous me cherchez de tout votre cœur. Je me laisserai trouver par vous, dit l'Éternel, et je ramènerai vos captifs; je vous rassemblerai de toutes les nations et de tous les lieux où je vous ai chassés, dit l'Éternel, et je vous ramènerai dans le lieu d'où je vous ai fait aller en captivité. Quand vous n'avez pas une bonne compréhension du timing divin, vous allez toujours vous débattre dans vos prières.

LE MANQUE DE FOI

Hébreux 11:6 déclare que sans la foi il est impossible d'être agréable à Dieu, car il faut que celui qui s'approche de Dieu croie que Dieu existe et qu'il est le rémunérateur de ceux qui le cherchent. La foi vient en entendant la parole de Dieu ou en croyant ce que l'écriture dit de lui. Personne ne peut recevoir quoi que ce soit de Dieu s'il ne croit pas que Dieu existe et qu'il peut faire ce qu'il lui demande. Dans son modèle de prière, le Seigneur Jésus nous a demandé de dire, « Notre Père qui est aux cieux, que ton nom soit sanctifié … ». Il faut que nous acceptions Dieu comme notre Père, et nous ne pouvons jamais l'accepter comme notre Père si nous ne croyons pas qu'il existe. Celui qui prie Dieu doit croire qu'il est vivant et qu'il a le pouvoir de faire tout que qu'il demande en prière. Sans la foi, on ne peut rien recevoir de Dieu.

Marc11:23 dit que si quelqu'un dit à la montagne de se déplacer et ne doute pas, mais croit de que ce qu'il dit arrive, il le verra s'accomplir. Le manque de foi dans ce que vous demandez à Dieu peut bloquer l'exaucement de votre prière.

Voilà pourquoi Jacques 1:6-8 dit qu'il la demande avec foi, sans douter, car celui qui doute est semblable au flot de la mer, agité par le vent et poussé de côté et d'autre. Qu'un tel homme ne s'imagine pas qu'il recevra quelque chose du Seigneur : c'est un homme irrésolu, inconstant dans toutes ses voies.

La première chose qu'avait dite Jésus sur ses disciples qui ne pouvaient pas chasser le mauvais esprit du garçon qui était possédé par un esprit muet est qu'ils n'ont pas la foi. « Race incrédule, jusqu'à quand serai-je avec vous? Jusqu'à quand vous supporterai-je? » (Marc.9:19). La cause de leur manque de foi était leur ignorance. S'ils savaient quoi faire pour déplacer cette montagne, et l'avaient fait de la meilleure manière, ils auraient produit le même résultat que Jésus par la prière. La Bible déclare dans Romains 10:10 que la foi vient de ce qu'on entend, et ce qu'on entend vient de la parole de Dieu. Pour augmenter votre foi, étudiez ce que dit la Bible au sujet de la situation que vous traversez, et utilisez l'arme appropriée dans la prière pour la résoudre. Quand vous connaissez les promesses de Dieu sur une chose et croyez en elles, elle libère la foi dont vous avez besoin pour résoudre la chose dans la prière.

La prière est la ligne de sauvetage du croyant et est une clef essentielle pour marcher dans la victoire, toutefois beaucoup de Chrétiens nétgligent le fait d'utiliser cette arme : la prièrtre. Les Juifs prient trois fois (par jour) et les Musulmans prient cinq fois (par jour), mais beaucoup de Chréttiens prient seulement quand ils en ont envie. Combien de fois priez-vous?

- Archevêque N. Duncan-Duncan-Williams

LE MÉCANISME DE LA PRIÈRE

Le mécanisme de la prière traite de comment la prière fonctionne, et des différentes dynamiques contenues dans tout le processus. Il y a tellement de mal compréhensions dans le corps du Christ concernant ce concept et cela est dû aux divers points de vue (les doctrines et croyances des gens sur elle). Quand j'enseigne sur ce sujet, beaucoup de gens m'interrogent fréquemment sur le rôle que jouent Dieu le Père, Jésus le Fils, et le Saint-Esprit quand nous prions. En discutant de ce sujet dans l'une de mes réunions, une dame m'a demandé : « Ne pensez-vous pas que Dieu le Père puisse parfois nous en vouloir de demander des choses à Jésus ou au Saint-Esprit, plutôt qu'à lui ? ». Je n'ai pas vite compris sa question. Je lui ai donc demandé si elle pouvait expliquer ce qu'elle pensait en disant que le Père puisse nous en vouloir de demander des choses à Jésus ou au Saint-Esprit, plutôt qu'à lui. Alors elle dit : « Les gens prient souvent Jésus ou le Saint-Esprit alors qu'ils sont censés adresser leurs prières au Père. C'est le Père qui est le chef et on devrait lui donner la première place en toutes choses que ce soit dans la prière ou l'adoration. Adresser nos prières à Jésus ou au Saint-Esprit signifie que nous les plaçons au-dessus de Dieu. Je ne crois pas que ce soit correct » dit-elle pour finir.

J'ai ri tout bas, et par un signe de main, j'ai convié l'assistance à garder son calme puisque d'autres qui partagèrent son point de vue commencèrent à élever leurs voix pour appuyer ses propos, tandis que d'autres étaient d'avis contraire. La classe était partagée et chacun voulait partager son point de vue sur le sujet. Après avoir gagné leur attention, j'ai commencé en expliquant le concept de Père, de Fils, et d'Esprit dans la divinité avant d'aborder leurs rôles dans l'exaucement des prières.

Dans mon livre *l'unité de Dieu*, édité au départ sous le titre *La plénitude de la divinité*, j'ai expliqué que Dieu est un être éternel. Voici un extrait du livre, « La divinité est un esprit éternel dont la puissance et la nature divine constituent la plénitude de son être dans l'éternité (Ro 1:20). Le commencement a commencé quand il a permis à sa puissance éternelle de subsister en tant qu'être à part, et elle a subsisté en Lui en tant que Parole et Esprit. Pour être plus précis, l'existence individuelle de la Parole de Dieu et de l'Esprit a amorcé le commencement des œuvres de Dieu. C'est pourquoi l'écriture déclare qu'au commencement était la parole (Jn. 1:1) et qu'il est le premier-né de toute la création (Col 1:15). Proverbes 8:22 dit qu'elle a été créée la première des œuvres de Dieu, avant ses œuvres les plus anciennes, alors que le verset 23 déclare qu'elle a été établie depuis l'éternité, et le verset 30 ajoute qu'elle était à l'œuvre auprès de Dieu. La raison est que Dieu a engendré son pouvoir créateur dans l'éternité en tant que sa parole et non en tant que Fils, pour être avec lui en lui permettant de subsister en tant qu'être individuel. L'existence de la parole et de l'Esprit de Dieu dans la divinité a marqué le commencement des œuvres de Dieu. La Parole, Esprit, et essence de Dieu constitue la plénitude de son être depuis le commencement.

Au temps marqué, il envoya sa Parole mourir pour les péchés de l'humanité. La Parole s'est faite chair, est morte sur la croix, est ressuscitée des morts et est montée sur le trône à la droite de Dieu.

Là il a reçu du Père le Saint-Esprit, qui l'a également fait Seigneur et Christ (Actes 2:32-36). La Parole incarnée, étant de la même essence que Dieu, est entrée enveloppée du Saint-Esprit dans le corps glorifié de Jésus-Christ pour devenir une personne. C'est pour cela que l'écriture déclare dans Colossiens 2:9 que le Christ a en lui la plénitude de la divinité physiquement (parce que le constituant fondamental de l'être divin de Dieu est sa Parole, Esprit, et essence, et ils habitent tous en Christ physiquement.

La présence même du Christ dans le trône céleste a amené un changement dans l'existence de Dieu de l'état de *Dieu*, sa *Parole* et son *Esprit* à "Dieu le Père", "Jésus son fils" et "le Saint-Esprit". Ça veut dire que le Père, le Fils, et le Saint-Esprit dans la trinité ne définissent pas trois dieux différents comme le pensent certains, et ça ne veut pas non plus dire les différentes manifestations, titres, rôles, ou fonctions du seul et vrai Dieu à des époques diverses de l'histoire ou encore les différents modèles par lesquels Jésus s'est manifesté à l'humanité comme d'autres le croient. Au contraire, cela marque le point culminent de l'autorévélation du seul, vrai et éternel Dieu qui maintenant, existe pour l'église (corps et épouse du Christ), à la fois en tant que Père, Fils et Saint-Esprit. Le Père, le Fils et le Saint-Esprit existent simultanément, ils sont de la même essence mais distincts en tant qu'êtres.

La relation Père/Fils qui existe entre le créateur du ciel et la terre et Jésus de Nazareth est due à l'unité qui existe entre eux depuis le commencement et depuis le plan éternel de la divinité qui fût accompli en la personne du Christ. Cela signifie que bien qu'il se soit humilié en revêtant la nature même d'un serviteur pour racheter l'humanité, il est bel et bien de la même essence que la divinité du fait de sa préexistence en tant que Parole de Dieu.

Dieu est le Père du point de vue de ses œuvres (le visionnaire et le propriétaire de toutes choses) ; tout commence et finit en lui. Jésus-Christ a hérité de toutes choses de Dieu (Hé. 1:2), qui l'a également fait Seigneur et Christ (administrateur). Le Saint-Esprit est le seul exécuteur du conseil divin (facilitateur), ce qui signifie que Dieu existe maintenant en tant que Père, le visionnaire ; Fils l'administrateur et Esprit, le facilitateur (Mt 28:19-20, 1 Co.12:4-6, 2 Co.13:14, Lu 3:21-22), grâce à Christ. (Pour plus d'éclaircissement sur ceci, veuillez lire mon livre *L'unité de Dieu*).

Dans son modèle de prière, le Seigneur Jésus dit quand vous priez dites : « Notre Père qui est aux cieux, que ton nom soit sanctifié ». Le verset 6 du même passage dit quand tu pries, entre dans ta chambre, ferme ta porte, et prie ton Père qui est là dans le lieu secret ; Et ton Père, qui voit dans le secret, te le rendra. Le verset 8 déclare que le Père de quoi nous avons besoin, avant que nous le lui demandions (Mt 6:6-9).

Pierre et Jean furent arrêtés et amenés devant le Sanhedrin afin de répondre d'avoir guéri un homme boiteux depuis sa naissance que le peuple amenait chaque jour à la porte du temple qu'on appelle "La Belle" pour recevoir l'aumône de ceux qui entraient dans le temple. Le Sanhedrin demanda « Par quel pouvoir, ou au nom de qui avez-vous fait cela? Alors Pierre, rempli du Saint Esprit, leur dit: Chefs du peuple, et anciens d'Israël, puisque nous sommes interrogés aujourd'hui sur un bienfait accordé à un homme malade, afin que nous disions comment il a été guéri, sachez-le tous, et que tout le peuple d'Israël le sache! C'est par le nom de Jésus Christ de Nazareth, que vous avez été crucifié, et que Dieu a ressuscité des morts, c'est par lui que cet homme se présente en pleine santé devant vous».

Le passage dit que comme ils voyaient là près d'eux l'homme qui avait été guéri, ils n'avaient rien à répliquer. Que ferons-nous à ces hommes? demandèrent-ils. Car il est manifeste pour tous les habitants de Jérusalem qu'un miracle signalé a été accompli par eux, et nous ne pouvons pas le nier. Mais, afin que la chose ne se répande pas davantage parmi le peuple, défendons-leur avec menaces de parler désormais à qui que ce soit en ce nom-là. Et les ayant appelés, ils leur défendirent absolument de parler et d'enseigner au nom de Jésus. Ayant été menacés et interdits par le Sanhedrin de prêcher ou d'enseigner au nom de Jésus, Pierre et de Jean ils racontèrent tout aux leurs. Le verset 24 déclare que lorsqu'ils l'eurent entendu, ils élevèrent à Dieu la voix tous ensemble en prière (Actes 4:1-31).

Actes 4:12 déclare qu'il n'y a de salut en aucun autre; car il n'y a sous le ciel aucun autre nom qui ait été donné parmi les hommes, par lequel nous devions être sauvés. Le nom de Jésus est le seul nom accrédité par le ciel pour garantir l'exaucement des prières. Car il y a un seul Dieu, et aussi un seul médiateur entre Dieu et les hommes, Jésus Christ homme, selon l'écriture (1 Ti 2:5). Philippiens 2:6-11 dit que bien qu'il ait existé en forme de Dieu, n'a point regardé comme une proie à arracher d'être égal avec Dieu, mais s'est dépouillé lui-même, en prenant une forme de serviteur, en devenant semblable aux hommes; et ayant paru comme un simple homme, il s'est humilié lui-même, se rendant obéissant jusqu'à la mort, même jusqu'à la mort de la croix. C'est pourquoi aussi Dieu l'a souverainement élevé, et lui a donné le nom qui est au-dessus de tout nom, afin qu'au nom de Jésus tout genou fléchisse dans les cieux, sur la terre et sous la terre, et que toute langue confesse que Jésus Christ est Seigneur, à la gloire de Dieu le Père. Voilà pourquoi le Seigneur a dit dans Jean 15:16b que ce que vous demanderez au Père en son nom, il vous le donne. Il a également dit dans Jean 14:13 qu'il fera ce que vous demanderez en son nom, afin que le Père soit glorifié dans le Fils. Le verset 14 dit si vous demandez quelque chose en son nom, il le fera.

« En ce jour-là, vous ne m'interrogerez plus sur rien. En vérité, en vérité, je vous le dis, ce que vous demanderez au Père, il vous le donnera en mon nom. Jusqu'à présent vous n'avez rien demandé en mon nom. Demandez, et vous recevrez, afin que votre joie soit parfaite. Je vous ai dit ces choses en paraboles. L'heure vient où je ne vous parlerai plus en paraboles, mais où je vous parlerai ouvertement du Père. En ce jour, vous demanderez en mon nom, et je ne vous dis pas que je prierai le Père pour vous; car le Père lui-même vous aime, parce que vous m'avez aimé, et que vous avez cru que je suis sorti de Dieu. Je suis sorti du Père, et je suis venu dans le monde; maintenant je quitte le monde, et je vais au Père. » (Jn. 16:23-28 LSG)

« J'ai encore beaucoup de choses à vous dire, mais vous ne pouvez pas les porter maintenant. Quand le consolateur sera venu, l'Esprit de vérité, il vous conduira dans toute la vérité; car il ne parlera pas de lui-même, mais il dira tout ce qu'il aura entendu, et il vous annoncera les choses à venir. Il me glorifiera, parce qu'il prendra de ce qui est à moi, et vous l'annoncera. Tout ce que le Père a est à moi; c'est pourquoi j'ai dit qu'il prend de ce qui est à moi, et qu'il vous l'annoncera. (Jn. 16:12-15 LSG)

Le Père, le Fils, et le Saint-Esprit sont un seul et même Dieu. Que vous dites Père céleste, Seigneur Jésus, ou Saint-Esprit dans votre prière, importe peu, parce que Dieu est le même. Toutefois, nous avons besoin d'un nom, et le seul nom donné à l'humanité qui nous garantit l'exaucement à nos prières est le nom de Jésus-Christ de Nazareth. Ce nom est au-dessus de tout autre nom dans les cieux, sur terre, et sous la terre. Faites-le au nom de Jésus, et vos prières produiront le résultat que vous désirez.

« Je vous exhorte, frères, par notre Seigneur Jésus Christ et par l'amour de l'Esprit, à combattre avec moi, en adressant à Dieu des prières en ma faveur, afin que je sois délivré des incrédules de la Judée, et que les dons que je porte à Jérusalem soient agréés des saints, en sorte que j'arrive chez vous avec joie, si c'est la volonté de Dieu, et que je jouisse au milieu de vous de quelque repos. Que le Dieu de paix soit avec vous tous! Amen! » (Ro 15:30-33 LSG)

Quelqu'un a une fois cité le passage d'Apocalypse 8:3-4 qui parle d'un ange ayant un encensoir d'or; on lui donna beaucoup de parfums, afin qu'il les offrît, avec les prières de tous les saints, sur l'autel d'or qui est devant le trône. La fumée des parfums monta, avec les prières des saints, de la main de l'ange devant Dieu. Et l'ange prit l'encensoir, le remplit du feu de l'autel, et le jeta sur la terre. Et il y eut des voix, des tonnerres, des éclairs, et un tremblement de terre. Et alors cette personne m'a demandé si les anges, Marie la mère de Jésus, les Chérubins, les vingt-quatre vieillards dans la cour de justice céleste, etc. jouent également le rôle stratégique dans le processus de l'exaucement de nos prières. Pour finir, il a demandé : « y-a-il des bols dans le ciel dans lesquels sont stockées nos prières? Si oui, combien de temps faut-il pour remplir le bol de prières avant que nous puissions espérer de Dieu l'exaucement? Y-a-il des anges ayant des encensoirs d'or se tenant devant le trône de Dieu, attendant de rassembler nos prières, les stocker dans des bols, puis les mélanger à l'encens avant de les présenter à Dieu?

Voilà quelques-unes des questions que j'ai reçues qui m'ont amené à développer un programme d'enseignement de la prière, un cours intensif sur l'art de la prière qui aide à faire décoller la vie de prière des gens et à la rendre très efficace. C'est un programme destiné à enseigner aux gens le *comment-faire* et le *savoir-faire* de la prière à travers des séminaires, conférences, sommets et écoles de prière, pour leur faire cultiver une vie de prière consistante. Savoir comment fonctionne la prière ainsi que les différentes dynamiques qui augmentent l'efficacité de nos prières est essentiel pour avoir une vie de prière consistante.

La scène d'Apocalypse 8:1-6 montre la fidélité de Dieu à sa parole et à ses principes. Tout comme je l'ai mentionné précédemment, le ciel ne peut pas opérer sur la terre sans la coopération, l'autorisation, ou la participation de la race humaine.

Le passage parle de quand l'agneau a ouvert le septième sceau de Dieu. Il y eut un silence d'environ une demi-heure dans le ciel parce que le jugement était sur le point d'être déversé sur la terre. Il fut donné des trompettes aux sept anges qui se tiennent devant Dieu qu'ils devaient sonner pour que la terre soit jugée. Puisque la terre est le domaine de l'homme, les anges qui devaient sonner les trompettes ont attendu à ce que des prières aient été élevées par les saints, un ange les a mélangées à beaucoup d'encens et les a présentées comme offrande sur l'autel d'or devant Dieu avant de remplir l'encensoir du feu de l'autel et le jeter sur la terre, et il y eut des voix, des tonnerres, des éclairs, et un tremblement de terre. C'est après cela que les sept anges tenant les trompettes ont commencé à souffler.

Quand nous prions, la prière n'entre dans aucune bouteille ou bol, il n'y a pas non plus d'ange attendant d'attraper nos prières pour les stocker dans un bol. Psaume 103:20 déclare que les anges sont des êtres puissants qui exécutent les ordres de Dieu, en obéissant à la voix de sa parole! Les Chérubins, Marie la mère de notre Seigneur Jésus, et les vingt-quatre vieillards dans la cour céleste n'interfèrent pas dans nos prières. En fait, nous n'avons pas besoin de leur aide avant que nos prières soient entendues et exaucées. La Bible nous exhorte à adresser nos prières à notre Père céleste, au nom de Jésus, sous l'assistance du Saint-Esprit qui nous enseigne la parole de Dieu et nous aide à prier selon la volonté du Père. La parole de Dieu est la pensée, et le conseil révélés écrits de Dieu concernant l'humanité. Psaume 18:2 dit que Dieu a élevé sa parole au-dessus de toute chose. La Bible est la parole écrite de Dieu qui contient les vérités, concepts, et principes bibliques qui nous donnent l'avantage dans la prière. Elle produit également en nous la foi qu'il nous faut pour plaire à Dieu afin de recevoir de lui. Car, Hébreux 11:6 dit que sans la foi, il est impossible d'être agréable à Dieu, celui qui s'approche de lui doit croire qu'il existe et qu'il est le rémunérateur de ceux qui le cherchent.

Jacques 1:6 déclare quand on demande, de croire sans douter, parce que celui qui doute est comme un flot de la mer, agité par le vent et poussé de côté et d'autre. Romains 10:17 nous apprend que la foi vient de l'écoute de la parole de Dieu et c'est le Saint-Esprit qui nous enseigne la parole de Dieu et nous aide à décoder les vérités, concepts, et principes bibliques contenus dans la parole de Dieu et dont nous avons besoin pour comprendre les voies et la pensée du Père.

Pour conclure, nous prions le Père, au nom de Jésus son fils, sous l'assistance du Saint-Esprit, en conformité avec la parole écrite de Dieu qui produit en nous la foi qu'il nous faut pour recevoir du Père. Hébreux 4:16 nous encourage à nous approcher avec assurance du trône de la grâce, afin d'obtenir miséricorde et de trouver grâce, pour être secourus dans nos besoins. L'œuvre parfaite de Christ à la croix nous donne accès au trône céleste. Nous n'avons besoin de l'aide de personne pour que notre prière soit entendue et exaucée par Dieu, du moment qu'elle est faite au nom de Jésus. Les anges sont les ministres de Dieu chargés d'exécuter ses ordres. Dieu n'est pas un collecteur de prières mais un Dieu qui exauce les prières. Il ne stocke pas les prières dans une quelconque bouteille ou bol au ciel. Le fait que vous n'ayez pas reçu l'exaucement de vos prières ne signifie pas qu'il les stocke quelque part en attendant que la coupe soit pleine avant de répondre. Puisque la prière donne à ciel la permission d'agir sur la terre, la requête que vous adressez aujourd'hui peut devenir un fondement légal pour permettre à Dieu d'intervenir plus tard. D'ailleurs, Dieu fait les choses selon son propre temps, et pas selon votre calendrier. Il se sert de votre prière de maintenant pour agir dans votre vie quand il le voudra.

Prier ne signifie pas uniquement penser à ce qu'on veut et le demander. Prier, c'est découvrir le dessein révélé de Dieu dans l'écriture, et ensuite prier pour la manifestation de ce dessein.

- Derek Prince

LES CLEFS POUR UNE PRIÈRE EFFICACE

Comme je l'ai dit précédemment, la prière est un mode de vie. Et pour bâtir une vie de prière efficace, vous devez apprendre la discipline de la prière. En tant qu'enfant de Dieu, la prière est l'un des exercices spirituels que nous faisons régulièrement pour nous garder en forme dans notre marche spirituelle avec le Saint-Esprit. Votre degré de discipline détermine l'efficacité de votre prière. C'est très important de savoir les choses qui augmentent le succès de votre vie de prière car, les utiliser vous permettra de donner plus de tonus à vos prières. Il y a beaucoup de choses qui déterminent l'efficacité de notre prière ; prenons donc la peine de voir de près les suivantes:

LA RELATION AVEC DIEU

Nous voyons dans le modèle de prière de Jésus que tout commence par la connaissance de qui Dieu est, où il est, et son acceptation en tant que Père. Dire :

« Notre Père qui est aux cieux » signifie que la prière commence par une relation avec Dieu. Vous ne pouvez pas mener une vie de prière solide sans une bonne relation avec Dieu, et pour avoir une bonne relation avec le Seigneur, il y a des choses que vous devez faire, comme le dit les écritures.

La Bible déclare dans 2 Chroniques 7:14 : « Si mon peuple sur qui est invoqué mon nom s'humilie, prie, et cherche ma face, et s'il se détourne de ses mauvaises voies, je l'exaucerai des cieux, je lui pardonnerai son péché, et je guérirai son pays ». D'après ce passage, vous devez être un enfant de Dieu avant toute autre chose (c.-à-d. si mon peuple sur qui est invoqué mon nom), ce qui signifie que la relation est la première clef pour une prière efficace. Et pour construire une relation avec Dieu, vous devez naître de nouveau. Pour ce faire, vous devez reconnaître l'œuvre merveilleuse qu'il a accomplie pour l'humanité en envoyant son Fils unique, Jésus de Nazareth, mourir pour les péchés de l'humanité. Ensuite, vous acceptez le sacrifice expiatoire de Christ pour le salut de votre âme et le confessez comme Seigneur, car c'est du cœur qu'on croit et qu'on est justifié, et c'est de la bouche qu'on confesse pour est sauvé (Ro 10:9-10, Ac 4:12).

Quand vous croyez du fond du cœur que Christ est mort et est ressuscité des morts pour les péchés de l'humanité, vous êtes justifiés par le Père qui pardonne vos péchés et vous impute sa justice, ce qui se fait par la foi, afin que vous soyez réconciliés avec Dieu en Christ. Maintenant, quand vous confessez que Jésus est Seigneur, la vie éternelle du Père est insufflée à votre esprit en Christ Jésus. Cela est rendu possible par le ministère du Saint-Esprit pour que votre esprit soit régénéré de la mort spirituelle qui, au commencement est venue sur l'humanité par le péché d'Adam. Ce phénomène spirituel s'appelle *la nouvelle naissance* ou *le baptême par l'Esprit* dans le corps du Christ qui est l'église. (Pour plus d'informations, veuillez lire mon livre l'unité de Dieu, dans la rubrique "la filiation divine du chrétien").

Une fois que vous naissez de nouveau, vous commencez une nouvelle vie avec Dieu en Christ. Car la Bible dit que Dieu a tant aimé le monde qu'il a donné son fils unique, afin que quiconque croit en lui, ne périsse point, mais qu'il ait la vie éternelle. Dieu n'a pas envoyé son fils dans le monde pour qu'il le juge, mais pour qu'il soit sauvé par lui (Jn. 3:16-17). Il n'y a de salut en aucun autre ; car il n'y a sous le ciel aucun autre nom qui ait été donné parmi les hommes, par lequel nous devions être sauvés que le nom de Jésus, le fils de Dieu vivant (Actes 4:12). La nouvelle naissance, qui commence une saine relation avec Dieu, est la première clef pour une prière efficace.

L'HUMILITÉ

La deuxième clef est l'humilité. Jacques 4:6 dit que Dieu résiste aux orgueilleux mais fait grâce aux humbles. Le verset 4 déclare que l'amour du monde est inimitié contre Dieu. Celui donc qui veut être ami du monde se rend ennemi de Dieu. L'orgueil est une maladie mortelle que quiconque qui aspire à une vie de prière efficace doit éviter à tout prix. L'apôtre Jean écrit également dans son épître que nous ne devons pas aimer le monde, ni les choses qui sont dans le monde, car tout ce qui est dans le monde, la convoitise de la chair, la convoitise des yeux, et l'orgueil de la vie, ne vient point du Père (1 Jn.2:15-16). Quand l'orgueil entre dans une personne, elle le tourne contre Dieu et fait de lui son ennemi. Et quand Dieu devient votre ennemi, vos prières n'aboutiront jamais, car il n'écoutera pas votre appel à l'aide. En fait, il résiste aux orgueilleux mais fait grâce aux humbles.

« De mêmes, vous qui êtes jeunes, soyez soumis aux anciens. Et tous, dans vos rapports mutuels, revêtez-vous d'humilité; car Dieu résiste aux orgueilleux, Mais il fait grâce aux humbles. Humiliez-vous donc sous la puissante main de Dieu, afin qu'il vous élève au temps convenable; » (1 Pierre 5:5-6 LSG)

Rappelez-vous que la prière est un mode de vie qui reflète la nature de celui que vous priez. L'orgueil n'est ni en Dieu ni de lui, mais il vient du monde. Deux personnes ne peuvent pas marcher ensemble à moins qu'elles s'accordent. Pour que Dieu réponde à vos appels, vous devez ôter de votre vie tout ce que le monde dans lequel vous vivez vous a intégré, et qui peut amener le Seigneur à vous tourner le dos. L'orgueil en fait partie.

Un orgueilleux croit qu'il a tout ce qu'il lui faut. Il est autosuffisant et indépendant. Il n'a d'égard ni pour Dieu, ni pour les hommes. Il est imbu de lui-même et arrogant. S'il lui arrive de prier, alors il le fait avec orgueil. Le Seigneur Jésus a dit une parabole sur deux hommes qui montèrent au temple pour prier. L'un était pharisien, et l'autre publicain. Le pharisien, debout, priait ainsi en lui-même: Ô Dieu, je te rends grâces de ce que je ne suis pas comme le reste des hommes, qui sont ravisseurs, injustes, adultères, ou même comme ce publicain; je jeûne deux fois la semaine, je donne la dîme de tous mes revenus. Le publicain, se tenant à distance, n'osait même pas lever les yeux au ciel; mais il se frappait la poitrine, en disant: O Dieu, sois apaisé envers moi, qui suis un pécheur. Le publicain, qui était considéré comme pécheur, est rentré chez lui, justifié devant Dieu contrairement au Pharisien. Ceux qui s'élèvent seront humiliés, alors que ceux qui s'humilient eux-mêmes seront élevés, dit l'Eternel. Pour avoir du poids dans la prière, vous devez rester humble.

LA CONNAISSANCE

La troisième clef dont j'aimerais parler est la connaissance. Comme je l'ai déjà dit, la connaissance est très importante pour bâtir une vie de prière active parce que ce que vous savez sur la prière déterminera votre attitude envers de la prière. Ceux qui en savent beaucoup sur la prière font des choses incroyables par elle. Pour être très efficace dans la prière, vous devez lire pour en apprendre sur elle.

Quand les disciples de Jésus remarquèrent comment leur maître priait et le genre de résultats qu'il produisait par elle, ils réalisèrent qu'il connaissait quelque chose sur elle qu'aucun d'eux ne connaissait et cela le rendait fort dans la prière. Ils lui demandèrent alors de leur enseigner ce qu'il connaissait sur la prière. Etudier ce qu'est la prière, comment prier, pourquoi nous prions, quand prier, où prier, ce sur quoi prier, les niveaux de prière, la puissance de la prière, les types de prière, etc…

    Premièrement, le fait que Jean-Baptiste et le Seigneur Jésus aient enseigné à leurs disciples comment prier montre que la prière doit être enseignée (Luc 11:1-4). Deuxièmement, il ne faut pas mourir en emportant ce qu'on sait sur la prière ; ce savoir doit être transmis à la génération suivante. Troisièmement, la connaissance que reçoivent les gens sur la prière peut changer leur vie de prière. Quatrièmement, notre entourage peut apprendre la discipline de la prière par la manière dont nous vivons nos vies. Cinquièmement, vous pouvez améliorer votre vie de prière en apprenant de nouvelles techniques efficaces et en les pratiquant. Sixièmement, ce que vous savez détermine votre attitude envers la prière. Septièmement, votre niveau d'efficacité dans la prière est proportionnel à la mesure de connaissance de la révélation que vous avez sur la prière.

    La différence principale entre quelqu'un qui passe des mois à prier sur une situation et une autre personne qui prie sur la même chose et qui l'obtient après quelques heures est la connaissance de la révélation. Ce que vous savez détermine vos actes et paroles. La connaissance est très importante pour être fort et efficace dans la prière. Quand étudiez sur la prière et pratiquez ce que vous savez conformément à la parole de Dieu, vous produirez des résultats. Pour acquérir une bonne connaissance sur la prière, rejoignez un groupe de prière et soyez engagés, lisez de bons livres sur la prière, écoutez des CD/DVD, suivez des programmes télévisés, assistez à des séminaires sur la prière, des conférences et conventions, posez des questions ayant trait à la prière, partagez vos acquis avec d'autres personnes, et développez une forte habitude de prière.

LA LOUANGE ET L'ADORATION

La louange et l'adoration sont une facette de la prière que quiconque qui désire avoir un bon mode de vie de prière doit apprendre, parce que la prière est un acte d'adoration. On loue Dieu pour ce qu'il fait et on l'adore pour ce qu'il est. Tout véritable homme ou femme de prière est un adorateur. Le modèle de prière du royaume qu'a donné Jésus commence par un acte d'adoration : « Notre Père qui est aux cieux, que ton nom soit sanctifié ». La prière, la louange et l'adoration sont indissociables. Personne ne peut prier efficacement sans être un vrai adorateur. Nous prions parce que nous savons que Dieu existe et qu'il entend et exauce les prières. Le psaume 22:4 dit que Dieu siège au milieu des louanges de son peuple. La prière autorise Dieu à interférer dans les affaires humaines, l'adoration le fait descendre, tandis que la louange fait bouger sa main. Les trois sont liés. Jean 4:23-24 dit que l'heure vient et quelle est déjà venue où les vrais adorateurs adoreront le Père en esprit et en vérité, car ce sont de tels adorateurs que le Père demande. La raison est que Dieu est esprit, et ceux qui l'adorent doivent l'adorer en esprit et en vérité. Les Samaritains de l'époque de Jésus adoraient ce qu'ils ne connaissaient pas, mais les juifs connaissaient ce qu'ils adoraient. Nous prions parce que nous connaissons le Dieu que nous prions, et notre engagement à lui nous met à part.

« Après cela, les fils de Moab et les fils d'Ammon, et avec eux des Maonites, marchèrent contre Josaphat pour lui faire la guerre. On vint en informer Josaphat, en disant: Une multitude nombreuse s'avance contre toi depuis l'autre côté de la mer, depuis la Syrie, et ils sont à Hatsatson Thamar, qui est En Guédi. Dans sa frayeur, Josaphat se disposa à chercher l'Éternel, et il publia un jeûne pour tout Juda. Juda s'assembla pour invoquer l'Éternel, et l'on vint de toutes les villes de Juda pour chercher l'Éternel. » (2 Ch.20:1-4 LSG)

Le passage ci-dessus décrit ce que fit le roi Josaphat quand une grande armée vint le combattre. Il fit rassembler tout Juda pour invoquer l'Eternel et proclama un jeûne. Pendant que peuple fut rassemblé en présence de Dieu par crainte de la grande multitude, Josaphat s'éleva en prière et cria au secours à l'Eternel : « O notre Dieu, n'exerceras-tu pas tes jugements sur eux? Car nous sommes sans force devant cette multitude nombreuse qui s'avance contre nous, et nous ne savons que faire, mais nos yeux sont sur toi. Tout Juda se tenait debout devant l'Éternel, avec leurs petits enfants, leurs femmes et leurs fils. Alors l'esprit de l'Éternel saisit au milieu de l'assemblée Jachaziel, fils de Zacharie, fils de Benaja, fils de Jeïel, fils de Matthania, Lévite, d'entre les fils d'Asaph. Et Jachaziel dit: Soyez attentifs, tout Juda et habitants de Jérusalem, et toi, roi Josaphat! Ainsi vous parle l'Éternel: Ne craignez point et ne vous effrayez point devant cette multitude nombreuse, car ce ne sera pas vous qui combattrez, ce sera Dieu.

Dès que le Roi Josaphat eût entendu la parole de la prophétie, il exhorta son peuple à croire en l'Eternel Dieu et à également avoir foi en son prophète. Après quoi, il prit conseil avec le peuple et nomma des chantres pour marcher devant l'armée en célébrant Dieu et en bénissant son saint nom. Au moment où ils commençaient à célébrer et bénir le nom du seigneur, Dieu plaça une embuscade contre leurs ennemis et les fit commencer à se battre entre eux-mêmes. Les ammonites et les moabites se retournèrent contre leurs alliés de la montagne de Seir et les tuèrent tous. Après avoir complètement détruit les hommes de Seir, ils commencèrent à s'attaquer et s'entre-tuer. Quand le Roi Josaphat et son armée arrivèrent au lieu, ils ne virent que des cadavres étendus à terre, car leurs ennemis s'étaient déjà retournés les uns contre les autres pour s'entre-tuer. Aucun d'eux n'y échappa. Les israélites trouvèrent ainsi plus d'objets de valeur parmi leurs ennemis qu'ils ne pouvaient emporter. Le butin était tellement grand que cela leur prit trois jours pour tout ramasser. Ils revinrent avec une grande joie à Jérusalem car l'Eternel les avait remplis de joie en les délivrant de leurs ennemis.

Quand le roi Josaphat apprit l'invasion soudaine de sa terre par ses ennemis, il fut tellement saisi d'effroi qu'il proclama un jeûne dans tout son royaume afin de chercher l'intervention de Dieu. Aussitôt que le prophète lui donna une direction prophétique, il eut comme recours de louer et d'adorer Dieu. Cela lui a donné une victoire totale sur la multitude d'ennemis venus le combattre. Son jeûne et prière, son obéissance à la direction prophétique, sa louange, et son adoration lui ont donné une victoire qu'il n'aurait pas pu obtenir par d'autres moyens (2 Ch.20:1-30). Faites de la louange et l'adoration une habitude et cela affectera positivement votre vie de prière.

LA PASSION

Tout ce que vous aimez vous passionne. La passion est comme une flamme qui brûle dans votre cœur. Elle vous conduit, vous maintient éveillé, vous pousse à l'action, et vous incite à faire les choses que d'autres considèrent très difficiles voire impossibles. Votre passion pour la prière détermine ce que vous faites de votre vie de prière. Les passionnés de la prière font le mille supplémentaire pour bâtir une vie de prière efficace. Ils ne lésinent pas sur leur temps, énergie, ressources, etc afin de rendre leur vie de prière efficace. À moins que vous soyez un passionné de la prière, vous ne pouvez pas être efficace.

Le dictionnaire Cambridge Advanced Learner's définit *une passion pour quelque chose* comme : « Un intérêt très poussé pour, ou un désir de faire quelque chose tel qu'un passe-temps, une activité, etc. ». La passion pour la prière est un intérêt très poussé pour la prière (Un intérêt qui pourrait vous faire renoncer à tout pour une occasion de prier, parler, apprendre, ou d'enseigner sur la prière, d'assister à des réunions de prière, sommets, séminaires, conférences, etc...

L'histoire du prophète Daniel aide à illustrer ce point. La Bible dit que Daniel était l'un des trois administrateurs nommés par le roi Darius pour superviser les cent vingt officiers qu'il avait mis en charge des cent vingt (120) provinces en lesquelles il avait divisé son royaume. Daniel se distingua parmi les administrateurs par la manière dont il gérait les affaires du gouvernement et cela par ses qualités exceptionnelles, ce qui fit que le roi projetait de l'établir sur tout le royaume. Alors, les administrateurs et les satrapes commencèrent à chercher des raisons de l'accuser par rapport à la façon dont il gérait les affaires du gouvernement, mais ils ne trouvèrent en lui aucune faute, parce qu'il faisait son travail fidèlement. Ils se dirent finalement l'un à l'autre : « Nous ne trouverons aucune occasion contre ce Daniel, à moins que nous n'en trouvions une dans la loi de son Dieu. Ils se rendirent tumultueusement auprès du roi, et lui parlèrent ainsi: Roi Darius, vis éternellement! Tous les chefs du royaume, les intendants, les satrapes, les conseillers, et les gouverneurs sont d'avis qu'il soit publié un édit royal, avec une défense sévère, portant que quiconque, dans l'espace de trente jours, adressera des prières à quelque dieu ou à quelque homme, excepté à toi, ô roi, sera jeté dans la fosse aux lions. Maintenant, ô roi, confirme la défense, et écris le décret, afin qu'il soit irrévocable, selon la loi des Mèdes et des Perses, qui est immuable. Là-dessus le roi Darius écrivit le décret et la défense.

Lorsque Daniel sut que le décret était écrit, il se retira dans sa maison, où les fenêtres de la chambre supérieure étaient ouvertes dans la direction de Jérusalem; et trois fois le jour il se mettait à genoux, il priait, et il louait son Dieu, comme il le faisait auparavant. Voilà ce que la passion pour la prière vous fera faire. Elle vous fera faire ce que d'autres considèrent comme anormal et irrationnel. Daniel savait que prier le Dieu très haut lui coûterait sa liberté, sa carrière, sa vie, etc...

Pourtant, il fonça dans la prière, parce qu'il savait que Dieu est capable d'agir quand on s'en remet complètement à lui et le cherche de tout son cœur. Quand ceux qui cherchaient des occasions de l'accuser le trouvèrent en train de prier et d'invoquer son Dieu, ils allèrent voir le roi pour lui rappeler son décret stipulant que quiconque qui prierait n'importe quel autre dieu ou homme excepté le roi dans les trente jours serait jeté dans la fosse aux lions. Le roi, ne sachant pas ce qui était arrivé, dit, La chose est certaine, selon la loi des Mèdes et des Perses, qui est immuable. Alors ils dirent au roi que Daniel, qui était de Juda, n'avait pas respecté le roi ni son décret, parce qu'il priait toujours son Dieu trois fois par jour. Le roi fut très affligé quand il entendit cela; il prit à cœur de délivrer Daniel, et jusqu'au coucher du soleil il s'efforça de sauver Daniel. Il tenta jusqu'au coucher du soleil d'empêcher Daniel d'être jeté dans la fosse aux lions mais en vain. Bien que le roi ne pût sauver Daniel de la fosse aux lions, le Dieu de Daniel envoya son ange pour fermer les gueules des lions et les empêcher de lui faire du mal après qu'il fut jeté dans la fosse (Da. 6:1-24).

La passion pour la prière vous fera faire des choses que d'autres qualifient d'imprudentes, tout comme le prophète Daniel, qui était prêt à tout perdre pour maintenir sa relation et sa vie de prière avec Dieu quand bien même il apprit que prier Dieu allait l'envoyer dans la fosse aux lions, il ne pouvait pas s'empêcher de prier trois fois à cause de son amour et de son engagement pour Dieu. Sa passion pour la prière l'a aidé à rester concentré et ferme au moment où tout se retournait contre lui et que la prière devint impossible. Il y arrivera toujours des moments où tout s'écroule et où la prière devient impensable, et à de pareils moments, c'est seulement la passion que vous avez pour la prière qui vous incitera à prier.

LA COMMUNION

Proverbes 27:17 dit que le fer aiguise le fer, une personne en aiguise donc une autre.

Il n'y a pas de meilleur manière de faire de la prière une habitude et d'apprendre de nouvelles techniques de prière qu'en étant où elle se fait, et en fréquentant ceux qui prient régulièrement. L'un des moyens les plus faciles de le faire est de rejoindre des réunions de prière et d'y être engagé. Un autre moyen est d'assister à des séminaires, conférences, conventions et autres de prière. Recherchez ceux qui sont aussi passionnés de la prière que vous, et partagez entre vous vos expériences. Actes 4:13 déclare que quand les membres du Sanhedrin virent l'audace de Pierre et de Jean, ils furent dans l'étonnement, car ils réalisèrent que les deux hommes n'avaient reçu aucune formation particulière sur les écritures. Ils reconnurent alors que c'est parce que Pierre et Jean avaient vécu aux cotés de Jésus qu'ils pouvaient parler ainsi. Etre aux côtés du Seigneur Jésus a changé toutes leurs vies. Voilà ce qui se passe quand vous communiez avec ceux qui sont forts et efficaces dans la prière : leur style de vie se reflètera sur vous et changera votre attitude envers la prière.

La Bible raconte comment Barnabas se rendit à Tarse pour chercher Saul et le ramener à Antioche. Tous deux, ils restèrent là avec l'église pendant toute une année et enseignèrent beaucoup de personnes. En fin de compte, les croyants furent appelés pour la première fois Chrétiens à Antioche, parce qu'ils avaient été changés et transformés à l'image du Christ, et d'autres en les regardant furent amenés à dire qu'ils étaient comme le Christ (Actes 11:25-26).

Pour être fort dans la prière, fréquentez ceux qui comprennent l'art de la prière, qui la valorisent, en parlent, et priez constamment. Tout ce que vous faites de façon constante pendant un certain temps devient une habitude, et quand une habitude est soutenue, elle devient une caractéristique. Si vous avez l'habitude de prier de votre plein gré avec d'autres de façon régulière et que vous maintenez cette habitude, elle deviendra automatiquement un mode de vie.

Et la meilleure et la plus facile des manières de le faire est par la communion. Exode 34:28-33 parle de comment Moïse alla au mont Sinaï et est resta dans la présence de Dieu pendant quarante jours et quarante nuits sans manger ni boire afin de recevoir les Dix commandements. Pendant qu'il communiait sur la montagne avec l'Eternel, il ne réalisa pas que quelque chose avait changé en lui. A la fin, quand il descendit auprès du peuple, le passage déclare que le visage de Moïse était rayonnant, parce que la gloire de Dieu s'était reflétée sur lui pendant qu'il était resté dans la présence de Dieu pour parler avec lui. Chose étonnante dans l'histoire est que Moïse ne savait pas que son visage brillait pour refléter la gloire de Dieu jusqu'à ce que les gens dans le camp l'eurent vu et furent effrayés d'aller auprès de lui.

Quand vous communiez avec ceux qui sont versés dans la prière et qui assistent farouchement à des réunions de prière, ce qu'ils ont et ce qu'ils font commencera automatiquement à se déposer sur vous. Cherchez un bon ministère ou groupe de prière, et rejoignez-les pour apprendre comment ils prient. Restez connectés et engagés dans le groupe, et vous deviendrez bientôt comme l'un de ceux que vous admirez si tant.

LA DÉTERMINATION

La raison même qui fait que le prophète Daniel pouvait se lever et prier trois fois avec ses fenêtres ouvertes vers Jérusalem comme il l'avait toujours fait est qu'il s'était décidé à le faire, même en dépit de l'édit du roi. Il a été déterminé à rester ferme dans sa prière, malgré la menace et le risque d'être jeté dans la fosse aux lions selon le décret du roi.

La détermination est le pouvoir de la volonté, la fermeté du but, et la force de d'esprit et de caractère qui vous permet de vous accrocher à quelque chose peu importe comment ça peut être difficile. A moins que vous ne teniez à quelque chose, vous tomberez pour un rien. Et à moins d'être déterminé à maintenir une vie de prière efficace, beaucoup de choses viendront sur votre pour vous empêcher de prier comme cela se doit. Rappelez-vous, la prière est un mode de vie, et non un acte religieux. Et pour être fort dans la prière, vous devez en apprendre la discipline et le faire correctement. La prière est une tâche difficile, et à moins que vous ne soyez déterminés à prier, vous ne pouvez pas le faire de façon régulière. La faiblesse du corps peut devenir le principal obstacle à une prière efficace, à moins que nous n'apprenions à nous auto-discipliner.

Mathieu 26:36-46 raconte comment le Seigneur Jésus emmena avec lui Pierre, Jacques, et Jean à Gethsémané pour prier. Le passage dit qu'il était triste et angoissé, et il dit à ses disciples que son âme était triste jusqu'à la mort. Il leur demanda alors de rester, et veiller avec lui pendant qu'il irait un peu plus loin pour prier. A son retour, il les trouva endormis. « Vous n'avez donc pu veiller une heure avec moi?» demanda-il à Pierre. Il remarqua qu'ils étaient bien disposés à prier, mais la faiblesse de la chair les empêchait de le faire. Par conséquent il dit : « Veillez et priez, afin que vous ne tombiez pas dans la tentation; l'esprit es bien disposé, mais la chair est faible ». Il partit pour la deuxième fois prier et à son retour, il les trouva encore endormis; car leurs yeux étaient appesantis. Il fit de même une troisième fois, et à son retour, il les trouva encore endormis.

Comme Pierre, Jacques, et Jean (qui ne purent tenir une heure dans la prière quand le Seigneur Jésus les emmena à Gethsémané pour veiller et prier voyant le poids du sacrifice expiatoire qu'il devait accomplir pour les âmes humaines, cela troubla son cœur et l'accabla jusqu'à la mort) bon nombre d'entre nous dorment pendant qu'ils sont censés prier. Pour être efficaces et forts dans la prière, nous devons être déterminés à payer le prix qu'il faut. Cela me rappelle les trois garçons hébreux que le Roi Nebucadnetzar emmena de Juda à Babylone. Un beau jour, le roi fit une image d'or et envoya des messages aux satrapes, intendants et gouverneurs, grands juges, trésoriers, jurisconsultes, juges, et à tous les magistrats des provinces disant de venir se prosterner devant la statue qu'il avait élevée. Dès leur arrivée, ils se placèrent tous devant la statue pour l'adorer, car le roi Nebuchadnezzar avait donné l'ordre qu'au son de la trompette, du chalumeau, de la guitare, de la sambuque, du psaltérion, de la cornemuse, et de toutes sortes d'instruments de musique, tous devaient se prosterner et adorerer la statue d'or, et quiconque ne l'adorerait pas serait jeté au milieu d'une fournaise ardente. C'est pourquoi, dès que le peuple eut entendu le son des instruments de musique, ils se prosternèrent tous et adorèrent la statue d'or. Mais Shaldrach, Meshach, et Abed Nego n'obéirent pas à l'ordre du roi d'adorer la statue. Certains les dénoncèrent au roi et lui dirent que certains des juifs que le roi avait établis sur les affaires de la province de Babylone ne taillaient pas d'importance au roi, ne servaient pas son dieu, et n'adoraient pas l'image d'or qu'il avait ordonné à tous d'adorer.

Quand le roi entendit cela, il fut irrité et furieux, et donna l'ordre qu'on amenât Schadrac, Méschac et Abed Nego devant lui « Est-ce vrai Shadrach, Meshach, et Abed Nego, que vous refusez de servir mes dieux et d'adorer l'image d'or que j'ai élevée? » leur demanda Nebuchadnezzar Est-ce de propos délibéré, Schadrac, Méschac et Abed Nego, que vous ne servez pas mes dieux, et que vous n'adorez pas la statue d'or que j'ai élevée? Maintenant tenez-vous prêts, et au moment où vous entendrez le son de la trompette, du chalumeau, de la guitare, de la sambuque, du psaltérion, de la cornemuse, et de toutes sortes d'instruments, vous vous prosternerez et vous adorerez la statue que j'ai faite; si vous ne l'adorez pas, vous serez jetés à l'instant même au milieu d'une fournaise ardente.

Et quel est le dieu qui vous délivrera de ma main? Schadrac, Méschac et Abed Nego répliquèrent au roi Nebucadnetsar: Nous n'avons pas besoin de te répondre là-dessus. Voici, notre Dieu que nous servons peut nous délivrer de la fournaise ardente, et il nous délivrera de ta main, ô roi. Simon, sache, ô roi, que nous ne servirons pas tes dieux, et que nous n'adorerons pas la statue d'or que tu as élevée. . Sur quoi Nebucadnetsar fut rempli de fureur, et il changea de visage en tournant ses regards contre Schadrac, Méschac et Abed Nego. Il reprit la parole et ordonna de chauffer la fournaise sept fois plus qu'il ne convenait de la chauffer. Puis il commanda à quelques-uns des plus vigoureux soldats de son armée de lier Schadrac, Méschac et Abed Nego, et de les jeter dans la fournaise ardente. Ces hommes furent liés avec leurs caleçons, leurs tuniques, leurs manteaux et leurs autres vêtements, et jetés au milieu de la fournaise ardente. Comme l'ordre du roi était sévère, et que la fournaise était extraordinairement chauffée, la flamme tua les hommes qui y avaient jeté Schadrac, Méschac et Abed Nego. Et ces trois hommes, Schadrac, Méschac et Abed Nego, tombèrent liés au milieu de la fournaise ardente. Alors le roi Nebucadnetsar fut effrayé, et se leva précipitamment. Il prit la parole, et dit à ses conseillers: N'avons-nous pas jeté au milieu du feu trois hommes liés? Ils répondirent au roi: Certainement, ô roi! Il reprit et dit: Eh bien, je vois quatre hommes sans liens, qui marchent au milieu du feu, et qui n'ont point de mal; et la figure du quatrième ressemble à celle d'un fils des dieux."Alors il s'approcha de l'entrée de la fournaise ardente, et prenant la parole, il dit: Schadrac, Méschac et Abed Nego, serviteurs du Dieu suprême, sortez et venez! Et Schadrac, Méschac et Abed Nego sortirent du milieu du feu. Les satrapes, les intendants, les gouverneurs, et les conseillers du roi s'assemblèrent; ils virent que le feu n'avait eu aucun pouvoir sur le corps de ces hommes, que les cheveux de leur tête n'avaient pas été brûlés, que leurs caleçons n'étaient point endommagés, et que l'odeur du feu ne les avait pas atteints. (Da. 3:1-30).

En fin de compte, leur détermination de lutter pour ce en quoi ils croyaient s'est avérée payante. Aux versets 28 et 29, le Roi Nebuchadnezzar dit,

« Béni soit le Dieu de Schadrac, de Méschac et d'Abed Nego, lequel a envoyé son ange et délivré ses serviteurs qui ont eu confiance en lui, et qui ont violé l'ordre du roi et livré leur corps plutôt que de servir et d'adorer aucun autre dieu que leur Dieu! Voici maintenant l'ordre que je donne: tout homme, à quelque peuple, nation ou langue qu'il appartienne, qui parlera mal du Dieu de Schadrac, de Méschac et d'Abed Nego, sera mis en pièces, et sa maison sera réduite en un tas d'immondices, parce qu'il n'y a aucun autre dieu qui puisse délivrer comme lui. » (LSG) Après cela, le roi les fit prospérer, dans la province de Babylone. Dieu est fidèle, et il récompensera certainement ceux qui le cherchent diligemment jour et nuit.

LE LANGAGE DE LA PRIÈRE

Le langage de la prière est la capacité donnée par le Saint-Esprit au peuple de Dieu et qui nous permet de dire des choses profondes et cachées, qui ne peuvent être exprimées en aucune langue humaine connue. Certains l'appellent "le parler en langues" tandis que d'autres l'appellent "la prière par l'esprit". C'est un phénomène spirituel qui survient habituellement lors du baptême du Saint-Esprit, avec comme premier signe accompagnateur le parler en langues. Cependant, il y a beaucoup de polémiques à ce sujet. Certains croient que c'est obligatoire que tous les croyants parlent en langues, alors que d'autres affirment que ça n'existent plus (connu comme la théorie de la cessation). Certains autres croient que c'est un signe donné à peu d'individus, alors que certains groupes croient que ça vient du diable. La position d'une personne concernant le parler en langues dépend de la connaissance ou des enseignements qu'il a reçus sur le sujet, qui établissent sa croyance et déterminent son attitude dès qu'il est question du parler en langues.

Si vous fréquentez ceux qui croient en la théorie de la cessation, ou ceux qui croient que c'est un don spécial accordé à certains dans le corps du Christ, ou ceux qui pensent que c'est du diable, vous ne parlerez jamais en langues. La connaissance est le pouvoir! C'est pourquoi le prophète Osée dit que le peuple périt faute de connaissance (Os. 4:6).

    Dieu a donné à homme le libre arbitre pour choisir ce qu'il veut, et il ne le violera pas. Le Saint-Esprit ne forcera pas non plus quelqu'un à parler en langues. Quand il vient sur un individu, il s'exprime normalement en permettant à la personne de parler une langue inconnue. L'esprit vient, et alors suivent les langues. Les langues vous permettent d'articuler les paroles en esprit vers Dieu. Il n'existe pas pour communiquer avec les humains, mais avec Dieu.

    Les gens me demandent toujours s'il est possible pour une personne d'être baptisée par le Saint-Esprit et qu'elle ne parle pas en langues. Ma réponse a toujours été celle-ci : Dieu a donné à homme la liberté de choisir depuis le commencement. Nous avons le choix entre laisser l'Esprit Saint s'exprimer librement ou le faire taire en résistant à la voix qu'il dépose dans nos cœurs quand il vient sur nous. Actes 7:51 parle de la résister au Saint-Esprit, Éphésiens 4:30 met en garde contre le fait d'attrister le Saint-Esprit (par lequel nous avons été scellés pour le jour de la rédemption.) tandis que 1 Thessaloniciens 5:19 dit que nous ne devons pas éteindre le Saint-Esprit. Quand les gens résistent, s'opposent, ou interdisent au Saint-Esprit de s'exprimer par eux, ils l'affligent ou l'attristent, et si ça continue, ils finissent par l'éteindre ou complètement le faire taire. Nul ne peut dire que Jésus est Seigneur sans l'aide du Saint-Esprit, et c'est le Saint-Esprit qui nous s'attache au Seigneur et nous fait un seul esprit avec lui. (1 Co.12:3, 6:17). C'est pourquoi Romains 8:9 dit que si quelqu'un n'a pas l'Esprit de Christ, il ne lui appartient pas, car sans le Saint-Esprit, la vie éternelle de Dieu qui nous amène en unité avec la divinité en Christ ne saurait être infusée dans notre esprit à la nouvelle naissance pour nous régénérer de la mort spirituelle qui est venue sur l'humanité par le péché d'Adam (pour plus d'informations sur ce point, veuillez lire mon livre *L'unité de Dieu*).

Ceci implique alors que le fait que quelqu'un ne parle pas en langues ne signifie pas qu'il ne l'a pas dans sa vie. Il y a des étapes dans la manifestation du Saint-Esprit chez tout enfant de Dieu (je développerai plus amplement ce point dans le livre que je suis en train d'écrire sur la vie spirituelle). Les raisons principales pour lesquelles les gens taisent le Saint-Esprit sont:

Premièrement : la théorie de la cessation, qui affirme que les dons spirituels et le parler en langues ont pris fin avec les douze apôtres après que l'église ait été fermement établie (1 Co.13:8). Ils croient que depuis la fin du canon de l'Ecriture, les langues et tous les autres phénomènes surnaturels qui étaient palpables dans l'église primitive ont pris fin.

Deuxièmement : la croyance selon laquelle le parler en langues est du diable. Certains pensent que ceux qui parlent en langues sont possédés par des démons puisqu'ils ne comprennent pas ce qu'ils disent.

Troisièmement : la croyance selon laquelle le parler en langues est l'un des dons du Saint-Esprit qu'il donne à qui il veut, ce qui signifie que si une personne ne parle pas, c'est une preuve que le Saint-Esprit a choisi de ne pas lui faire le don.

Quatrièmement : la mauvaise interprétation de certains versets de la Bible tels que 1 Corinthiens 14:13, qui dit que celui qui parle en langue doit prier afin d'être en mesure d'interpréter ce qu'il dit. Ils ont l'impression qu'on doit comprendre ce qu'on dit avant de parler en langues. Dans le verset 19 du même chapitre, Paul déclare qu'il aime mieux dire cinq paroles avec son intelligence, afin d'instruire aussi les autres, que dix mille paroles en langue, alors que le verset 23 dit s'il survient des hommes du peuple ou des non-croyants, ne diront-ils pas que vous êtes fous?

Nous devons comprendre la différence entre le don de langues et les langues en tant que signe. Le Saint-Esprit utilise le premier pour dévoiler la pensée de Dieu au peuple, et de cette manière il doit être interprété pour que le peuple puisse comprendre ce que Dieu dit à l'église. Il est utilisé pour prophétiser ou déclarer la pensée de Dieu à l'église afin d'édifier le peuple et lui donner la direction (pour fortifier, encourager, et consoler l'église). Mais le deuxième est utilisé pour envoyer la pensée du peuple à Dieu, des secrets profonds que nul ne peut comprendre excepté Dieu. C'est pourquoi on l'appelle le langage de la prière, parce qu'il connecte des hommes à Dieu. Les prières ne sont pas offertes aux hommes mais à Dieu, et le deuxième langage sert cet objectif. Le verset 2 déclare que quiconque parle en langues ne parle pas aux hommes mais à Dieu, car personne ne le comprend et c'est en esprit qu'il dit des mystères. Dans le premier, c'est Dieu qui parle à l'Homme (apporte les paroles de Dieu aux Hommes), alors dans le second, c'est l'Homme qui parle à Dieu (envoie les paroles de l'Homme à Dieu dans une langue codée que seul Dieu comprend).

« En effet, celui qui parle en langue ne parle pas aux hommes, mais à Dieu, car personne ne le comprend, et c'est en esprit qu'il dit des mystères. Celui qui prophétise, au contraire, parle aux hommes, les édifie, les exhorte, les console. Celui qui parle en langue s'édifie lui-même; celui qui prophétise édifie l'Église. Je désire que vous parliez tous en langues, mais encore plus que vous prophétisiez. Celui qui prophétise est plus grand que celui qui parle en langues, à moins que ce dernier n'interprète, pour que l'Église en reçoive de l'édification. Et maintenant, frères, de quelle utilité vous serais-je, si je venais à vous parlant en langues, et si je ne vous parlais pas par révélation, ou par connaissance, ou par prophétie, ou par doctrine? Si les objets inanimés qui rendent un son, comme une flûte ou une harpe, ne rendent pas des sons distincts, comment reconnaîtra-t-on ce qui est joué sur la flûte ou sur la harpe? » (1 Co.14:2-7 LSG)

Cinquièmement : certains doutent si c'est l'Esprit Saint qui les pousse à parler dans une langue inconnue ou leur imagination. Sans avoir réglé ce sujet, vous pouvez ne jamais parler en langues. Quand c'est l'Esprit Saint qui vous pousse, il brûle et rougit dans votre cœur. La Bible nous dit ce qui est arrivé aux disciples quand le Seigneur Jésus parla avec eux sur le chemin d'Emmaüs après sa résurrection. Ils dirent que leurs cœurs brûlaient au-dedans d'eux pendant qu'il parlait avec eux sur le chemin et leur expliquait les écritures, quoiqu'ils ne purent le reconnaitre jusqu'à ce qu'il ait rompu le pain et le leur ait donné à manger (Lu. 24:30-32). Quand le peuple entendit le message de Pierre le jour de la Pentecôte, l'écriture dit que la parole toucha vivement leur cœur (Actes 2:37). La parole de Dieu brûle comme un feu et touche le cœur.

Sixièmement : certains se préoccupent tout simplement trop de ce que les gens pourraient dire si ils parlent dans une nouvelle langue. La honte est une maladie mortelle. Le Seigneur dit dans Luc 9:26 que quiconque aura honte de lui et de ses paroles, il aura honte de lui, quand il viendra dans sa gloire, et dans celle du Père et des saints anges. Vous devez ignorer ce que pensent les autres et rester focalisé sur ce que Dieu veut que vous fassiez pour être efficace dans les choses spirituelles.

Septièmement : certains sont retenus captifs et ne peuvent pas parler par crainte d'être raillés ou ridiculisés par les autres. La crainte de l'inconnu a fait que beaucoup n'arrivent pas à parler quel que soit ce qu'ils ressentent dans leur cœur. Le roi Saul a perdu la royauté parce qu'il craignait le peuple et a obéi à leurs voix plutôt que de suivre les instructions que lui avait donnés Dieu (1 Sa.15:24-28).

Huitièmement : le manque de la connaissance véritable sur le parler en langues a été la raison principale qui fait que beaucoup ne parlent pas.

L'ignorance est une maladie mortelle. Mathieu 22:29 dit que nous faisons des erreurs parce que nous ne connaissons pas l'écriture ou la puissance de Dieu. La connaissance est très importante. La foi vient de la connaissance que vous avez de la parole écrite de Dieu. La connaissance que vous avez des choses spirituelles détermine vos actes.

Neuvièmement : l'environnement dans lequel vit une personne pourrait également l'amener à faire taire l'envie, parce que nous partageons les opinions de ceux que nous fréquentons. Vous ne pouvez pas fréquenter ceux qui critiquent et condamnent ouvertement le parler en langues et espérer pouvoir parler un jour.

Dixièmement : certains se s'ont résolus à ne pas parler de par leur système de croyances. De telles personnes ne peuvent jamais se libérer à moins que la forteresse dans leur esprit soit démolie.

Quelque chose m'est arrivé la toute première fois où j'ai parlé en langues. C'était lors d'une réunion à l'église, pendant l'étude biblique. Je venais d'écouter feu l'Archevêque Benson Idahosa parler en langues dans un programme télévisé pendant qu'il prêchait, avant d'aller à l'église. Sur le chemin, j'ai commencé à avoir un désir fort de parler en langues tout comme l'Archevêque pendant qu'il priait. Soudainement, un passage que j'avais lu plus tôt dans Marc 16:17 qui dit : « Voici les miracles qui accompagneront ceux qui auront cru: en mon nom, ils chasseront les démons; ils parleront de nouvelles langues ». Après avoir prié pour que le Saint-Esprit me baptise, le désir ardent de dire quelque chose de semblable à ce que j'avais entendu à la télévision est devenu très fort dans mon cœur. J'ai commencé à comparer les nouvelles langues promises dans la Bible à celles que papa Idahosa parlait.

Quand je suis finalement arrivé à l'église, le désir de parler s'est accentué dans mon cœur. J'étais si focalisé sur le désir que je n'arrivais plus à entendre ce que l'homme de Dieu disait, bien qu'étant dans l'église. Je pouvais m'entendre dire, Saint-Esprit remplis-moi. Tout à coup, j'ai commencé à crier et à parler en langues. Mon corps entier s'est mis à trembler violemment et je sautais tout en continuant de parler encore et encore pendant quelques minutes avant d'aller de me mettre à genoux. Quand je suis revenu à moi-même, j'ai constaté que tout le monde me regardait pendant le culte. J'avais tellement honte que j'avais envie de quitter l'endroit. Le pasteur m'a interpelé, parce que c'était une petite église, a parlé à l'assemblée de ce qui venait d'arriver, et m'a alors encouragé à maintenir cela en priant régulièrement en langues avant de prier pour moi. Je n'ai même pas attendu que le culte finisse avant de partir parce que j'avais tellement honte.

Quand vous faites taire le Saint-Esprit en ne lui permettant pas de s'exprimer par vous en langue, cela limite votre efficacité dans la prière. Ephésiens 6:18 nous exhorte à faire en tout temps par l'Esprit toutes sortes de prières et de supplications. Nous ne pouvons parler que de ce que nous savons. Il y a des choses que les yeux humains ne peuvent pas voir. Le seul moyen pour nous de couvrir entièrement tous les domaines dans la prière est de prier par l'esprit. Utiliser le langage de l'esprit dans la prière vous permet de faire toutes sortes de prières et de requêtes à tout moment. Cela vous amène au-delà des limites de la connaissance et des paroles humaines à une dimension où vous pouvez traiter de plusieurs choses à la fois. La Bible déclare dans 1 Corinthiens 14:2 que celui qui parle en langue ne parle pas aux hommes, mais à Dieu, car personne ne le comprend excepté Dieu. Les véritables langues sont un langage céleste codé que Satan et ses troupes ne peuvent pas décoder. Le verset 4 dit, celui qui parle en langue s'édifie lui-même; celui qui prophétise édifie l'Église. Jude 20 nous encourage également à nous édifier nous-mêmes sur notre très sainte foi, et priant par le Saint Esprit. La prière en langues nous édifie en Christ.

L'apôtre Paul déclare dans 1 Corinthiens 14:5 qu'il désire que tous parlent en langues. Dans le même temps, il préfère encore plus les voir prophétiser parce que celui qui prophétise fortifie, encourage, et console toute l'église. C'est ce qui rend le don des langues plus grand que les langues qui est pour les prodiges et la prière. En réalité, le premier est donné à une catégorie d'individus selon que l'Esprit le veut (1 Co.12:7, 10-11), tandis que le second est pour quiconque le désire et le demande (Mc 16:17, Actes 2:4).

Romains 8:26-27 dit que nous ne savons pas ce qu'il nous convient de demander dans nos prières. Mais l'Esprit lui-même intercède par des soupirs inexprimables. Pour ceux qui refusent de parler en langues, il n'y a aucun moyen pour l'Esprit Saint de les aider dans leurs faiblesses par les soupirs inexprimables. Le verset 27 dit que Dieu qui sonde les cœurs connaît quelle est la pensée de l'Esprit, parce que c'est selon Dieu qu'il intercède en faveur des saints.1 Jean 5:14 déclare que si nous demandons quelque chose selon sa volonté, il nous écoute. 1 Corinthiens 2:10-11 dit que l'Esprit sonde tout, même les profondeurs de Dieu. Ceux qui ne parlent pas en langues dépendent de leur connaissance et de leur intelligence quand ils prient. Utiliser le langage de l'Esprit dans la prière nous met dans la volonté de Dieu, et nous rend très efficaces.

« Car si je prie en langue, mon esprit est en prière, mais mon intelligence demeure stérile. Que faire donc? Je prierai par l'esprit, mais je prierai aussi avec l'intelligence; je chanterai par l'esprit, mais je chanterai aussi avec l'intelligence. Autrement, si tu rends grâces par l'esprit, comment celui qui est dans les rangs de l'homme du peuple répondra-t-il Amen! à ton action de grâces, puisqu'il ne sait pas ce que tu dis? Tu rends, il est vrai, d'excellentes actions de grâces, mais l'autre n'est pas édifié. Je rends grâces à Dieu de ce que je parle en langue plus que vous tous; mais, dans l'Église, j'aime mieux dire cinq paroles avec mon intelligence, afin d'instruire aussi les autres, que dix mille paroles en langue. »
(1 Co.14:14-19 LSG)

L'apôtre Paul dit dans le passage ci-dessus qu'il parle en langues plus que tous ceux à qui il adressait la lettre à l'époque. Dans la mesure où parler dans des langues est important, prier par l'intelligence est aussi important. Paul dit que quand nous parlons en langues, notre esprit prie mais notre intelligence demeure stérile. Ainsi, il nous encourage à prier et à chanter aussi bien par l'esprit que par l'intelligence. Pour ce faire, utilisez votre pensée ou intelligence pour établir les fondements légaux basées sur les vérités, concepts, et principes bibliques de la parole écrite de Dieu sur lesquelles vous vous tenez dans la prière avant de passer à une dimension plus élevée par le langage de prière ou les langues. Le basculement entre l'Esprit et l'intelligence devrait être spontané. Par exemple, peut-être que vous priez pour un ciel ouvert. Il y a peu de choses qui ouvrent le ciel, et la prière est l'une d'entre elles. Luc 3:21 b dit que comme Jésus priait, le ciel s'ouvrit. Servez-vous de l'écriture pour établir le fondement légal au nom de Jésus, ensuite, ordonnez à votre ciel de s'ouvrir par l'autorité divine avant de basculer en Esprit, et revenez à votre intelligence et vice-versa.

LA FOI

Beaucoup de choses ont été dites sur la foi à cause de son importance pour une prière forte et efficace. Sans la foi, vous ne pouvez pas cultiver une vie de prière efficace, parce que celui qui prie Dieu doit croire qu'il vit, entend, et exauce les prières. Le degré de votre foi détermine la ténacité de votre prière. Pour bâtir votre foi, vous devez l'exercer. Et pour exercer votre foi, tu dois la travailler. Jacques 2:17 dit que la foi, si elle n'a pas les œuvres, elle est morte en elle-même. C'est une chose de dire que la prière peut guérir un malade, pourtant c'est une autre de sortir prier pour un personne malade pour qu'il soit guéri. Sans que vous ne mettiez votre foi à l'œuvre, elle n'a aucune vie ou puissance. Plus vous étirez votre foi par la prière, plus elle grandit. Mais quand elle dort ou est inactive, elle meurt. L'apôtre Jacques écrit :

LES CLEFS POUR UNE PRIÈRE EFFICACE

Quelqu'un parmi vous est-il dans la souffrance? Qu'il prie. Quelqu'un est-il dans la joie? Qu'il chante des cantiques. Quelqu'un parmi vous est-il malade? Qu'il appelle les anciens de l'Église, et que les anciens prient pour lui, en l'oignant d'huile au nom du Seigneur; la prière de la foi sauvera le malade, et le Seigneur le relèvera; et s'il a commis des péchés, il lui sera pardonné. » (Ja. 5:13-15 LSG)

Le passage ci-dessus dit que si quelqu'un est dans la souffrance, l'affliction, la détresse, la douleur, le chagrin, l'angoisse, la misère, ou est brisé etc. qu'il n'ait pas recours aux plaintes, aux murmures, aux pleurs, aux avocats, aux médecins, aux amis, ni au suicide, à la dépression, à la frustration, à la fuite, etc. mais qu'il prie. La prière de foi déploie la main de Dieu et fait des prodiges. Romains 10:17 déclare que la foi vient de l'entendement la parole de Dieu. Plus vous connaissez les écritures et les comprenez, plus vous aurez de connaissance de la révélation de Dieu. Et plus vous avez de connaissance de la révélation de Dieu, plus votre foi augmentera. C'est pourquoi 2 Pierre 1:5 nous encourage à faire tout pour ajouter à notre foi, parce que la foi est appelée à grandir. Plus vous exercez votre foi dans la prière, plus vous devenez fort et efficace dans la prière, et plus votre foi augmente.

Quand vous demandez quelque chose par la foi et que Dieu l'accorde, l'exaucement à cette prière bâtit votre foi (vous donne l'audace, la confiance, et l'autorité dans ce domaine. Votre foi en Dieu et en la prière vous rend très efficace et fort. Cependant, quelle que soit la grandeur de votre foi sur un sujet, elle n'a aucune valeur tant que vous ne l'exercez pas. Le moyen le plus facile d'exercer votre foi pour la faire grandir est la prière. Jacques 1:5 dit que si quelqu'un manque de sagesse, qu'il l'a demande à Dieu, qui donne à tous simplement et sans reproche, et elle lui sera donnée. De plus, le verset 6 déclare qu'il doit demander avec foi, sans douter, car celui qui doute est semblable au flot de la mer, agité par le vent et poussé de côté et d'autre. Le verset 7 conclut en disant qu'une telle personne ne s'imagine pas qu'elle recevra quelque chose du Seigneur:

« *Jésus dit à ses disciples: Il est impossible qu'il n'arrive pas des scandales; mais malheur à celui par qui ils arrivent! Il vaudrait mieux pour lui qu'on mît à son cou une pierre de moulin et qu'on le jetât dans la mer, que s'il scandalisait un de ces petits. Prenez garde à vous-mêmes. Si ton frère a péché, reprends-le; et, s'il se repent, pardonne-lui. Et s'il a péché contre toi sept fois dans un jour et que sept fois il revienne à toi, disant: Je me repens, -tu lui pardonneras. Les apôtres dirent au Seigneur: Augmente-nous la foi. Et le Seigneur dit: Si vous aviez de la foi comme un grain de sénevé, vous diriez à ce sycomore: Déracine-toi, et plante-toi dans la mer; et il vous obéirait.* » *(Lu. 17:1-6 LSG)*

Le passage ci-dessus établit le fait que la foi peut augmenter. Si la foi peut être augmentée, ça signifie qu'elle grandit. Quand les disciples demandèrent au Seigneur d'augmenter leur foi il dit " Si vous aviez de la foi comme un grain de sénevé, vous diriez à ce sycomore: Déracine-toi, et plante-toi dans la mer; et il vous obéirait." Cela signifie que le moyen le plus facile d'augmenter notre foi est par prière. On ne peut commander un arbre autrement que par la prière. Dans la mesure où la foi rend votre prière efficace et forte, la prière active et augmente votre foi.

LA GRATITUDE

Chaque fois que Dieu fait quelque chose pour nous, la Bible nous encourage à le remercier. L'action de grâce est une dimension élevée de la prière qui engendre le miraculeux. La Bible nous dit d'entrer dans les portes de Dieu avec des louanges et dans ses parvis avec des cantiques! Célébrez-le, bénissez son nom! dit le psalmiste (Ps.100:4). La puissance de l'action de grâce ouvre les portes du ciel. Il y a un passage de la Bible que j'aime tellement à cause de la manière dont il fait ressortir la puissance de L'action de grâce.

Luc 17:11-19 parle de dix lépreux qui ont implorèrent Jésus d'une voix forte. Ils se tinrent à distance et ne s'approchèrent pas de lui à cause de leur état de santé. D'après la loi de Moïse c'était illégal pour quiconque qui avec la lèpre de s'approcher de ceux qui étaient sains. Ils devaient être isolés et séparés de tous leurs proches (Lé. 13:45-46). La maladie les expulsait de leurs maisons et leur arrachait tout, y compris leur identité, et on ne les appelait même plus par leurs noms.

Quand Jésus entendit leur cri, il leur donna des directives prophétiques en leur demandant d'aller se montrer aux sacrificateurs. Selon la loi, c'étaient les sacrificateurs qui devaient les examiner pour voir s'ils étaient guéris de la maladie mortelle. C'est ce que faisaient les gens après avoir été guéris, mais Jésus leur a demandé de faire le pas de la foi bien que rien ne montrait qu'ils étaient en voie de guérison. Leur obéissance aux directives prophétiques qu'il leur avait données a provoqué le miracle. Les gens passent souvent à coté de leur miracle à cause de leur manque de foi et de leur désobéissance à la directive prophétique. Ça peut sembler ne pas être ce pour quoi vous priez, mais faites le pas de la foi en faisant ce que votre esprit vous dit, du moment où il vous le demande, ou vous convainc de le faire. Vous n'allez pas le regretter.

En allant se montrer au sacrificateur, l'un d'entre eux vit qu'il avait été guéri. Il revint alors, élevant la voix et louant Dieu. Le passage dit qu'il se jeta aux pieds de Jésus pour le remercier. La phrase qui suit dit qu'il était un Samaritain. Avant de venir remercier Dieu, il était dans une situation désespérée, sans issue, personne ne connaissait ni son identité ni son origine, parce que la lèpre l'avait complètement rongé. Mais la puissance de l'action de grâce a restauré son identité et son origine sans même qu'il ait demandé cela. De plus, Jésus demanda, " Les dix n'ont-ils pas été guéris? Et les neuf autres, où sont-ils?" Cela montre que cet homme avait été mis à part et distingué parmi les neuf autres, bien qu'il était par le passé dans la même condition qu'eux. Son acte de gratitude l'a séparé et mis à part de ses associés. La puissance de l'action de grâce vous met à part.

Troisièmement, Jésus lui dit : « lève-toi! » Se lever veut dire aller en hauteur, grimper, monter, augmenter. La maladie l'avait stagné et tenu sa destinée sous contrôle, mais sa gratitude l'a fait lever. Quatrièmement, Jésus lui dit : « Va! » La lèpre avait pendant longtemps restreint ses mouvements et mis un embargo sur sa destinée, mais l'action de grâce l'a relevé et catapulté dans sa destinée. Cinquièmement, Jésus dit, " ta foi t'a sauvé". Certaines versions anglaises disent, rendu entier ou complet. Cela signifie la plénitude ou la perfection. Tout en lui avait été rendu parfait.

Nous remarquons dans le passage ci-dessus que son appel à l'aide ou au secours, qui est un niveau de prière, a provoqué une directive divine. Cependant, sa gratitude, qui est une dimension de prière encore plus élevée, a restauré son identité, l'a distingué, relevée, a brisé les limitations sur son chemin, et a rendu parfait tout en lui. C'est pourquoi la Bible déclare dans 1 Thessaloniciens 5:17-18 que nous devrions rendre grâces en toutes choses, car c'est à notre égard la volonté de Dieu en Jésus-Christ. La volonté de Dieu n'est pas que nous traversions diverses épreuves, comme le pensent certains, mais qu'en toute situation, nous rendions grâces, car la puissance de l'action de grâce peut changer les choses. L'action de grâce est une forme élevée de prière qui engendre le miraculeux.

LE SACRIFICE

La prière est un acte d'adoration, et le lieu de prière est un lieu de sacrifice. Le dictionnaire *Merriam-Webster* (édition 2015), définit le sacrifice comme étant, « L'action d'abandonner quelque chose que l'on veut garder, surtout dans le but d'obtenir, ou de faire quelque chose d'autre ou d'aider quelqu'un ».

C'est quelque chose de valeur, de précieux, de coûteux, ou d'important que vous abandonnez afin de rendre votre prière efficace et consistante. Il peut s'agir de nourriture, de temps, d'habitudes, d'argent, de relations, d'investissements, de sommeil, de confort, de plaisir, etc pour la prière. Le moment viendra où vous devrez renoncer à certaines choses auxquelles vous tenez afin de maintenir une bonne vie de prière. C'est l'une des raisons qui fait de la prière une tâche difficile. Ça peut parfois éreinter votre beauté, d'avoir à vous abstenir de nourriture pour un long moment. Perte de poids, fatigue, et mauvaise mine peuvent être les premiers signes que vous noterez. La ténacité et l'efficacité dans la prière vous coûtera forcément quelque chose. C'est votre bonne volonté à payer le prix qui déterminera le type de résultat que votre prière produira.

Psaumes 50:5 dit, rassemblez-moi mes fidèles, Qui ont fait alliance avec moi par le sacrifice! Ça veut dire qu'un véritable sacrifice porte, active, et libère la puissance de l'alliance. Plus vous sacrifiez dans la prière, plus votre prière devient efficace. L'autel est dépourvu de puissance sans sacrifice, car le sacrifice est la force et la voix de l'autel. Cela requiert des sacrifices pour affermir votre autel de prière. La Bible déclare dans Lévitique 3:12-13 que le feu sur l'autel doit continuer de brûler ; il ne doit pas s'éteindre. Le sacrificateur était tenu d'ajouter du bois de chauffage au feu tous les matins afin d'y consumer le sacrifice. Plus il y a de sacrifice, plus le feu brûle, et plus le feu brûle, plus l'autel est actif. De même, plus vous sacrifiez, plus intense et efficace votre prière devient.

Quand certains, par la prière et produisent des résultats incroyables, d'autres ont envie de les imiter en apprenant simplement comment ils prient, sans chercher à découvrir ce qui rend leur prière efficace. Bien que ce soit une bonne habitude d'imiter ceux qui ont produit des résultats positifs et fait tant d'exploits par la prière, vous devez aussi comprendre que ce qu'ils ont su et fait qui leur a donné l'autorité et a rendu leur prière très efficace. Beaucoup aspirent à la l'efficacité dans la prière mais ne veulent pas faire le sacrifice nécessaire qui produit la ténacité dans la prière. La ténacité demande un prix! Ceux qui produisent à résultats consistants dans la prière payent toujours un certain prix. Le prix que vous payez détermine le poids et l'efficacité de votre prière. Certains chrétiens veulent que leurs prières déplacent les montagnes et fasse des merveilles, pourtant ne veulent pas faire le moindre sacrifice. La Bible relate comment un certain homme a amené son fils aux disciples de Jésus pour être délivré, mais ils ne pouvaient pas libérer le jeune homme du mauvais esprit. Quand Jésus arriva sur les lieux, il réprima le démon et délivra le jeune homme. Les disciples du Seigneur vinrent à lui en privé pour lui demander pourquoi ils n'avaient pas pu chasser l'esprit mauvais hors du garçon. Ce genre ne sort pas sans la prière et le jeûne," leur dit Jésus (Lu 17:14-21). Quand vous faites le sacrifice nécessaire, cela ajoute du poids à votre prière, l'affermit et la rend plus efficace et puissante.

2 Rois 3:4-27 raconte comment le prophète Elisée, un homme ayant la double portion de l'onction de son maitre Elie, prophétisa la victoire du roi d'Israël et de ses deux alliés quand ils attaquèrent le roi de Moab qui s'était rebellé contre Joram, roi d'Israël. Le passage montre comment les israélites ont envahi les Moabites, les ont massacrés, détruit leurs villes, arrêté leurs recours, et abattu tous les bons arbres, conformément à la parole de l'homme de Dieu. Quand le roi de Moab vit qu'il allait perdre la bataille, il prit avec lui sept cents épéistes afin de traverser au roi de Moab, mais ce fut un échec. Alors il a pris son fils ainé, qui devait lui succéder sur le trône, l'offrit en sacrifice sur la muraille de la ville. Automatiquement, la puissance de son sacrifice a tourné la bataille en sa faveur et a forcé les israélites qui étaient à deux doigts de gagner, à battre en retraite et perdre la bataille. Le fils ainé du roi était son plus précieux atout (Son héritier et son héritage). Pourtant, il l'offrit en sacrifice pour annuler la puissance de la prophétie d'Elisée qui était à l'œuvre contre lui et contre son peuple.

Le livre d'Esther 3:7 montre comment Haman, fils de Hammedatha l'Agagite, a pris toute une année pour consulter l'oracle pendant les jours favorables pour détruire le peuple juif. Au verset 9, il a offert de peser dix mille talents d'argent entre les mains des fonctionnaires, pour qu'on les porte dans le trésor du roi pour la destruction du peuple de Dieu. Selon le *Commentaire biblique*, " Dix mille talents d'argent faisaient l'équivalent d'environ 750.000 livres, une somme colossale en millions de dollars dans la devise actuelle."[1] il ne faut pas sous-estimer l'impact de la puissance du sacrifice sur l'efficacité et la ténacité de sa prière.

---

* Du Commentaire biblique /Ancien Testament Copyright © 1983, 2000 / Cook Communication Ministries ; Commentaire biblique /Nouveau Testament, Copyright © 1983, 2000 Cook Communication Ministries. Tous droits réservés.

Actes 23:12-14 raconte comment plus de quarante hommes formèrent un complot, et firent des imprécations contre eux-mêmes, en disant qu'ils s'abstiendraient de manger et de boire jusqu'à ce qu'ils eussent tué Paul. Ils ont volontairement renoncé à manger et boire afin de tuer l'apôtre Paul. En outre, ils allèrent trouver les principaux sacrificateurs et les anciens, pour faire adhérer tout le monde à leur mauvais complot. Vous n'avez aucune idée du nombre de sacrifices que les méchants sont prêts à faire, et jusqu'où ils sont prêts à aller pour vous détruire. Balak fils de Tsippor, roi de Moab, avait construit vingt et un autels et offert vingt et un taureaux et vingt et un béliers. (Quarante-deux en tout) sur les autels pour Balaam, fils de de Beor pour maudire les israélites (No.23:1-30).

« Et Moab fut très effrayé en face d'un peuple aussi nombreux, il fut saisi de terreur en face des enfants d'Israël. Moab dit aux anciens de Madian: Cette multitude va dévorer tout ce qui nous entoure, comme le boeuf broute la verdure des champs. Balak, fils de Tsippor, était alors roi de Moab. Il envoya des messagers auprès de Balaam, fils de Beor, à Pethor sur le fleuve, dans le pays des fils de son peuple, afin de l'appeler et de lui dire: Voici, un peuple est sorti d'Égypte, il couvre la surface de la terre, et il habite vis-à-vis de moi. Viens, je te prie, maudis-moi ce peuple, car il est plus puissant que moi; peut-être ainsi pourrai-je le battre et le chasserai-je du pays, car je sais que celui que tu bénis est béni, et que celui que tu maudis est maudit. » (No 22:3-6 LSG)

Le sacrifice n'est pas un choix mais une nécessité du moment où il se rapporte à la consistance et à l'efficacité dans la prière. Le sacrifice est le prix qui garantit la récompense. Si vous êtes en mesure de payer le prix sacrificiel qui va avec la consistance dans la prière, vous recevrez la récompense de la consistance et de l'efficacité dans la prière. L'écriture raconte comment Christ devait souffrir beaucoup de choses avant d'entrer dans sa gloire.

Il devait accomplir tout ce qu'avait dit Moïse et les prophètes de lui avant de recevoir du Père la gloire qu'il lui avait promise (Luc 24:25-27). Avant de porter la couronne de gloire, il a d'abord porté la couronne d'épines. Marc 15:16-20 décrit comment les soldats romains conduisirent Jésus dans l'intérieur de la cour, le revêtirent de pourpre, et posèrent sur sa tête une couronne d'épines, qu'ils avaient tressée. Ils lui frappaient la tête avec un roseau, crachaient sur lui. Après s'être ainsi moqués de lui, ils lui ôtèrent la pourpre, lui remirent ses vêtements, et l'emmenèrent pour le crucifier. Voilà le sacrifice qu'a dû faire Jésus avant d'entrer dans sa gloire. Le vôtre peut être le jeûne, les prières de nuit (veillées), la lecture de votre bible et d'autres livres sur la prière, assister à des réunions et des programmes de prière, la sainteté, l'humilité, la communion, ou la charité. Tout compte fait, il y a un prix à payer pour être efficace dans la prière.

LE JEÛNE

Dans mon livre, *L'unité de Dieu*, j'ai écrit sur la rencontre boulversante que j'ai eue en 2003 et qui a complètement changé ma vie. Avant ce jour, j'avais donné à Dieu la première heure de ma journée après qu'un ami m'ait expliqué comment son pasteur lui avait demandé de ne pas manger de 6h à 0h pendant un certain temps. Dès que j'ai appris cela, mon esprit était si troublé que je ne pouvais pas m'empêcher d'y penser toute la journée. Quelqu'un d'autre m'avait dit ce même jour que je devais jeûner pour faire bouger la main de Dieu en ma faveur. Tout ça avait troublé mon cœur parce que je n'aimais pas du tout jeûner. La nuit, dans un rêve, quelqu'un monta vers moi et me tendit un enregistrement vidéo sur lequel il était écrit "La vie de César," et me demanda de regarder la vidéo.

C'était un documentaire sur tout ce que j'étais censé faire pour être là où je devrais être dans la vie. Le jeûne est l'une des choses que le documentaire me recommandait de faire. Pendant qu'elle parlait de ma vie, la personne mettait l'accent sur certaines choses que je devais faire pour me permettre de devenir celui que j'étais destiné à être. A l'époque, le jeûne était l'une des choses que j'évitais toujours, parce que je n'aime pas jeûner.

Quelques jours plus tard, j'eus un autre rêve dans lequel quelqu'un me donnait un journal, et quand je regardais attentivement la première page, il y avait ma photo et un article écrit sur tout ce que j'avais fait dans ma vie, le prix que j'avais payé, la lutte et les défis j'avais traversés, et comment ma vie avait fini. L'église que je fréquentais enseignait également sur le jeûne et la prière ; cela me troublait tellement et je n'arrivais plus à dormir. Le 8 Mai, je décidai de commencer un jeûne en donnant à Dieu les six premières heures de ma journée (de 6 h à 0 h), car ce que mon ami avait partagé avec moi, concernant l'instruction que son pasteur lui avait donnée, était si fort dans ma tête que j'avais décidé de faire de même. Aussitôt après avoir commencé, j'avais eu la paix intérieure. Après pratiquement une semaine, je m'étais réveillé un matin et j'avais complètement oublié que j'étais en jeûne jusqu'à ce que j'aie pris le petit déjeuner. Quelques heures plus tard, j'avais eu la diarrhée et des douleurs à l'estomac que je n'oublierai jamais. Après l'incident, j'ai pris les six heures quotidiennes de jeûne très au sérieux.

Du 8 Mai 2002 au 23 Octobre 2003, je n'avais plus pris de petit déjeuner. Après la rencontre dont j'ai parlé dans mon livre précédent, le Seigneur a augmenté le nombre d'heures que je lui avais données par jour de six à douze, ce qui veut dire que je ne pouvais plus manger jusqu'à 18 h. Il m'a expliqué que c'était l'une des choses que je devais faire pour entrer dans ma destinée divine et l'accomplir. Pour ceux qui n'ont pas lu mon livre précédent, permettez-moi de raconter l'expérience ici aussi.

En 2003, j'étais en prière, chez moi aux environs de 23h quand soudainement j'entendis l'un de ceux qui dormaient et ronflaient près de moi m'appeler par mon nom et me demander de m'approcher. Au début, je n'avais pas compris ce qui se passait jusqu'à ce que j'aie entendu mon nom environ trois fois. Il disait "César, approche-toi, car je suis l'Eternel ton Dieu. J'ai cherché ton attention, mais tu sembles être très occupé avec trop de choses, et voilà pourquoi je suis venu à toi de cette manière (pour te montrer des choses cachées et profondes, au sujet de Christ et l'église." Après avoir entendu cela, j'étais un peu sceptique parce que je n'avais jamais entendu quelqu'un me dire que Dieu lui était apparu de cette manière. Je lui ai donc dit : « Si tu es Dieu, quel est le nom de ma mère? » J'aurais pu lui avoir posé une autre question en guise de test, pour savoir si c'était vraiment Dieu qui parlait, mais je crois que la raison principale qui m'a fait demander le nom de ma mère est qu'aucun de ceux qui vivaient avec moi dans cette maison ne le savait. Nous étions environ au nombre de treize et je n'avais dit à aucun d'eux le nom de ma mère, parce qu'on s'était tous rencontrés à l'endroit pour la première fois. Savoir également que Dieu sait toutes choses m'a donné confiance, pour lui demander quelque chose dont j'étais convaincu que personne ne savait sur moi. Je me suis dit, si Dieu est celui qui parle par cette personne, il devrait connaitre le nom de ma maman.

En réponse à ma question, il a ri tout bas et a dit, "O César" puis, s'est tu pendant un moment avant de dire le nom de ma mère. Il m'a en plus dit des choses profondes concernant ma vie et ma famille qui m'ont étonné. Pendant notre discussion qui avait duré environ six heures, il fit tellement de choses qui étaient naturellement impossibles, et m'a donné plusieurs signes pour me prouver que c'était lui qui me parlait. En guise de signe, il me révéla un secret profond au sujet de la personne à travers laquelle il parlait ainsi que quelqu'un d'autre, et me demanda de leur dire ce qu'il m'avait dit. Très tôt le matin je me rendis chez eux et leur en parlai pour avoir confirmation.

Pendant que je parlais, tous deux tremblèrent, furent saisis de crainte et se demandèrent comment j'avais fait pour connaitre leurs différents grands secrets, avant que je ne leur dise que c'était le Seigneur qui me les avait révélés.

Ce fut une autre surprise quand le peuple commença à me poser des questions sur cette expérience. Ils dirent : « nous t'avons entendu parler tout au long de la nuit mais nous n'avons pas pu comprendre ce que tu disais ; ni entendre la voix de celui à qui tu parlais. Peux-tu nous dire ce qui t'es arrivé hier nuit? Ça m'avait vraiment surpris parce que la voix de celui à travers qui il parlait était aussi forte et claire que la mienne. Je ne pouvais pas m'imaginer pourquoi ils m'avaient entendu parler pendent environ six heures et qu'aucun d'eux n'aie compris ce que je disais ou entendu la voix de l'autre personne, bien que certains parmi eux s'étaient couchés à côté de moi au salon. Même ceux qui étaient dans la chambre à coucher pouvaient m'entendre parce que les portes étaient ouvertes. C'était un appartement de trois chambres à coucher, la salle interne était pour le patron et les autres deux étaient pour nous. Les filles partageaient une pièce tandis que l'autre était pour les garçons. Puisque nous étions environ treize dans la maison, certains se couchaient dans la chambre à coucher tandis que les autres dormaient au salon, là où je priais. Tout au long de la nuit, personne n'avait utilisé la salle de bains comme d'habitude. C'est quelque chose que je n'avais pas pu comprendre, parce que les gens avaient l'habitude de se réveiller plusieurs fois pour utiliser la salle de bains, sauf cette nuit.

Cette nuit, le Seigneur me montra beaucoup de choses concernant ma vie. Il parla aussi profondément de choses concernant Christ et l'église selon les écritures avec des explications détaillées sur chaque point. Après cette rencontre et d'autres révélations suivantes, que j'avais reçues, le fardeau d'écrire mon premier livre et de partager avec d'autres la connaissance de la révélation que Dieu m'avait donnée est devenu si lourd que je commençai à rassembler des documents, et à souligner les points importants à rechercher et à méditer.

Du 23 Octobre 2003 au 17 Juillet 2007, je ne mangeais pas avant 18h tous les jours sauf les dimanches, où je mangeais après le culte, parce que notre Pasteur nous disait que comme le dit Bible, que ce n'était pas bien de venir dans la dans la désolation et dans les larmes (Né. 8:9-12, Ez.46:9). Je rompais donc le jeûne tous les dimanches après le culte. Le nombre de jours pendant lesquels j'avais jeûnés était d'environ mille trois cents soixante jours (1.360), c'est à dire trois ans, huit mois, vingt-quatre jours. Quand j'ai arrêté le jeûne, je suis revenu aux six premières heures par les quelles j'avais commencé le 08 Mai 2002 et j'ai continué ainsi jusqu'au 03 Mars 2014, ce qui faisait en tout onze ans et dix mois.

Quand la période de jeûne était en cours, je fis une autre rencontre dans laquelle le Seigneur me dit de monter plus en hauteur. Ça s'est passé le 04 Août 2006, et le Seigneur me dit à peu de choses près : « Je t'arracherai aujourd'hui ta nourriture quotidienne et te donnerai en échange ma table. Je te rencontrerai à ma table au soleil couchant ». Depuis ce jour jusqu'au 19 Janvier 2007, ce qui faisait environ cinq mois, quinze jours, ma nourriture quotidienne était une mesure de pain et du jus de raisin, et j'étais autorisé à le prendre seulement les soirs. Voici ci-dessous un échantillon de ce à quoi ma nourriture quotidienne ressemblait pendant cinq mois, quinze jours.

Ça me rappelle ce que la Bible a dit au sujet du prophète Ezéchiel, à qui l'Eternel avait à un moment donné et pendant un certain temps dit, de manger du pain et de boire l'eau, selon une mesure bien déterminée.

Prends du froment, de l'orge, des fèves, des lentilles, du millet et de l'épeautre, mets-les dans un vase, et fais-en du pain autant de jours que tu seras couché sur le côté; tu en mangeras pendant trois cent quatre-vingt-dix jours. La nourriture que tu mangeras sera du poids de vingt sicles par jour; tu en mangeras de temps à autre. L'eau que tu boiras aura la mesure d'un sixième de hin; tu boiras de temps à autre. (Ez. 4:9-12 LSG)

Pendant le temps que j'ai passé à la Table du Seigneur, le mystère de la table m'a été dévoilé. Je partagerai cela dans un autre livre que j'espère publier plus tard, une autre fois par sa grâce. Je l'appelle *La Table du Seigneur*, une table comme nulle autre, du fait du mystère entourant le corps et le sang du Seigneur Jésus, qu'il a donnés à l'église à travers sa table.

Je n'ai nullement l'intention de définir le jeûne ou d'écrire sur les différents types de jeûne qu'il y a, parce que d'autres ont déjà fait beaucoup de travail dans ce domaine. Le peu que je voudrais ajouter est que le jeûne ajoute du poids et de la valeur à votre prière. Il la rend plus consistante et plus efficace. C'est l'un des moyens ou canaux que Dieu a donnés à l'église pour générer plus de puissance spirituelle, afin d'opérer des changements sur la terre. Le jeûne vous élève outre mesure, à une dimension spirituelle où l'impossible se produit. Je me rappelle le jour où j'étais si épuisé que je ne voulais pas continuer le jeûne, j'ai entendu une voix qui disait : « si tu ne tiens pas ferme, tu n'y arriveras pas. » Le voyage était long, pénible, et très dur. Mais il ne cessait de me dire : « bien qu'ils cherchent ta vie pour la détruire, ils ne te trouveront pas, parce que je t'ai caché. » Le jeûne est l'une des cachettes de Dieu, un refuge et une forteresse où le malin ne peut pas s'introduire pour vous nuire.

Le Seigneur m'a une fois montré quelque chose qui ressemblait à une bouteille transparente, et il y avait une graine là-dedans. La bouteille était bien fermée avec un couvercle et un grand oiseau tournait tout autour. L'oiseau essayait avec son bec de casser la bouteille pour dévorer la graine, mais il n'y arrivait pas, bien qu'il ait essayé plusieurs fois.

Quelqu'un se tenait à côté de moi, et il dit qu'aussi longtemps que la graine resterait dans la bouteille avec son couvercle dessus, l'oiseau ne pourrait pas le manger, peu importe à quel point il essaierait. Mais si la bouteille venait à s'ouvrir, la graine tomberait, l'oiseau la dévorerait. Alors il me regarda fixement et dit : « aussi longtemps que tu tiens ferme, tu es en sécurité. Bien qu'ils puissent te voir, ils ne peuvent pas te toucher. Et si tu ne tiens pas ferme, tu n'y arriveras pas. » Ce n'est pas pour dire que tous doivent jeûner autant que moi pour accomplir leur mission. Chacun doit porter sa croix. La Bible ne nous a jamais demandé de porter la croix de quelqu'un d'autre, mais notre propre croix (Mt 16:24). C'est l'une des choses que j'ai dû faire pour devenir celui que j'étais destiné à être. La raison pour laquelle je partage cela est pour encourager tous ceux qui empruntent le même chemin, et pour leur faire savoir que si Dieu vous a appelé à quelque chose, il vous observe et s'attend à ce que vous le fassiez. Ce n'est pas que nous y sommes arrivés, car - la vie est une suite d'étapes (Ph 3:12-14). Nous apprenons des expériences des autres et partageons les nôtres pour nous encourager mutuellement. Car la Bible déclare dans Proverbes 27:17 le fer aiguise le fer, ainsi une personne en aiguise d'autres. Il n'y a pas meilleur moyen d'encourager les autres que par ses expériences et témoignages personnels. Si Dieu l'a fait pour quelqu'un, il peut le faire pour les autres.

Que nous sert de jeûner, si tu ne le vois pas? De mortifier notre âme, si tu n'y as point égard? -Voici, le jour de votre jeûne, vous vous livrez à vos penchants, Et vous traitez durement tous vos mercenaires. Voici, vous jeûnez pour disputer et vous quereller, Pour frapper méchamment du poing; Vous ne jeûnez pas comme le veut ce jour, Pour que votre voix soit entendue en haut. Est-ce là le jeûne auquel je prends plaisir, Un jour où l'homme humilie son âme? Courber la tête comme un jonc, Et se coucher sur le sac et la cendre, Est-ce là ce que tu appelleras un jeûne, Un jour agréable à l'Éternel? Voici le jeûne auquel je prends plaisir: Détache les chaînes de la méchanceté, Dénoue les liens de la servitude, Renvoie libres les opprimés, Et que l'on rompe toute espèce de joug; (Es 58:3-6 LSG)

Le passage ci-dessus parle de certaines choses que fait le jeûne. Il met également en relief certaines choses qui rendent le jeûne inefficace. En conclusion, il prouve que le jeûne va au-delà du simple fait de s'abstenir de nourriture, de plaisir, et de s'humilier. Dieu dit par la bouche de son serviteur, le prophète Esaïe, que le jeûne ajoute de la force à nos prières et la rend assez puissante pour briser les chaînes de la méchanceté, dénoue les liens de la servitude, libère les opprimés, et rompt les jougs. Ça signifie que par le jeûne et la prière, une personne peut détruire les chaînes de la méchanceté de la vie des gens, renverser le joug de la servitude, libérer les opprimés, briser les jougs démoniaques, et arrêter les assauts sataniques, parce que le jeûne et la prière vous élèvent spirituellement à une dimension où vous devenez capable d'exercer votre autorité divine. Cependant, les choses comme la haine, le non pardon, les querelles, la colère, le péché, etc. peuvent rendre votre jeûne impuissant et sans force. Le verset 4 dit que quand votre jeûne finit d'une certaine manière, il n'ajoutera rien à votre prière. Pour une prière consistante et efficace, nous devons jeûner avec le bon objectif, et le faire d'une bonne manière afin de produire un résultat positif.

L'ENGAGEMENT

Une des clefs dont je voudrais parler brièvement est l'engagement, à cause de son importance pour bâtir et maintenir une vie de prière efficace. Bien qu'il y ait beaucoup d'autres clefs qui augmentent l'efficacité dans la prière, je finirai avec celle-ci pour l'instant. L'engagement dénote la dévotion, la consécration, l'engagement, la fidélité, la fermeté, la persévérance, etc. Ceux qui sont engagés dans la prière sortent de leur routine, pour faire croître leur vie de prière. Ils sont disposés à faire des sacrifices pour maintenir une vie de prière efficace. L'efficacité exige un certain niveau d'engagement.

En observant attentivement la vie de l'apôtre Paul on voit comment il s'est entièrement dévoué pour la cause en laquelle il croyait. La Bible déclare que quand il arriva à Césarée, il resta dans la maison de l'évangéliste Philippe. Après quelques jours, un prophète appelé Agabus descendit de Judée au lieu où demeurait Paul, prit la ceinture de Paul, et se lia les pieds et les mains, et dit: Voici ce que déclare le Saint Esprit: L'homme à qui appartient cette ceinture, les Juifs le lieront de la même manière à Jérusalem, et le livreront entre les mains des païens. " Quand ceux qui étaient à l'endroit entendirent cela, ils prièrent Paul de ne pas monter à Jérusalem. Mais j'aime la manière dont l'apôtre Paul leur a répondu. Il dit : « Que faites-vous, en pleurant et en me brisant le cœur? Je suis prêt, non seulement à être lié, mais encore à mourir à Jérusalem pour le nom du Seigneur Jésus ». Le passage dit que Comme il ne se laissait pas persuader, ils n'insistèrent plus, et ils dirent: Que la volonté du Seigneur se fasse! Après ces jours-là, il fit ses préparatifs, et monta à Jérusalem. (Actes 21:7-15).

Avant de devenir un apôtre de Christ, l'écriture révèle à quel point Paul était dévoué au but qu'il servait dans le temps. Il persécutait l'église et allait de maison en maison pour arrêter et mettre beaucoup de chrétiens en prison. Dans son zèle pour détruire le christianisme, il alla chez le souverain sacrificateur afin de lui demander une lettre pour la synagogue de Damas, de sorte que s'il y trouvait quelque chrétien, homme ou femme, il puisse les amener comme prisonniers à Jérusalem. Le Seigneur Jésus dut intervenir. Il arrêta, transforma, équipa et envoya Paul construire ce qu'il essayait de détruire (Actes 8 et 9). Dès que Paul trouva son nouvel objectif, il s'y engagea et s'y consacra si bien qu'il était disposé à mourir pour cette cause. Il raconte le prix qu'il a dû payer pour maintenir sa marche en Christ dans 2 Corinthiens 11:23-27. Il était fréquemment emprisonné, sévèrement flagellé, était tout le temps confronté la mort, avait reçu trente-neuf coups de fouet, avait trois fois été battu de verges, avait une fois été lapidé, avait trois fois fait naufrage, enduré des nuits blanches, souffert la faim et la soif, et allait souvent sans nourriture.

Tout comme c'est arrivé à l'apôtre Paul, beaucoup de choses viendront sur votre chemin pour vous empêcher de prier. L'ennemi orchestrera beaucoup de choses pour vous empêcher de prier. Le temps viendra où prier sera impossible. La seule chose qui vous fera lever est votre dévotion pour la prière. Quand vous êtes dévoué à quelque chose, ferez tout pour le faire. En dépit des circonstances, le prophète Daniel pria trois fois par jour exactement comme il l'avait toujours fait (Da. 6:1-11). Il l'a fait parce qu'il était complètement dévoué pour Dieu et pour la prière. Les méchants feront tout pour vous empêcher de prier efficacement. Ils vous attaqueront avec la maladie, la dépression, la colère, la frustration, la confusion, l'affliction, le manque, la fatigue, la perte, la douleur, le non pardon, le regret, le rejet, le retard, le péché, etc. afin de vous empêcher de prière. L'engagement est indispensable pour maintenir l'efficacité dans la prière.

Chapitre 4

LES DYNAMIQUES DE LA PRIÈRE

Les dynamiques de la prière se réfèrent à la puissance de la prière qui, une fois activée, produit le miracle. Pour activer cette puissance miraculeuse de la prière, vous devez être tenace et efficace dans la prière (voir le chapitre trois pour plus d'informations). La compréhension que vous avez de la puissance miraculeuse de la prière détermine ce que vous faites de la prière lorsque vous traversez des circonstances négatives. La prière peut vous sortir de n'importe quelle situation, et tourner les choses en votre faveur. La puissance miraculeuse de la prière, chaque fois qu'elle est activée, change les vies, les destinées et les situations, car elle tire sa source du trône céleste d'où proviennent tout pouvoir et toute autorité. Et parce qu'elle provient du ciel, qui est une dimension supérieure à la terre, elle change et contrôle tout ce qui se trouve sur la terre (Jn. 3:31). C'est l'une des raisons pour lesquelles la prière est le principal moyen par lequel le royaume des cieux et la volonté éternelle de Dieu pour l'humanité se manifestent sur la terre. Lorsque vous priez efficacement avec une bonne compréhension de la puissance de la prière, vous faites des merveilles et produisez le miracle.

L'effet de la puissance de la prière n'a pas de limite ou de frontière; elle brise les barrières, touche le ciel et la terre, fait des merveilles, et libère la guérison et la délivrance. Il n'y a aucune limite quant à ce que peut faire la prière. Lorsque votre position d'honneur, de bénédiction, et de gloire devient celle de d'humiliation, de douleur, de frustration, de confusion, ou de perte, ayez recours à la prière, car elle a la capacité de tourner les choses en votre faveur.

Avant que le Seigneur Jésus n'aille à Béthanie, il avait dit que la maladie de Lazare n'était pas pour la mort, mais pour la gloire de Dieu, afin qu'il (le Fils de Dieu) soit glorifié par elle. S'il était juste un simple prophète, il aurait dit: « Ainsi parle le Seigneur, cette maladie n'est pas pour la mort, mais pour la gloire de Dieu, afin que le Fils de Dieu soit glorifié par elle. » Puisqu'il est Dieu, il a simplement dit que la maladie le glorifierait. Sachant qu'il allait à Béthanie pour être glorifié, il resta deux jours de plus là où il était et ne s'empressa pas de s'y rendre. Quiconque entend ceci pourrait penser que Jésus serait honoré dès qu'il foulerait le sol de Béthanie, parce que cet endroit avait été conçu pour son élévation. Lorsqu'enfin il arriva, il constata que Lazare était déjà dans le tombeau depuis quatre jours. Marthe la sœur de Lazare, qui avait passé son temps à préparer toutes sortes de mets pour le Seigneur Jésus la dernière fois qu'il leur avait rendu visite (Lu 10: 38-40.), lui dit: « Si tu avais été ici, mon frère ne serait pas mort », signifiant par-là que son frère était mort parce que Jésus n'était pas venu quand elle l'avait envoyé chercher. Rappelez-vous, le Seigneur était venu à Béthanie pour être glorifié, mais la toute première chose qu'il avait reçue était d'être indirectement accusé d'avoir tué Lazare. Marthe lui imputa la responsabilité de la mort de Lazare et le laissa au portail pour aller appeler sa sœur Marie. Je ne connais pas la distance entre le portail et leur maison, mais Jésus ne bougea pas de là où Marthe l'avait laissé jusqu'à ce que Marie ait quitté la maison pour venir à sa rencontre.

Le verset trente dit qu'il n'était pas encore entré dans le village, mais qu'il était à l'endroit où Marthe l'avait rencontré. Quand Marie le vit, elle dit exactement la même chose que sa sœur Marthe avait dite au Seigneur Jésus un peu plus tôt.

Il est évident que toute la famille ainsi que leurs amis avaient conclu que Jésus était responsable de la mort de Lazare, parce que l'ayant regardé, la foule disait à peu près la même chose: « Lui qui a ouvert les yeux de l'aveugle, n'aurait-il pas pu épargner cet homme de la mort? ». Pour tout le monde, Jésus avait la solution, mais avait décidé de ne pas aider. En fait, Marie ayant été aux cotés de Jésus dans son ministère avait été témoin de plusieurs cas, où il avait dit un mot et la personne avait été guérie, comme l'exemple du centenier dont le serviteur était malade mais que Jésus avait guéri par la puissance de la parole prononcée (Luc 7: 1-10), et la femme cananéenne dont la fille était possédée par un démon et qu'il avait délivré sans se rendre chez eux. Supposons qu'il avait eu un programme tellement chargé qu'il ne pouvait pas venir, il aurait pu prononcer un mot et Lazare vivrait, et ne serait pas mort. Ainsi, lorsque le Seigneur vit Marie et tous les Juifs qui l'accompagnaient en pleurs, il se mit aussi à pleurer (Jn. 11:35).

Le Seigneur était venu à Béthanie pour être glorifié et élevé, mais ce qu'il avait reçu était le contraire de ce que le Père avait prévu pour lui. Il fut accusé et ignoré par ceux qui devraient l'honorer et le célébrer. Sa position d'honneur était devenue celle de honte, d'accusation, d'humiliation, et de pleurs, il se mit alors à pleurer comme le ferait tout homme lorsque les choses tournent mal. Nous pleurons pour notre mariage, nos enfants, notre carrière, nos finances, nos relations, nos projets, notre santé, notre ville, notre nation, notre lieu de travail, etc, au moment où nous sommes censés prier. Ayant pleuré pendant un certain temps, il se rendit compte que les pleurs ne pouvaient pas changer la situation, mais que la prière le pouvait.

Il eut donc recours à la prière et changea la situation. Par la prière, il provoqua l'accomplissement de la volonté du Père, ramena Lazare de la mort à la vie, et transforma Béthanie en un lieu de gloire et d'élévation pour son ministère (Jn 11. 1-44).

Le Seigneur a promis dans Jean 14:12 que quiconque croit en lui, fera non seulement les œuvres qu'il a faites, mais qu'il en fera aussi de plus grandes. S'il a été capable de ramener la vie là, où la mort régnait, et a transformé le lieu de frustration, de confusion, de honte, d'accusation, de douleur, de perte, de pleurs et de deuil en celui de célébration, de gloire, d'élévation, d'honneur, de joie, de témoignage, de délivrance et de salut grâce à la puissance de la prière, nous pouvons aussi faire la même chose, car l'Écriture ne ment pas. Votre position de repos, d'honneur, de promotion, de bénédiction, et de célébration est-elle devenue celle d'instabilité, de honte, de douleur, de frustration, de rétrogradation, de malédictions, de pleurs, et de perte? Ayez recours à la prière, provoquez un changement, et tournez les choses en votre faveur.

La transfiguration de Christ est un autre bon exemple de ce que la prière peut faire. Elle met en évidence la puissance miraculeuse de la prière. Le passage raconte comment le Seigneur avait emmené Pierre, Jacques et Jean jusqu'à la montagne pour prier. Et comme il priait, l'aspect de son visage changea, et ses vêtements devinrent d'une blancheur éclatante. Notez ici que selon l'Ecriture, la transfiguration est survenue pendant qu'il priait. Cela signifie que la puissance de la prière peut tout changer. Et si la prière de Jésus a pu changer aussi bien son visage que les vêtements qu'il portait, votre prière peut également changer dans votre vie, tout ce que vous voulez. Pendant que le Seigneur Jésus expérimentait le changement, Pierre et les autres apôtres étaient tous endormis. Il est évident que s'ils avaient prié, comme Jésus, ils auraient également expérimenté le même miracle que Jésus, parce qu'il les avait amenés là pour prier, mais au lieu de prier, ils se sont endormis.

La prière était si puissante qu'elle le transporta de la dimension où il était à une dimension supérieure, où Moïse (qui représente la loi) et Elie (qui représente les prophètes) lui apparurent dans la gloire, et lui parlèrent du prix ultime, qu'il devait payer pour les âmes humaines. Luc 24:44 dit que tout ce qui est écrit sur lui dans la loi de Moïse, les Prophètes et les Psaumes doit s'accomplir. Alors ils étaient venus pour lui donner plus de détails sur la mission: la nature, la forme, le lieu, l'heure, etc. Pendant que toutes ces choses se passaient, Pierre et les autres apôtres étaient endormis, et quand ils se réveillèrent, ils virent sa gloire ainsi que les deux hommes qui étaient avec lui. Peut-être que s'ils avaient prié au même moment que Jésus, ils auraient également vécu la même expérience. La prière de Jésus a changé son visage, ses vêtements, l'a propulsé dans une dimension supérieure où il a manifesté sa gloire, attiré les deux signes majeurs de sa destinée prophétique, qui lui ont donné un aperçu de la nature, la forme, le lieu et la chronologie de l'accomplissement de sa mission sur terre.

1 Samuel 1: 1-20 raconte la façon dont Anne la femme d'Elkana, que l'Eternel avait rendu stérile afin qu'elle ne puisse pas avoir d'enfants, s'est servie de la puissance miraculeuse de prière pour débloquer ses entrailles et changer sa situation. Le passage raconte comment elle se rendait chaque année, en compagnie de son mari Elkana, et de sa rivale Peninna à Silo pour adorer et offrir des sacrifices à l'Eternel. Le jour où Elkana offrait son sacrifice, il donnait des morceaux de la viande à Peninna sa femme et à chacun de ses enfants. Mais il donnait à Anne, une double portion parce qu'il l'aimait, quand bien même l'Eternel l'avait rendue stérile. Sa rivale Peninna profitait donc du fait qu'elle ne pouvait pas avoir d'enfants pour la mortifier au point qu'elle pleurait et ne mangeait point. Il en était ainsi chaque fois qu'ils montaient à la maison de l'Eternel à Silo.

Un jour, après qu'ils eurent fini de manger et de boire, Anne fut profondément affligée et, l'amertume dans l'âme, elle pria l'Eternel et versa des pleurs en remuant seulement ses lèvres, mais sa voix n'était pas audible. Eli, le souverain sacrificateur, qui était assis à côté de l'entrée du Tabernacle, ne voyant que ses lèvres bouger comme elle priait dans son cœur, crut qu'elle était ivre. Il lui dit: « Jusqu'à quand seras-tu dans l'ivresse? Fais passer ton vin. » Mais Anne répondit : « Non, mon seigneur, je suis une femme qui souffre en son cœur. Je n'ai bu ni vin ni boisson enivrante, mais je répandais mon âme devant l'Éternel. Ne prends pas ta servante pour une femme pervertie, car c'est l'excès de ma douleur et de mon chagrin qui m'a fait parler jusqu'à présent. » Alors Eli reprit la parole et dit : « Va en paix, et que le Dieu d'Israël exauce la prière que tu lui as adressée. »

Puis elle s'en alla, mangea quelque chose, et son visage ne fut plus triste. Toute la famille se leva de bonne heure le lendemain matin pour adorer l'Eternel, et retournèrent dans leur maison à Rama. Dieu se souvint d'elle et au temps fixé, elle conçut et donna naissance à un fils à qui elle donna le nom de Samuel, en disant : « Je l'ai demandé à l'Eternel. » Sa prière a amené le Seigneur à se souvenir d'elle, ouvrir ses entrailles, lui donner des enfants, faire taire sa rivale, et à changer sa vie en bien.

Il y a tellement de personnes dans la Bible qui ont utilisé la puissance miraculeuse de la prière pour transformer leur situation. La raison en est que la prière change les vies, élargit le territoire, fait bouger la main de Dieu, produit des merveilles, délivre de la mort, brise les jougs, apporte la liberté, provoque l'intervention angélique, vous donne le pouvoir sur vos adversaires, déjoue les complots diaboliques, réduit le risque mort, et apporte la promotion. Elle produit également la guérison spirituelle, physique, et émotionnelle. La prière est un médicament!

LES MERVEILLES DE LA PRIÈRE

La bonne nouvelle à propos de la prière est qu'elle est efficace. Elle fait bouger le ciel et la terre, et elle est le seul pont indestructible qui relie la divinité et l'humanité. Avec une bonne compréhension de l'art de la prière, nous pouvons faire des miracles. Et puisque la prière fait bouger la puissante main qui contrôle toutes choses, elle change à tout moment le cours des choses. La Bible contient plusieurs exemples illustrant la façon dont les hommes des temps anciens ont utilisé la prière pour accomplir des merveilles et réaliser l'impossible à leur époque. Le passage de 1 Chroniques 4: 9-10 illustre très bien ce point, en ce qu'il montre comment Jaebets l'a utilisé pour changer le cours de sa destinée.

LA PRIÈRE DE JAEBETS

Selon le passage, Jaebets était plus considéré que ses frères, et sa mère lui avait donné ce nom, car elle l'avait enfanté dans la douleur. Il invoqua le Dieu d'Israël et pria l'Eternel pour qu'il le bénisse, élargisse son territoire et que sa main soit sur lui et le préserve du malheur, en sorte qu'il ne soit pas dans la souffrance. Et Dieu lui accorda sa demande. Si Jaebets n'avait pas prié, il n'aurait pas pu faire bouger la main puissante qui contrôle toutes circonstances. Dieu répond à la prière, et il utilise la prière des saints pour faire des merveilles sur la terre. Pas de prière, pas de miracle.

Les merveilles de la prière consistent en des miracles extraordinaires, incroyables, et souvent des actes de prière difficiles à imaginer. C'est la beauté et la gloire de cette grande arme que Dieu a donné à l'humanité, qui a toujours été sous-estimée par plusieurs que ce soit dans l'Eglise ou dans le monde.

Le passage que nous avons lu sur Jaebets dit qu'il était plus considéré que ses frères, mais il ne dit rien sur ce qui lui a donné la supériorité sur ses frères. La phrase se termine par l'information selon laquelle sa mère lui a donné le nom de Jaebets parce qu'elle l'a enfanté dans la douleur. Dans la Bible, le nom est intimement lié à l'origine, la naissance, la position, ou même la destinée d'une personne. Je crois que la raison pour laquelle sa mère l'a regardé et lui a donné le nom de Jaebets, qui signifie celui qui provoque la douleur ou la souffrance, n'est pas seulement liée à la douleur qu'elle avait endurée en lui donnant naissance. Puisque Genèse 3:16, Jean 16:21, et d'autres passages de la Bible révèlent que les femmes enfanteront dans la douleur, je pense que les circonstances entourant sa naissance étaient si mauvaises que sa mère avait dû le nommer ainsi, en guise de souvenir.

Le mot traduit par « considéré » est le mot hébreu « Kabad » ou « Kabed » et elle correspond au numéro de Strong "H3513". Cela signifie être lourd, avoir du poids, être grave, dur, riche, honorable, glorieux, honoré, etc.

Le dictionnaire théologique de l'Ancien Testament affirme que la signification fondamentale du mot est "être lourd, avoir du poids," un sens qui est rarement utilisé littéralement, le sens figuré (par exemple "lourd de péché") étant plus fréquent. De cet usage figuré, on comprend plus facilement la notion d'une personne " ayant du poids " dans la société, quelqu'un qui est honorable, impressionnant, et digne de considération. Cette dernière utilisation est répandue dans plus de la moitié de ses mentions dans la Bible.

* (Du Dictionnaire théologique de l'Ancien Testament. Copyright © 1980 par L'Institut Biblique Moody de Chicago. Tous droits réservés. Utilisé avec la permission.)

De ce point de vue, le mot «considéré» est rarement utilisé de façon littérale, mais lorsqu'il est utilisé au sens figuré, cela pourrait signifier forcer le respect ou l'attention. Cela signifie que Jaebets attirait plus l'attention que tous ses frères. Cependant, la Bible ne mentionne pas la véritable raison pour laquelle il avait plus d'influence que ses frères et sœurs, bien que beaucoup soupçonnent qu'il était le plus efficace dans toute la famille, et que ses frères et sœurs lui étaient soumis en raison de sa richesse et sa gloire.

Selon les définitions de Strong, le mot pourrait être utilisé aussi bien dans le bon comme dans le mauvais sens. Lorsqu'il est utilisé dans un sens négatif, cela pouvait signifier douloureux, sévère, terne, etc., tandis que dans le sens positif, cela signifie une multitude, riche, honorable, etc. De façon causale, cela signifie faire poids dans les deux sens.

Ayant cela à l'esprit, je pense qu'il est important que nous fassions une étude plus approfondie de ce mot dans les deux sens afin de comprendre la véritable raison pour laquelle Jaebets était plus considéré que ses frères, pourquoi sa mère l'a appelé « celui qui provoque la douleur, » et ce qui l'a amené à crier Dieu à l'aide.

Le *Dictionnaire Merriam-Webster* inclut dans sa définition du mot "lourd" ce qui suit: qui a beaucoup de poids, très important et sérieux, ayant le pouvoir d'influencer les opinions d'autres personnes.

Cela signifie que Jaebets forçait plus l'attention que tous ses frères et sœurs, soit parce qu'il était riche, honorable, ou vivait dans l'abondance (dans le sens positif), ou parce qu'il était lourd, sévère, ou terne (dans le sens négatif). Il y a une forte possibilité que sa mère lui a donné le nom de Jaebets parce que la douleur qu'elle avait éprouvée lors de sa naissance était bien au-delà de celle d'un accouchement normal que chaque femme éprouve lors de la naissance d'un enfant. Étant donné que les noms jouent un rôle important dans la destinée des gens, je pense que les circonstances entourant sa naissance étaient si mauvaises que la joie d'avoir un enfant mâle dans la famille n'avait pas pu lui faire oublier ses douleurs. Car Jean 16:21 dit une femme souffre des douleurs de l'enfantement lorsqu'elle enfante, mais lorsque l'enfant nait, elle ne se souvient plus de la souffrance, à cause de la joie qu'elle a de ce qu'un enfant est né dans le monde.

Peut-être que son état de santé était si inquiétant que sa mère, le voyant éprouva tant de frustration, de douleur et de tristesse, que la joie d'avoir son petit garçon en vie n'avait pas pu la combler, et elle lui a donc donné le nom de Jaebets, en pensant à toute la douleur qu'il causerait à la famille. De manière causale, le mot hébreu "Kabad" signifie d'une grande importance ou avoir le pouvoir d'influencer l'opinion d'autres personnes, que ce soit en bien ou en mal. Cela veut dire que Jaebets attirait plus d'attention que ses frères à cause de son état, ce qui fait qu'ils étaient plus préoccupés par lui que d'eux-mêmes. S'il était plus considéré que ses autres frères à cause de sa richesse, de ses biens, et de sa renommée, comme certains l'affirment, je pense que la nature de sa prière aurait été différente.

Avant de considérer la nature de la prière de Jaebets, je voudrais raconter une petite histoire sur un ami et ses trois enfants. L'un de ses enfants a un handicap qui fait que toute la famille se préoccupe plus de lui que des autres. Il fréquente une école spéciale, a un médecin spécial et une femme de ménage, et bénéficie d'un grand nombre de privilèges et d'attention plus que les autres membres de la famille. Son intérêt est devenu la priorité de tous, et quand il ne va pas bien, cela affecte tout le monde dans la maison, ce qui n'était pas le cas lorsque quelqu'un d'autre tombe malade.

Les frais des soins mensuels de cet enfant dépassent la somme qu'il faut pour nourrir tous les autres membres de la famille. Chaque fois que je pense à l'état de santé de cet enfant et à comment ça l'a privilégié par rapport à ses frères, bien qu'il ne soit pas l'aîné, ça me donne un clair aperçu de la situation de Jaebets. En regardant de plus près la nature de la prière de Jaebets on arrive à mieux comprendre l'état réel de sa vie.

NATURE DE LA PRIÈRE DE JAEBETS

Jaebets était plus considéré que ses frères; sa mère lui donna le nom de Jaebets, en disant: C'est parce que je l'ai enfanté avec douleur. Jaebets invoqua le Dieu d'Israël, en disant: Si tu me bénis et que tu étendes mes limites, si ta main est avec moi, et si tu me préserves du malheur, en sorte que je ne sois pas dans la souffrance!... Et Dieu accorda ce qu'il avait demandé. (1 Ch. 4: 9-10 LSG)

1. Si tu me bénis
2. Etends mes limites
3. Que ta main soit avec moi
4. Que tu me préserves du malheur
5. Que je ne sois pas dans la souffrance

BENIS-MOI : Le mot hébreu traduit par «béni» est ici "Barak" qui signifie bénir, se mettre à genoux, etc. Il correspond au numéro "H1288" dans la version Strong. Le dictionnaire théologique de l'Ancien Testament dit, « Bénir dans l'AT signifie revêtir de la puissance de la réussite, de la prospérité, de la fécondité, de la longévité, etc. » « Je crois que Jaebets en était arrivé à un point de sa vie où il a réalisé que Dieu était la seule personne qui pouvait changer sa situation. Il ne faut pas oublier que cet événement a eu lieu à un moment où la force naturelle était très importante à cause de la nature du travail qu'ils faisaient.

Une infirmité de quelque nature que ce soit, vous mettait à la merci des autres et ferait de vous un homme sans importance aussi bien pour votre famille que pour la nation (il ne vous était pas permis d'aller à la guerre, ou de cultiver la terre, et c'est le travail des autres qui vous faisait survivre).

Jaebets invoqua le Dieu d'Israël, qui fait des prodiges, afin qu'il puisse le doter de la puissance de réussite, de prospérité, de fécondité, et de longévité à cause de ce qu'il traversait. Je sais que certains peuvent avoir un avis contraire, en soulignant qu'il priait à cause de son amour pour Dieu et de son désir de construire une ville où les scribes feraient leur travail (1 Ch. 2:55). Tout ce que je peux dire à ce sujet, est que ce que Jaebets avait demandé à Dieu allait au-delà des richesses ou aux biens. Son état l'avait tellement affaibli qu'il avait besoin d'une puissance pour sortir de l'isolement et accomplir sa destinée.

ETENDS MES LIMITES : Le mot hébreu traduit en français par «étendre » est "Rabah" et il correspond au numéro "H7235" de Strong. Cela signifie élever en respect, devenir grand, beaucoup, une multitude, etc. Jaebets avait besoin de sortir de l'isolement et de la stagnation dans lesquels il se trouvait. Chaque fois que je regarde le fils de mon ami, je peux sentir combien de fois il désire être libre et être en mesure de faire les choses comme tous ceux autour de lui. Parfois, il essaie de se déplacer et faire certaines choses par lui-même, sans se soucier de la douleur qu'il ressent. Jaebets ne devrait pas être différent de lui, pour avoir fait cette prière à Dieu.

QUE TA MAIN SOIT AVEC MOI : La main de Dieu se rapporte à sa puissance. Demander la main de Dieu, c'est chercher sa protection. Psaume 127: 1 dit que si l'Eternel ne bâtit la maison, ceux qui la bâtissent travaillent en vain ; et si l'Eternel ne garde la ville, celui qui la garde veille en vain.

Jaebets avait probablement entendu parler de la façon dont Dieu avait délivré les fils de Jacob de l'esclavage et les a fait sortir d'Egypte par sa main puissante, et il souhaitait avoir une telle main sur sa vie pour le délivrer de toute situation dans laquelle il se trouvait.

QUE TU ME PRESERVES DU MALHEUR : Je crois que Jaebets était si vulnérable qu'il a prié pour que Dieu le protège du mal ou de tout ce qui pourrait lui nuire. Certains dictionnaires définissent le mal comme quelque chose qui cause des dommages, des blessures ou la destruction. Il craignait peut-être beaucoup de choses au point de demander la protection de Dieu pour échapper à toute sorte de mal.

QUE JE NE SOIS PAS DANS LA SOUFFRANCE : c'est la dernière ligne de sa prière à Dieu. Etant conscient de son état et de combien il causait douleur à son entourage, il implora Dieu de changer la situation, car c'en était arrivé à un point où il ne voulait plus en supporter d'avantage. S'il vous est déjà arrivé à cause d'une situation de penser que vous êtes responsable de la peine que traversent d'autres, vous comprendrez combien c'est frustrant, troublant, angoissant, déroutant, et difficile de gérer la culpabilité, la souffrance, la douleur, l'angoisse et le chagrin que vous ressentez au fond de vous-mêmes. Aucun individu jouissant de toutes ses facultés mental, ne voudrait être la cause de la misère d'autre personne.

Il y a des moments dans la vie où votre monde semble s'écrouler. Plus vous essayez d'arranger les choses, plus elles se dégénèrent, et plus vous essayez de les réparer, plus elles se dégradent. La meilleure chose à faire en ce moment est de se tourner vers Dieu dans la prière, comme l'a fait Jaebets. Ce que votre famille, vos amis, vos diplômes, votre savoir, vos contacts, et vos biens ne peuvent pas vous faire, Dieu le peut, et le meilleur moyen de faire bouger sa main et l'amener à agir en votre faveur c'est par la prière. La prière est magique (elle produit l'impossible, fait des miracles, change les vies, et fait bouger la seule main qui contrôle toutes choses.

LA PRIÈRE DE CORNEILLE

Le salut de Corneille et des membres de sa famille est sans aucun doute le résultat de sa prière persistante et de sa charité, comme nous le constatons dans le passage d'Actes 10: 1-48, étant donné que l'ange du Seigneur qui est venu chez lui a clairement dit : « Tes prières et tes aumônes sont montées devant Dieu et il s'en est souvenu. Envoie maintenant des gens à Joppé et fais venir celui qui est appelé Pierre. » Lorsque l'apôtre Pierre vint dans sa maison et commença à prêcher la bonne nouvelle, le Saint-Esprit descendit sur tous ceux qui écoutaient le message. Aussitôt, Pierre ordonna qu'ils soient baptisés au nom de Jésus-Christ.

Avant que Corneille ne reçoive la visitation angélique qui a amené le salut dans sa maison, il avait une brillante carrière dans l'armée. Il était capitaine d'une division de l'armée romaine composée d'environ 100 personnes. Le passage déclare qu'il était un capitaine du régiment italien, ce qui signifie que son régiment était composé de soldats nés en Italie. C'était une manière de les distinguer de ceux qui étaient nés dans d'autres régions des provinces romaines, puisque Rome enrôlait des soldats venus de différentes régions de l'empire. Commander une telle division voulait dire que Corneille était prospère, parce que ce régiment spécial clamait sans doute sa prééminence sur d'autres divisions composées de soldats provenant de l'extérieur de l'Italie.

A part le fait que Corneille était un capitaine prospère dans l'armée romaine, il était un citoyen romain. Puisque Rome gouvernait le monde à l'époque, il avait plus de moyens que ses collègues qui n'étaient pas Romains. Pour bien comprendre le type de droits et de privilèges dont jouissaient les citoyens romains de l'époque, jetons un coup d'œil à la vie de l'apôtre Paul, qui était né citoyen romain, et voyons comment il a usé de sa citoyenneté pour obtenir certains avantages.

Actes 16: 35-40 décrit comment les magistrats avaient ordonné que Paul et Silas soient dépouillés, sévèrement battus, et jetés en prison pour avoir délivré une servante qui avait un esprit de divination par lequel elle prédisait l'avenir et procurait beaucoup d'argent à ses maitres. Le geôlier les jeta dans la prison intérieure et leur mit les ceps aux pieds afin qu'ils ne puissent pas s'échapper. Le lendemain matin, les magistrats envoyèrent leurs agents au geôlier avec cet ordre : « Relâche ces hommes. » Lorsque le geôlier annonça à Paul que les magistrats lui avaient demandé de les libérer, il dit au geôlier : « Après nous avoir battus de verges publiquement, sans jugement, nous qui sommes Romains, ils nous ont jetés en prison; et maintenant ils nous font sortir secrètement ! Non! Qu'ils viennent eux-mêmes nous mettre en liberté. » Le passage dit que lorsque les magistrats apprirent que Paul et Silas étaient des citoyens romains, ils furent effrayés. Ils vinrent donc les apaiser et les mirent en liberté, en les priant de quitter la ville.

Nous voyons un autre exemple, dans Actes 22: 22-29, lorsque le tribun ordonna de faire entrer Paul dans la forteresse, et de l'interroger avec des fouets, afin de savoir pour quel motif ils crièrent contre lui. Lorsqu'on l'eut exposé au fouet, Paul dit au centenier qui était présent, « Vous est-il permis de battre de verges un citoyen romain qui n'est même pas condamné ? » A ces mots, le centenier alla vers le tribun pour l'avertir, disant : « Que faites-vous ? Cet homme est un citoyen romain. » Le tribun vint donc demander à Paul s'il était vraiment un citoyen romain. Lorsque Paul lui dit qu'il avait obtenu sa citoyenneté par sa naissance, l'Écriture nous dit que ceux qui étaient sur le point de l'interroger se retirèrent aussitôt. Et le tribun voyant que Paul était Romain, fut dans la crainte parce qu'il l'avait fait lier. Avec ces deux exemples à l'esprit, ça ne fait aucun doute que le fait d'être un citoyen romain à l'époque était très avantageux, car cela offrait aux gens beaucoup de privilèges, tels que le libre accès aux lieux, un traitement spécial, et des avantages que beaucoup payaient cher avant de recevoir, comme c'était le cas du tribun dans Actes 22:28.

Le passage dit que Corneille et toute sa maison étaient pieux et craignaient Dieu. Il faisait beaucoup d'aumônes aux nécessiteux et priait Dieu continuellement. On ne peut donner que ce qu'on a. Le fait qu'il avait donné beaucoup d'aumônes aux nécessiteux démontre qu'il n'était pas pauvre. Même si il avait ceci ; une grande carrière dans l'armée (ayant franchi avec succès le grade de leader pour devenir capitaine du groupe d'élite), était un citoyen romain, donnait généreusement de son superflu, et avait une famille qui craignait Dieu, il y avait quelque chose qu'aucune de toutes ses réalisations ne pouvaient lui donner, et c'était le "salut". Cela signifie que quel que soit ce que vous avez, il y a des choses que votre éducation, vos diplômes, votre carrière, statut social, vos contacts, votre argent, votre influence, votre intelligence, votre famille, ou vos amis ne peuvent pas vous donner. Corneille savait cela, et il s'est donc mis à prier constamment et à faire des dons pour faire bouger la main puissante qui contrôle toutes choses. Comme il cherchait constamment la face de Dieu pour le maillon manquant, le Seigneur lui envoya un ange pour lui donner la direction divine par rapport à sa situation. Comme mentionné précédemment, l'une des choses que fait la prière est qu'elle provoque l'intervention et la direction divines. L'ange dit : «Tes prières et tes aumônes aux pauvres sont montées devant Dieu, et il s'en est souvenu. Envoie maintenant des hommes à Joppé, et fais venir Simon, surnommé Pierre. Il est logé chez un certain Simon le corroyeur, dont la maison est près de la mer.» Le ministère de la parole n'est pas confié aux anges ou aux esprits, mais à l'humanité. L'ange l'a donc orienté vers l'apôtre Pierre (un homme appelé et commissionné par le Christ pour prêcher la bonne nouvelle à l'humanité), afin qu'il lui montre le chemin du salut.

Ephésiens 1:11 dit que Dieu opère toutes choses d'après le conseil de sa volonté. La volonté de Dieu concernant le ministère de la parole était que l'Apôtre Pierre devrait prêcher l'Evangile aux Juifs, tandis que Paul devrait rendre ministère auprès des païens.

> *Au contraire, voyant que l'Évangile m'avait été confié pour les incirconcis, comme à Pierre pour les circoncis, - Car celui qui a fait de Pierre l'apôtre des circoncis a aussi fait de moi l'apôtre des païens, - Et ayant reconnu la grâce qui m'avait été accordée, Jacques, Céphas et Jean, qui sont regardés comme des colonnes, me donnèrent, à moi et à Barnabas, la main d'association, afin que nous allions, nous vers les païens, et eux vers les circoncis.*
> (Ga 2: 7-10. LSG)

Corneille était un païen, et selon l'ordre des choses prévu par Dieu, l'apôtre Paul était le canal choisi pour lui prêcher la bonne nouvelle. A cette époque, Paul n'était pas prêt pour la tâche, parce qu'il venait juste de se convertir du judaïsme au christianisme dans le chapitre précédent (Actes 9: 1-31). Si Corneille devrait l'attendre (Paul), il lui aurait fallu quatorze autres années (Ga 2: 1). Mais sa prière persistante a contraint Dieu à changer l'ordre des choses, a interrompu la mission de Pierre aux Juifs, et l'a utilisé pour rendre ministère à Corneille et à sa famille afin qu'ils soient sauvés. Le Seigneur ne pouvait pas attendre Paul, qu'il avait choisi depuis toujours pour la tâche, parce que cela prendrait beaucoup plus de temps. Il a donc utilisé Pierre pour accomplir la tâche de Paul, et cela à cause de l'intensité de la prière de Corneille.

Seul Dieu pouvait amener l'Apôtre Pierre à faire cette tâche à cause des différends qui existaient entre lui et Corneille. Tout d'abord, la religion, les lois, et les coutumes juives lui (Pierre) interdisaient d'entrer chez les païens à cause de leurs pratiques et de leur mode de vie. Les païens mangeaient et faisaient des choses qu'il n'était pas permis aux Juifs de faire d'après la loi, ce qui rendait les deux parties incompatibles. Pour les Juifs, les païens sont des impurs et des incirconcis, ils ne doivent donc pas s'associer avec eux. C'est devenu une forteresse dans l'esprit de Pierre au point où il n'aurait accepté sous aucun prétexte d'aller chez Corneille ou d'entrer chez lui. S'il y allait, il aurait enfreint la loi de Moïse et serait traité d'impur par les autres. Il aurait été beaucoup critiqué par ses compatriotes juifs, et son autorité aurait été bafouée. Dieu a dû intervenir, en créant une situation pour briser la forteresse qui était dans son esprit, et en suspendant la loi de Moïse qui défavorisait Corneille, en provoquant la faim chez Pierre. Il mit ensuite Pierre en extase afin d'ôter la stigmatisation que les lois et les traditions juives avaient placé sur Corneille et toute sa famille. Le Saint-Esprit a dû lui dire d'aller chez Corneille sans hésiter avant que Pierre ne se décide finalement à y aller.

> *Le lendemain, comme ils étaient en route, et qu'ils approchaient de la ville, Pierre monta sur le toit, vers la sixième heure, pour prier. Il eut faim, et il voulut manger. Pendant qu'on lui préparait à manger, il tomba en extase. Il vit le ciel ouvert, et un objet semblable à une grande nappe attachée par les quatre coins, qui descendait et s'abaissait vers la terre, et où se trouvaient tous les quadrupèdes et les reptiles de la terre et les oiseaux du ciel. Et une voix lui dit: Lève-toi, Pierre, tue et mange. Mais Pierre dit: Non, Seigneur, car je n'ai jamais rien mangé de souillé ni d'impur. Et pour la seconde fois la voix se fit encore entendre à lui: Ce que Dieu a déclaré pur, ne le regarde pas comme souillé. Cela arriva jusqu'à trois fois; et aussitôt après, l'objet fut retiré dans le ciel. Tandis que Pierre ne savait en lui-même que penser du sens de la vision qu'il avait eue, voici, les hommes envoyés par Corneille, s'étant informés de la maison de Simon, se présentèrent à la porte, et demandèrent à haute voix si c'était là que logeait Simon, surnommé Pierre. Et comme Pierre était à réfléchir sur la vision, l'Esprit lui dit: Voici, trois hommes te demandent; lève-toi, descends, et pars avec eux sans hésiter, car c'est moi qui les ai envoyés. Pierre donc descendit, et il dit à ces hommes: Voici, je suis celui que vous cherchez; quel est le motif qui vous amène? Ils répondirent: Corneille, centenier, homme juste et craignant Dieu, et de qui toute la nation des Juifs rend un bon témoignage, a été divinement averti par un saint ange de te faire venir dans sa maison et d'entendre tes paroles. Pierre donc les fit entrer, et les logea. Le lendemain, il se leva, et partit avec eux. Quelques-uns des frères de Joppé l'accompagnèrent. (Actes 10: 9-23 LSG)*

La prière persistante de Corneille lui a donné ce qu'il n'a pas pu avoir par les autres moyens. Ce que sa citoyenneté, ses réalisations, ses contacts, son influence, son statut, son succès, sa famille, etc. n'ont pas pu lui donner sont venus par le biais de la prière. Sa prière persistante a fait bouger Dieu, provoqué l'intervention angélique, libéré la direction divine à l'endroit où se trouvait son secours, brisé le joug du retard, écourté le temps de quatorze ans à deux jours, changé l'ordre divin des choses de Paul à Pierre, annulé les lois , les traditions et les coutumes qui le disqualifiaient et qui se trouvaient sur son chemin, détruit les forteresses dans l'esprit de Pierre, enlevé l'étiquette et la stigmatisation que la religion juive avait placé sur Corneille et sa famille, a attiré la voix de l'Esprit, et a apporté le salut à toute sa famille. Voilà ce que la prière peut faire. Quand tout échoue, ayez recours à la prière, et vous expérimenterez la puissance miraculeuse qui changera les choses dans votre vie.

LA PUISSANCE PROTECTRICE ET PRÉVENTIVE DE LA PRIÈRE

Chaque action de Dieu, entraine une réaction de l'ennemi. Le malin entreprend toujours de contrer ou de défaire tout ce que Dieu fait. Jean 11: 1-44 décrit comment Lazare mourut et fut enterré, mais Jésus vint après quatre jours et le ramena à la vie. Cette nouvelle se répandit partout et beaucoup de ceux qui virent le miracle crurent en Jésus. Peu de temps après, Jésus vint à Béthanie, où Lazare vivait, et un dîner lui fut offert. Marthe servait, et Lazare était parmi ceux qui avaient mangé avec lui. Lorsque les gens apprirent que Jésus était là, une grande foule de Juifs vint non pas seulement à cause de Jésus, mais aussi pour voir Lazare, qu'il avait ressuscité d'entre les morts. Dans le même temps, les principaux sacrificateurs planifiaient de tuer Lazare, car à cause de lui beaucoup de Juifs avaient cru en Jésus (Jn 12: 1-11). Pouvez-vous imaginer ce que cela aurait été si les méchants avaient réussi à tuer Lazare la deuxième fois ? La maladie l'avait attaqué et tué une première fois, mais Jésus etait venu le ressusciter d'entre les morts. Cette fois, les hommes complotaient de le tuer tout simplement parce qu'à cause de lui, les gens mettaient leur foi en Christ. Vous devez comprendre que tout ce que Dieu vous donne constitue une menace pour vos ennemis. Le malin tentera par tous les moyens soit de détruire vos miracles soit de vous les faire perdre.

Dieu nous a donné des armes pour sécuriser notre miracle contre tout type d'agression, et la prière est l'une d'elles. Elle est une arme de protection et de prévention qui peut être utilisée pour sécuriser, protéger et préserver notre destinée, notre vie et notre famille. L'une des principales raisons pour lesquelles beaucoup de gens perdent leurs miracles ou témoignages est qu'ils dorment pendant qu'ils devraient veiller et protéger ce qu'ils ont. Beaucoup vont dormir après l'obtention de leurs miracles. Si Marie et sa sœur Marthe avaient attendu que le méchant les attaque avant d'agir, elles auraient perdu leur frère Lazare une deuxième fois. Elles étaient toutes deux proactives dans la sauvegarde de ce que Dieu leur a donné. Marthe prépara un dîner en l'honneur de Jésus, tandis que Marie sacrifia un parfum très cher qu'elle versa sur les pieds de Jésus, puis les essuya avec ses cheveux. Jésus était déjà dans leur maison avant que les ennemis ne commencent à comploter sur la façon de détruire leur miracle. L'un des moyens par lesquels vous pouvez inviter Dieu dans votre maison ou dans votre situation est la prière, et quand Dieu est dans votre maison, il protège et préserve tout ce que vous avez.

Le Seigneur Jésus a donné une parabole dans Matthieu 13: 24-30 au sujet d'un homme qui a semé de bonnes graines dans son champ, mais pendant que tout le monde dormait, son ennemi vint, sema de l'ivraie parmi le blé et s'en alla. Lorsque l'herbe eut poussé et donné du fruit, l'ivraie parut aussi. Le serviteur du maitre de la maison vint lui dire : « Maitre, n'as-tu pas semé une bonne semence dans ton champ ? D'où vient donc qu'il y ait de l'ivraie ? » « C'est un ennemi qui a fait cela, » répondit-il. Le passage dit que l'ennemi de l'homme est venu pendant que tout le monde dormait. Que vous le croyiez ou non, nous avons tous des ennemis, et nous avons tous des heures durant lesquelles nous baissons la garde. Les ennemis viennent toujours pour voler, tuer, et détruire au moment où on ne s'y attend (Jn. 10.10).

Voilà pourquoi Marc 14:38 nous exhorte à veiller et à prier afin de ne pas tomber dans la tentation. Car notre adversaire, le diable est un opportuniste, et il cherche des occasions et profite de toutes celles qu'il trouve. La prière est une arme sure que vous pouvez utiliser pour bloquer tous les assauts démoniaques et renverser les ruses de l'ennemi.

Lorsque les Israélites sortirent d'Egypte, la Bible déclare qu'ils dépouillèrent les Égyptiens. Cela revient à dire, qu'ils partirent avec d'abondantes richesses (Ex. 12:36). Exode 14: 5 dit que lorsqu'on annonça à Pharaon que le peuple d'Israël avait pris la fuite, lui et ses serviteurs changèrent d'avis. « Pourquoi avons-nous laissé partir les Israélites dont nous n'aurons plus les services ? » Demandèrent-ils. Alors il attela son char et prit six cents des meilleurs chars de l'Égypte, avec des combattants. Pharaon, et toute son armée, poursuivit les Israélites pour les ramener à la servitude après quatre cent trente ans d'esclavage. C'est une chose d'obtenir un miracle, mais c'est une autre de le conserver et l'entretenir. Ça me rappelle un passage dans 1 Rois 3: 16-28 qui parle de deux prostituées vivant seules dans la même maison qui accouché presque dans la même période. Par négligence, l'une d'elles s'était couchée sur son enfant, et quand elle se rendit compte qu'il était mort, elle se leva au milieu de la nuit et prit l'enfant vivant de l'autre femme. Elle mit ensuite son fils mort à côté de l'autre femme pendant qu'elle dormait. Quand elle se leva le matin pour allaiter son enfant, elle remarqua que ce dernier était mort, mais en l'observant attentivement, elle vit que l'enfant mort n'était pas son fils. Cela amena une rude bataille entre les deux femmes, mais c'était trop tard, parce qu'elle dormait pendant qu'elle était censée veiller sur son fils et empêcher l'autre femme de l'emmener. Si elle avait veillé, le méchant n'aurait pas pu enlever ou échanger son fils vivant au milieu de la nuit. Elle a attendu que les choses dégénèrent avant de crier au secours au roi, et n'eut été la sagesse que Dieu avait donné à Salomon, elle n'aurait pas pu récupérer son enfant volé. Lorsque nous nous endormons spirituellement, nous donnons l'opportunité au malin d'exécuter son plan maléfique.

Chaque fois que Dieu nous bénit, le malin vient pour nous l'arracher, car il ne veut pas que nous en profitions. La principale raison pour laquelle beaucoup de gens perdent leur miracle est le sommeil spirituel. Lorsque vous ne veillez et ne priez pas, vous donnez libre accès aux méchants dans votre vie. La prière est une arme puissante que vous pouvez utiliser pour protéger tout ce que vous avez et empêcher les méchants de s'introduire chez vous.

Lorsque Haman, fils d'Hammedatha, l'Agaguite, ennemi des Juifs, complotait pour exterminer le peuple juif, il s'approcha du roi Assuérus et lui dit : « Il y a dans toutes les provinces de ton royaume un peuple dispersé, ayant des lois différentes de celles de tous les peuples et n'observant point les lois du roi. Il n'est pas dans l'intérêt du roi de le laisser en repos. Si le roi le trouve bon, qu'on écrive l'ordre de les faire périr; et je pèserai dix mille talents d'argent entre les mains des fonctionnaires, pour qu'on les porte dans le trésor du roi. Le roi ôta son anneau de la main, et le remit à Haman, et lui dit : L'argent t'est donné, et ce peuple aussi; fais-en ce que tu voudras » Les secrétaires du roi furent alors convoqués le treizième jour du premier mois, et l'on écrivit, suivant tout ce qui fut ordonné par Haman, aux satrapes du roi, aux gouverneurs de chaque province et aux chefs de chaque peuple, à chaque province selon son écriture et à chaque peuple selon sa langue. Ce fut au nom du roi Assuérus que l'on écrivit, et on scella avec l'anneau du roi. Les lettres furent envoyées par courriers dans toutes les provinces du roi, pour qu'on détruisît, qu'on tuât et qu'on fît périr tous les Juifs, jeunes et vieux, petits enfants et femmes, en un seul jour, le treizième du douzième mois, qui est le mois d'Adar, et pour que leurs biens fussent livrés au pillage. (Esther 3: 8-15).

Quand Mardochée a appris cela, il cria d'une voix forte et amère. Il raconta à Hathach l'un des eunuques du roi assignés à assister à la reine Esther, tout ce qui lui était arrivé, et lui indiqua la somme d'argent qu'Haman avait promis livrer au trésor du roi en retour du massacre des Juifs. Il lui donna aussi une copie de l'édit publié dans Suse en vue de leur destruction, afin qu'il le montrât à Esther et lui fît tout connaître; et il ordonna qu'Esther se rende chez le roi pour lui demander grâce et l'implorer en faveur de son peuple. Lorsqu'Hathac vint rapporter à Esther les paroles de Mardochée, elle le renvoya vers lui avec ses paroles : « Tous les serviteurs du roi et le peuple des provinces du roi savent qu'il existe une loi portant peine de mort contre quiconque, homme ou femme, entre chez le roi, dans la cour intérieure, sans avoir été appelé; celui-là seul a la vie sauve, à qui le roi tend le sceptre d'or. Et moi, je n'ai point été appelée auprès du roi depuis trente jours. »

La reine Esther savait combien il était important pour elle de plaider avec le roi en faveur de son peuple pour obtenir sa miséricorde, mais il y avait une loi sur son chemin (une peine de mort). Connaissant la puissance du jeûne et de la prière, elle ordonna à tout son peuple de jeûner et prier pour elle pendant trois jours afin que la loi qui avait tué et détruit d'autres ne lui fasse pas du mal (Esther 4: 1-17). Grâce à la prière et au jeûne du peuple juif, la force de la loi qui aurait détruit Esther fut suspendue indéfiniment, afin qu'elle puisse aller dans la cour intérieure du roi sans que ce dernier ne l'ait appelée, et plaider avec lui en faveur de son peuple (Esther 5: 1-3). N'eut été la prière de son peuple, la loi qui se tenait contre elle l'aurait tuée. La puissance protectrice et préventive de la prière a bloqué la force de la loi.

Lorsque le roi David apprit que son conseiller Achitophel était avec Absalom parmi les conspirateurs, il prit peur, et pria pour que Dieu réduise à néant les conseils d'Achitophel (2 Sa.15: 31). Il envoya par ailleurs son ami Huschaï l'Arkien au palais afin de l'aider à anéantir les conseils d'Ahitophel à Absalom. La raison est que les conseils d'Achitophel étaient semblables à ceux qu'on obtenait après avoir consulté l'Eternel.

L'homme connaissait la force et la faiblesse de David (il connaissait également l'effectif dont il avait besoin pour vaincre le roi David à la guerre. 2 Samuel 17: 1 dit qu'il demanda à Absalom douze mille hommes d'élite pour poursuivre David et le frapper au moment où il serait faible et épuisé, car il savait combien David et ses hommes étaient habiles et féroces sur le champ de bataille. La Bible déclare que Dieu a anéanti les bons conseils d'Achitophel, afin d'amener le malheur sur Absalom, et voyant que ses conseils n'avaient pas été suivis, il rentra chez lui, donna ses ordres à sa maison et se pendit (2 Sa 17:14 et 23). N'eut été la prière de David, il aurait été détruit par les conseils d'Achitophel donnés à Absalom contre lui.

L'ÉVASION DE PRISON MIRACULEUSE DE PIERRE

Actes 12: 1-19 raconte comment le roi Hérode persécuta l'Eglise dans le but de la détruire, pour devenir populaire lui et les chefs juifs qui s'étaient opposés à l'église et qui faisaient tout ce qui était en leur pouvoir pour l'arrêter. Il arrêta certains des dirigeants de l'église et tua par l'épée Jacques le frère de Jean. Comme il vit que cela plut aux Juifs, il fit encore arrêter Pierre pour le tuer exactement comme Jacques, mais son mauvais dessein fut intercepté et interrompu par la prière de l'Eglise. Ayant arrêté Pierre, le roi Hérode le fit mettre en prison avec l'intention de le faire comparaitre devant le peuple après la Pâque. Le roi prit des mesures supplémentaires et plaça Pierre sous la garde de quatre escouades de quatre soldats chacune (au total seize soldats) pour s'assurer qu'il ne s'échappe pas. Pierre et Jacques étaient tous deux des leaders et des piliers dans l'Eglise primitive (Ga 2: 9). Ça aurait été malséant de la part du roi Hérode de faire comparaitre Pierre au cours d'une telle sainte célébration juive. Mais le mettre en garde à vue a donné à l'église l'occasion de prier sans cesse Dieu en faveur de Pierre.

La nuit qui précéda le jour où Pierre allait comparaitre, il dormait entre deux soldats, lié de deux chaînes, et des sentinelles montaient la garde devant la porte de la prison. Soudain, un ange du Seigneur apparut dans la cellule. Il réveilla Pierre et lui dit : « Lève-toi promptement! » Les chaînes tombèrent immédiatement des poignets de Pierre. Et l'ange lui dit : « enveloppe-toi de ton manteau, mets tes sandales et suis-moi. » Pierre le suivit hors de la prison, ne sachant pas que ce que faisait l'ange était réel, et pensait qu'il avait une vision. Lorsqu'ils eurent passé la première et la deuxième garde, ils arrivèrent à la porte de fer menant à la ville, qui s'ouvrit d'elle-même devant eux. Ils sortirent et s'avancèrent dans une rue, et tout à coup l'ange le quitta.

Lorsque Pierre revint à lui-même, il dit : « Je vois maintenant d'une manière certaine que le Seigneur a envoyé son ange et qu'il m'a délivré de la main d'Hérode et de tout ce que le peuple juif attendait. » Il se dirigea vers la maison de la mère de Marc, où beaucoup de personnes étaient rassemblées et priaient. Il frappa à la porte, et une servante nommée Rhode s'approcha pour répondre, mais quand elle entendit la voix de Pierre, elle le reconnut. Elle fut tellement excitée qu'au lieu d'ouvrir la porte, elle courut à l'intérieur annoncer à tout le monde : « Pierre est devant la porte! » Ils ne purent pas croire ce qu'elle disait. Au début, ils la traitèrent de folle, mais quand elle insista, ils dirent, « C'est son ange ! » Pendant ce temps, Pierre continuait à frapper et quand ils ouvrirent la porte et le virent, ils furent tous étonnés. De la main, il leur fit signe de se taire, et leur décrivit comment le Seigneur l'avait fait sortir de la prison.

Le miracle était si étonnant qu'ils ne pouvaient pas croire. C'était au-delà de ce qu'ils attendaient. Tout le monde savait qu'Hérode allait tuer Pierre après l'avoir arrêté. Ils vinrent donc tous pour intercéder en sa faveur. Leur intercession a fait bouger la main de Dieu qui a déployé son ange en faveur de Pierre, pour le délivrer du plan diabolique d'Hérode et des dirigeants juifs.

Leur prière continuelle a renversé le complot des méchants, délivré l'apôtre Pierre de la mort, et a sauvé l'église de la destruction. L'apôtre Jacques, que le roi Hérode avait tué par l'épée, ne serait pas mort si l'église s'était levée dans la prière comme elle l'a fait pour Pierre. La prière est une grande arme que nous pouvons utiliser pour protéger et préserver tout ce que Dieu nous a donné. Quand les ennemis attaquent, vous pouvez utiliser la puissance de la prière pour bloquer et anéantir leurs mauvais desseins.

LE RÔLE DE LA PRIÈRE DANS LA DÉCOUVERTE DE VOTRE DESTINEE DIVINE

Votre destinée divine est la principale raison pour laquelle Dieu vous a créé. C'est votre mission principale sur la terre. Rien d'autre n'est plus important pour Dieu que son dessein pour une chose, et il fait tout pour que cela s'accomplisse. C'est la raison pour laquelle Proverbes 19:21 déclare qu'il y a dans le cœur de l'homme beaucoup de projets, mais c'est le dessein de l'Eternel qui s'accomplit. Découvrir sa destinée divine est essentiel pour vivre une vie comblée. Dieu est esprit, et c'est en esprit qu'on peut discerner sa volonté. 1 Corinthiens 2:14 déclare que l'homme animal ne peut pas recevoir les choses de l'esprit, car elles sont une folie pour lui, et il ne peut les connaitre ni les discerner. Pour saisir les choses spirituelles, il faut être spirituellement éveillé. C'est là que la prière entre en jeu, car elle élève votre antenne spirituelle pour vous faire appréhender et décoder les choses spirituelles.

Jérémie 1: 4-10 nous raconte comment Jérémie fit une rencontre divine qui changea le cours de sa vie. De sacrificateur, il devint un prophète exceptionnel.

Il naquit sacrificateur, fut éduqué et élevé pour être le meilleur sacrificateur de son temps. Il fut probablement formé sur les différents ustensiles du temple et sur comment les utiliser. Jeune sacrificateur né dans la ville des sacrificateurs, Jérémie avait sans doute été enseigné sur le mode de vie des sacrificateurs et été encouragé à manger, s'habiller, parler, marcher, et vivre comme un sacrificateur. Toute sa vie, sa destinée, sa vision, son rêve, son éducation, etc., avait étés modelés à la lumière du ministère sacerdotal à cause de sa naissance, sa communauté, son éducation, ses activités quotidiennes, ses traditions familiales, et ses pratiques. Mais dans la pensée de Dieu, Jérémie était un prophète et non un sacrificateur, quand bien même toute sa vie était en parfaite adéquation avec le ministère sacerdotal. Et quand vous regardez les ministères prophétique et sacerdotal, la différence est tellement énorme qu'on n'aurait pas pu imaginer que quelqu'un comme Jérémie, sous son manteau sacerdotal, était un prophète. Les traditions et pratiques du ministère prophétique sont si différentes de celles du ministère sacerdotal, que Jérémie ne pouvait jamais se voir comme un prophète

A l'extérieur, il était maquillé en prêtre, mais à l'intérieur, il était un prophète accompli, ordonné. Il a fallu l'intervention de Dieu pour que Jérémie découvre sa véritable identité et sa destinée. Quand Dieu est intervenu, il a tout interrompu, en ouvrant les yeux de Jérémie sur sa destinée divine et en lui donnant la directive spécifique qui l'aiderait à l'accomplir. Le Seigneur lui dit : « Avant que je t'aie formé dans le ventre de ta mère, je te connaissais, et avant que tu sois sorti de son sein, je t'avais consacré; Je t'avais établi prophète des nations. » Cela signifie que Jérémie avait été formé en vue de ce qu'il venait accomplir sur la terre, mais l'environnement dans lequel il était né avait détourné son attention en lui donnant un nouvel objectif, qui était différent de sa mission originale. Il n'y a rien dans le monde sans but, et c'est le but d'une chose qui détermine sa fabrication.

Avant que quelque chose ne soit fabriqué, son but est d'abord établi, de sorte qu'elle produise le résultat escompté une fois créée. Le Seigneur a un plan pour tout ce qu'il fait, et son plan prime sur tout le reste. Voilà pourquoi Proverbes 19:21 déclare qu'il y a dans le cœur de l'homme beaucoup de projets, mais c'est le dessein de l'Eternel qui s'accomplit. Dans Esaïe 14:24, l'Eternel l'a juré en disant que ce qu'il a décidé arrivera, et ce qu'il a résolu s'accomplira. Le ciel et la terre peuvent passer, mais le plan éternel de Dieu concernant une chose demeure éternellement. Quand Dieu constate que le temps est arrivé, il orchestre les choses de manière à vous aligner conformément à votre destinée divine, comme il l'a fait pour Jérémie en le détournant de sa vocation de prêtre pour le ramener à sa destinée divine (un prophète).

Personne n'avait jamais été prophète dans la maison de Jérémie, et par le concours des circonstances, il fut élevé dans le but d'être le meilleur prophète de son temps jusqu'à ce que Dieu intervienne pour dévoiler son plan initial, qui était établi avant que Jérémie ne soit conçu dans le sein de sa mère. Au départ, Jérémie s'y était opposé et avait eu du mal à l'accepter car c'était contraire à ce qu'il croyait être sa vocation. Il avança beaucoup d'excuses pour l'éviter et s'accrocher à ce qu'il savait faire le mieux. Dieu dut le faire sortir de ce que la culture et les traditions l'avaient programmé à faire afin de le commissionner pour ce qu'il était né pour faire. Le passage ci-dessous nous montre la lutte et la difficulté de Jérémie avant d'accepter le plan divin pour sa vie (la principale raison pour laquelle il était né).

La parole de l'Éternel me fut adressée, en ces mots: Avant que je t'eusse formé dans le ventre de ta mère, je te connaissais, et avant que tu fusses sorti de son sein, je t'avais consacré, je t'avais établi prophète des nations. Je répondis: Ah! Seigneur Éternel! Voici, je ne sais point parler, car je suis un enfant. Et l'Éternel me dit: Ne dis pas: Je suis un enfant.

*Car tu iras vers tous ceux auprès de qui je t'enverrai, et tu diras tout ce que je t'ordonnerai. Ne les crains point, car je suis avec toi pour te délivrer, dit l'Éternel. Puis l'Éternel étendit sa main, et toucha ma bouche; et l'Éternel me dit: Voici, je mets mes paroles dans ta bouche. Regarde, je t'établis aujourd'hui sur les nations et sur les royaumes, pour que tu arraches et que tu abattes, pour que tu ruines et que tu détruises, pour que tu bâtisses et que tu plantes.
(Jé. 1: 4-10 LSG)*

Luc 1: 39-44 relate également comment Marie alla vers les montagnes dans une ville de Judée pour rencontrer Elisabeth sa parente, après que l'ange Gabriel l'ait informé qu'elle (Marie) allait concevoir et donner naissance à un fils, à qui elle donnerait le nom de Jésus. Elle y était allée parce que l'ange lui avait dit, qu'Élisabeth qui était stérile, avait finalement conçu dans sa vieillesse, et qu'elle était déjà au sixième mois. Lorsque Marie arriva chez Zacharie pour confirmer ce que l'ange lui avait dit, elle salua Élisabeth. Dès qu'Élisabeth entendit la voix de Marie, son bébé de six mois tressaillit dans son sein en ressentant la présence de Jésus. Il sut immédiatement que la principale raison pour laquelle il venait sur la terre était de préparer le peuple pour le Seigneur Jésus. Il avait une compréhension si claire de sa principale mission qu'il n'avait pas besoin que quelqu'un lui présente Jésus. La simple voix de Marie était suffisante pour le connecter à sa mission principale.

Trente ans plus tard, Jean-Baptiste dit à propos de Jésus qu'il ne l'aurait pas connu, si le Père qui l'avait envoyé pour baptiser ne lui avait pas donné un signe lui permettant d'identifier Jésus parmi ceux qui venaient se faire baptiser. Comment se fait-il qu'alors qu'il avait six mois dans le sein, il ait reconnu Jésus après avoir entendu la voix de Marie, mais trente ans après sa naissance, il ne pouvait plus le reconnaître?

Le lendemain, il vit Jésus venant à lui, et il dit: Voici l'Agneau de Dieu, qui ôte le péché du monde. C'est celui dont j'ai dit: Après moi vient un homme qui m'a précédé, car il était avant moi. Je ne le connaissais pas, mais c'est afin qu'il fût manifesté à Israël que je suis venu baptiser d'eau. Jean rendit ce témoignage: J'ai vu l'Esprit descendre du ciel comme une colombe et s'arrêter sur lui. Je ne le connaissais pas, mais celui qui m'a envoyé baptiser d'eau, celui-là m'a dit: Celui sur qui tu verras l'Esprit descendre et s'arrêter, c'est celui qui baptise du Saint Esprit. Et j'ai vu, et j'ai rendu témoignage qu'il est le Fils de Dieu
(Jn 1: 29-34 LSG)

Ceci est arrivé à Jean à cause de l'état de l'esprit et du corps humain. L'esprit humain se déconnecte d'avec les choses célestes une fois sur la terre à cause du péché d'Adam qui l'endort sur la terre. Puisque le corps humain a été tiré de la poussière de la terre, selon les Écritures (Genèse 3:19), il gravite autour des choses du monde. Si Dieu n'avait pas donné à Jean un signe concernant Jésus, il ne l'aurait pas reconnu. Il a dû chercher et découvrir son but, car beaucoup de choses avaient assombri sa vision et le lui avaient caché. Sans le signe que Dieu lui avait donné, il n'aurait pas découvert sa destinée. Il y a plusieurs signes et indicateurs qui pourraient vous aider à découvrir votre destinée divine dans la vie et la prière en fait partie.

Le rôle de la prière dans la découverte de la destinée divine est si important qu'elle ne peut pas être négligée. La prière provoque l'intervention et la direction divines, et elle amène la manifestation du royaume de Dieu et de sa volonté sur la terre. Quand vous priez, vous donnez la permission à Dieu d'intervenir dans vos affaires, il peut alors vous faire changer de chemin et vous orienter vers son plan pour votre vie. La prière élève votre antenne spirituelle et augmente votre capacité à appréhender et à comprendre les choses spirituelles. La pensée humaine ne peut pas recevoir les choses de l'esprit, parce que c'est en esprit qu'on les discerne. C'est le travail intérieur de l'Esprit Saint dans une personne qui lui permet de comprendre les choses de l'Esprit.

Le plan de Dieu est spirituel et éternel. À moins que le Saint-Esprit nous aide, nous ne pouvons pas le comprendre. Le Saint-Esprit ne travaille pas en nous sans notre coopération, et l'un des moyens par lesquels nous collaborons avec lui est la prière.

Le Seigneur se sert de nos prières pour diriger nos pas vers son plan et son dessein pour nos vies. Dans la parabole des talents, Jésus parle d'un homme qui a appelé ses serviteurs, et leur a confié ses biens. A l'un il donna cinq talents, à un autre deux talents, et au dernier un talent, chacun selon sa capacité. La même histoire selon Luc, dit que le maître leur a demandé de les faire valoir (Luc. 19:13). C'était la principale raison pour laquelle il leur a donné les talents. Mais les talents leur avaient été donnés en fonction de leurs capacités individuelles, ce qui implique que vos capacités naturelles déterminent la nature des dons que vous avez. Cependant, vos dons et votre destinée divine sont intimement liés. Si vous identifiez vos points forts, vous découvrirez vos dons. Et votre don est un indicateur de votre mission divine. A moins que vous ne découvriez votre don et l'activiez, vous ne pourrez pas accomplir pleinement votre destinée.

Votre capacité naturelle est votre point fort, votre domaine d'excellence et d'efficacité. La question que vous devez vous poser est : Quelle est la chose que je peux bien faire, au point d'être le meilleur au monde dans ce domaine? Qu'est-ce que vous aimez faire naturellement? Qu'est-ce qui vous passionne? Quelle est cette chose que vous faites facilement et sans contrainte mais que d'autres trouvent difficile voire impossible? Quel est votre domaine d'excellence? Qu'est-ce que vous stimule et pourrait vous tenir éveillé toute la nuit? Quelle est cette chose qui vous donne la joie et que vous pourriez faire volontairement, sans être payé (pas de récompense financière)? C'est le domaine d'efficacité où vos dons sont cachés. Votre don est cette compétence ou ce talent spécial qui vous rend unique. Il vous sort du lot et vous fait agir différemment.

Lorsque vous recherchez à travers la prière vos points forts, vous découvrirez les talents cachés que Dieu vous a donnés afin de réaliser votre destinée divine. Une fois que vous découvrez, activez ou commencez à exercer le don, fixez-vous maintenant des objectifs que vous pourriez accomplir en utilisant ce talent unique. Lorsque le plan que vous poursuivez, vos talents, et vos capacités naturelles sont en parfaite harmonie, vous vivrez une vie heureuse et comblée, parce que vos capacités naturelles déterminent le type de dons que vous avez, tandis que les dons reflètent le but pour lequel vous êtes né. Mis en parfaite harmonie, ces trois choses vous dictent une ligne de conduite, vous motivent, vous focalisent, vous donnent la force, ainsi qu'un sens à votre vie.

Pour en revenir à l'histoire des talents, le passage montre comment celui qui avait reçu cinq talents les avait multipliés pour en recevoir dix, et celui qui avait reçu deux les avait multipliés pour en recevoir quatre, mais celui à qui le maître avait donné un talent creusa un trou dans la terre et le cacha. Après un certain temps, le maître était de retour et les fit venir pour rendre compte de comment ils avaient utilisé les talents qu'il leur avait donnés. Ceux qui avaient fait valoir leurs talents et qui avaient réalisé des profits pour leur maître furent grandement récompensés.

Celui qui avait reçu les cinq talents s'approcha, en apportant cinq autres talents, et il dit: Seigneur, tu m'as remis cinq talents; voici, j'en ai gagné cinq autres. Son maître lui dit: C'est bien, bon et fidèle serviteur; tu as été fidèle en peu de chose, je te confierai beaucoup; entre dans la joie de ton maître. Celui qui avait reçu les deux talents s'approcha aussi, et il dit: Seigneur, tu m'as remis deux talents; voici, j'en ai gagné deux autres. Son maître lui dit: C'est bien, bon et fidèle serviteur; tu as été fidèle en peu de chose, je te confierai beaucoup; entre dans la joie de ton maître. Celui qui n'avait reçu qu'un talent s'approcha ensuite, et il dit: Seigneur, je savais que tu es un homme dur, qui moissonnes où tu n'as pas semé, et qui amasses où tu n'as pas vanné; j'ai eu peur, et je suis allé cacher ton talent dans la terre; voici, prends ce qui est à toi. Son maître lui répondit:

Serviteur méchant et paresseux, tu savais que je moissonne où je n'ai pas semé, et que j'amasse où je n'ai pas vanné; il te fallait donc remettre mon argent aux banquiers, et, à mon retour, j'aurais retiré ce qui est à moi avec un intérêt. Otez-lui donc le talent, et donnez-le à celui qui a les dix talents. Car on donnera à celui qui a, et il sera dans l'abondance, mais à celui qui n'a pas on ôtera même ce qu'il a. Et le serviteur inutile, jetez-le dans les ténèbres du dehors, où il y aura des pleurs et des grincements de dents. (Mt. 25: 20-30 LSG)

Tout comme le révèle clairement le passage, le serviteur qui a enterré son talent a complètement perdu à la fin. Son maître l'a qualifié de mauvais serviteur, et a ordonné aux autres de le jeter dans les ténèbres du dehors, là où il y a des pleurs et des grincements de dents. Mais celui qui en avait déjà dix en a encore reçu d'autres parce qu'il avait multiplié les cinq que le maitre lui avait donnés. Le rôle de la prière dans tout cela est qu'elle élève votre antenne spirituelle et vous rend très sensible aux choses spirituelles de sorte que vous puissiez facilement identifier votre don, l'activer, découvrir votre destinée, et utiliser le don pour l'accomplir. La prière vous aide à garder le cap, et vous met en garde contre le plan du malin.

LE ROLE DE LA PRIÈRE DANS L'ACCOMPLISSEMENT DE VOTRE DESTINEE PROPHÉTIQUE

Les Israélites avaient vécu en Egypte pendant une longue période, et pendant cette période, c'était comme si la promesse faite par Dieu à leurs ancêtres concernant le pays de Canaan, qu'il avait juré de leur donner, avait été oubliée et abandonnée, parce tout allait bien pour eux tous en Egypte. Ils étaient prospères et se multipliaient très bien jusqu'au jour où tout bascula en un instant et la vie devint très désagréable pour eux tous. L'Ecriture nous dit qu'il s'éleva un nouveau roi, qui n'avait point connu Joseph ni les choses qu'il avait faites pour l'Egypte.

Il dit à son peuple que les Israélites étaient plus nombreux qu'eux et que s'ils ne se montraient pas habiles pour les empêcher de s'accroitre, ils se joindraient aux ennemis d'Egypte pour combattre les égyptiens et sortir du pays lorsqu'une guerre surviendrait. (Ex. 1: 6-10).

Pour cette raison, les Egyptiens élaborèrent des stratégies pour assujettir les Israélites, et établirent des chefs de corvée sur eux pour les opprimer et les accabler de lourds fardeaux. Ils forcèrent le peuple d'Israël à construire les villes de Pithom et Ramsès pour servir de magasins à Pharaon. Par ailleurs, Pharaon donna l'ordre à son peuple de jeter dans le Nil chaque hébreu nouveau-né mâle, mais de laisser vivre les filles. Cela a complètement rendu la vie désagréable aux Israélites en Egypte. Avec l'affliction qui continuait, les choses allèrent de mal en pis pour le peuple de Dieu, jusqu'à ce qu'ils ne puissent plus supporter l'oppression. Alors, ils commencèrent à gémir dans leur état de servitude et crièrent à l'aide à l'Éternel à cause de leur affliction. Exode 2: 23-25 déclare que leur cri de détresse monta vers Dieu et l'Eternel entendit leurs gémissements, alors il se souvint de son alliance avec Abraham, Isaac et Jacob. La promesse de Dieu concernant leur destinée, qui avait oubliée et négligée pendant longtemps revint à la vie quand ils commencèrent à crier à Dieu dans la prière.

Exode 3: 1-10 nous montre comment Dieu alla à Madian après avoir entendu le cri et les gémissements de son peuple en Egypte afin de chercher Moïse, l'homme qu'il avait choisi pour sortir les Israélites de la servitude. A cette époque, Moïse était occupé à paitre le troupeau de Jéthro, son beau-père dans un pays étranger, pendant que le peuple qu'il était destiné à libérer de la servitude croupissait en Egypte. Toute son attention était centrée sur sa femme et le travail qu'il faisait à Madian jusqu'à ce que Dieu entre en scène.

Le passage dit que l'ange du Seigneur lui apparut (Moïse) dans un feu au milieu d'un buisson pendant qu'il allait dans le désert avec son troupeau. Il vit que bien que le buisson brulait, il ne se consumait pas. Ce spectacle attira son attention, et il décida d'aller voir de plus près pourquoi le buisson ne se consumait pas.

Quand l'Eternel vit qu'il se retourna pour voir ce qui arrivait à l'arbre, Dieu l'appela du milieu du buisson : « Moïse ! Moïse ! » Et il répondit : « Me voici ! ». Dieu se présenta à Moïse et lui expliqua la raison pour laquelle il était venu vers lui. Il dit, « J'ai vu la souffrance de mon peuple qui est en Égypte, et j'ai entendu les cris que lui font pousser ses oppresseurs, car je connais ses douleurs. Je suis descendu pour le délivrer de la main des Égyptiens, et pour le faire monter de ce pays dans un bon et vaste pays, dans un pays où coulent le lait et le miel, dans les lieux qu'habitent les Cananéens, les Héthiens, les Amoréens, les Phéréziens, les Héviens et les Jébusiens. Voici, les cris d'Israël sont venus jusqu'à moi, et j'ai vu l'oppression que leur font souffrir les Égyptiens. Maintenant, va, je t'enverrai auprès de Pharaon, et tu feras sortir d'Égypte mon peuple, les enfants d'Israël ».
(LSG)

Si le peuple n'avait pas crié à Dieu dans la prière, il ne serait pas parti à Madian à la recherche de Moïse, à qui il ordonna de les faire sortir de la servitude pour les amener sur la terre qu'il a juré à leurs ancêtres. Leur prière a activé la puissance de l'alliance que Dieu a faite avec le père Abraham, et a poussé le Seigneur à intervenir dans leur situation. L'intervention de Dieu a obligé les Égyptiens à laisser les Israélites sortir d'Egypte pour qu'ils aillent accomplir leur mission divine sur la terre de Canaan. (Ex. 12: 31-33).

Tout comme pendant les temps anciens, la prière joue encore un rôle important dans l'accomplissement de la destinée prophétique d'un individu. Même Jésus, notre Seigneur et Sauveur, a dû prier avec ferveur pour accomplir sa destinée prophétique. L'Ecriture montre comment il était tiraillé entre sa volonté et celle prédéterminée de Dieu à son sujet pendant son ministère terrestre. Matthieu 26: 36-44 décrit comment il a persisté dans la prière pour que le Père éloigne de lui la coupe. Il pria trois fois de suite en répétant la même chose (que le père éloigne de lui la coupe). Pour le détourner de sa propre volonté et lui imposer celle du père, la Bible déclare qu'un ange était descendu du ciel pour le fortifier. Et étant dans l'agonie, il pria avec ferveur jusqu'à ce que sa sueur tombe comme des gouttes de sang afin d'accomplir sa destinée prophétique et sauver l'humanité de la condamnation éternelle (Lu. 22: 39-46).

La prière est un résultat de l'autorité établie de Dieu, structurée entre le ciel et la terre, aussi bien qu'un produit de sa fidélité à sa parole. La prière revient tout simplement à respecter la mission que Dieu a prévue pour l'homme sur la terre. Celle-là même pour laquelle le créateur a prononcé deux paroles pendant le processus de la création en disant: « Qu'ils…»

- Dr. Myles Munroe

LA PRIÈRE STRATÉGIQUE

Le Dictionnaire *Cambridge Advanced Learner* définit la stratégie comme étant : « un plan détaillé en vue de réussir dans des situations telles que la guerre, la politique, les affaires, l'industrie ou le sport, ou l'aptitude de faire des prévisions pour de telles situations. »

D'après la Bible, il y a différentes sortes de prières (1 Ti.2: 1). La prière stratégique est celle qui requiert un certain niveau de connaissances et d'aptitudes. L'expertise requise pour ce genre de prière peut être acquise par l'étude, la pratique et l'observation. Il existe essentiellement deux types de prières stratégiques : celle défensive, connue comme « l'intercession » et celle offensive, appelée « le combat ». La première diffère de la dernière dans les règles d'engagement, la stratégie, les caractéristiques, les rôles, etc. Cependant, les deux nécessitent une expertise minimale pour produire les résultats escomptés.

Les gens confondent toujours les deux prières en les utilisant de manière interchangeable, parce qu'ils pensent que l'intercession et le combat sont pareils. La vérité est qu'elles ne le sont pas, et sans une bonne compréhension de ce fait, nous ne pouvons pas être très efficace dans la prière, peu importe combien nous l'essayons. L'intercession et le combat sont comme la boxe et la lutte, qui sont tous deux des sports de combat, mais qui diffèrent dans les règles d'engagement. Vous devez comprendre les règles et les appliquer pour gagner dans la boxe, alors que dans la lutte tout est permis, à condition de ne pas casser le cou de votre adversaire. Vous êtes disqualifié lorsque vous enfreignez les règles de la boxe, mais vous pouvez vaincre votre adversaire soit par des astuces soit par des aptitudes dans la lutte. De même que la boxe diffère de la lutte du point de vue des règles, des conditions, du style, du timing, des outils de combat, etc., bien qu'ils soient tous deux des sports de combat, l'intercession et le combat spirituel ont aussi des similitudes et des différences (similitudes parce qu'ils sont tous deux des prières stratégiques; différences dans les règles, la stratégie, la tactique, les outils de combat, ou armes).

Comprendre le ministère de l'intercession et l'art du combat spirituel constitue une clef majeure pour une vie de prière consistante. Ceux qui maîtrisent l'art de la prière comprennent les principales différences entre l'intercession et le combat. Toute église qui n'a pas un enseignement équilibré sur ces deux branches de la prière stratégique ne peut pas être très efficace dans le domaine de la prière. J'ai vu beaucoup de gens qui prétendent être des intercesseurs, mais quand vous faites bien attention à leur façon de prier, et écoutez ce qu'ils disent pendant la prière, vous ne pouvez pas vous empêcher de vous demander si elles comprennent vraiment ce que signifie l'intercession. Prétendre que vous êtes intercesseur ne veut rien dire: ce qui importe c'est la compréhension du ministère d'intercession et la grâce d'intercéder (l'appel à être un intercesseur, comme aime le dire un de mes amis).

Il y a beaucoup de célèbres intercesseurs et guerriers de la prière et qui ont fait de grands exploits à travers le ministère de la prière, avec tellement de fruits à leur actif, qui se doivent de rédiger des documents qui vont servir à former de la jeune génération qui désire ardemment marcher dans leur pas. Beaucoup commencent le ministère de la prière sans un fondement et une compréhension adéquats de cet art, et se focalisent uniquement sur les résultats des autres avec l'hypothèse que si ça a fonctionné pour Monsieur A, ça marchera pour eux (ce qui est une hypothèse fatale).

INTRODUCTION A L'INTERCESSION

Le Seigneur Jésus a dit une parabole dans Luc 13: 6-9 qui nous donne un aperçu du ministère d'intercession. L'histoire illustre le rôle et l'importance de l'intercession. Elle parle d'un homme qui planta un figuier dans son jardin, et qui pendant trois ans venait pour y chercher du fruit, mais n'en trouva aucun. Il demanda finalement au vigneron d'abattre l'arbre parce qu'il ne produisait pas de fruits, mais continuait d'absorber les nutriments du sol. Le vigneron se mit entre l'arbre et son propriétaire, plaida sa cause, annula le jugement, et obtint une seconde chance pour l'arbre en donnant au propriétaire des raisons valables pour annuler sa décision.

POINTS IMPORTANTS

1. Le plan de Dieu prime sur tout le reste : la raison principale pour laquelle le propriétaire du terrain avait planté le figuier était que celui-ci porte du fruit. C'était son plan pour l'arbre. Rien n'était plus important pour lui que de voir l'arbre accomplir son mandat (Pr. 19:21).

La connaissance de votre destinée divine libère votre plein potentiel et vous aide à mener une vie heureuse et épanouie. Découvrez votre but, réalisez-le, et vivez une vie pleinement comblée! Vous avez une mission!

2. Il y a un temps pour toute chose : il a attendu trois bonnes années pour obtenir des fruits, mais n'a rien obtenu. Il y a un temps pour tout, un temps pour toute chose sous le soleil, dit le Maître (Ec 3: 1). Le temps est précieux! Utilisez-le à bon escient.

3. Aucun bon investisseur ne veut perdre du temps et des ressources : le propriétaire décida de couper le figuier parce qu'il ne remplissait pas son objectif (produire des fruits), mais continuait à lui faire perdre son temps et à consumer les nutriments du sol (gaspillage de ressources). La pire des choses qui puisse arriver à une personne est de perdre son temps, ses ressources et sa vie sans avoir accompli son but. Comment accomplissez-vous votre mission divine ?

Le vigneron était la voix, le défenseur, le médiateur, l'avocat et l'intercesseur du figuier. Il fit à l'arbre ce que ce dernier ne pouvait pas faire de par lui-même et n'a pas utilisé la situation contre lui. Voilà l'essence du ministère d'intercession. Plaider la cause, défendre, secourir, délivrer, libérer et protéger les gens à travers la prière. Le jardinier adopta une position défensive et protectrice pour le figuier contre l'agression de son propriétaire. Il utilisa ses aptitudes défensives pour empêcher le propriétaire de détruire l'arbre, bien qu'il méritait d'être coupé pour avoir gaspillé le temps et les ressources du propriétaire, sans pouvoir porter de fruits. Son expertise et sa passion lui ont permis, à travers l'intercession, d'inverser la peine de mort prononcée contre l'arbre. C'est ce que j'appelle la stratégie de l'intercession (je développerai cela dans la suite).

LE MINISTÈRE D'INTERCESSION

On parle d'intercession lorsque vous utilisez votre influence pour amener une autorité à pardonner à quelqu'un d'autre ou pour sauver ce dernier de la punition *(Dictionnaire Cambridge Advanced Learner)*.

Le mot intercession peut être décomposé en deux mots, inter et cession. *Dictionnaire Merriam-Webster* inclut dans sa définition du préfixe «inter» ce qui suit : entre, parmi, ensemble, impliquant deux ou plus. Il définit «cession» comme l'acte de renoncer à quelque chose (comme le pouvoir, la terre, ou les droits) au profit d'une autre personne, un groupe ou pays.

Le ministère d'intercession consiste à défendre et à protéger les vies et les destinées à travers la prière, en élevant un mur et en se tenant à la brèche devant Dieu en faveur des gens pour faire bouger sa main et libérer sa faveur sur ces derniers. Elle procure la voix aux sans voix, la protection à ceux qui sont sans défense, la liberté à ceux qui sont dans la servitude, la délivrance aux affligés, l'aide aux nécessiteux, etc.

L'intercession place les besoins et les intérêts des autres au-dessus des désirs personnels. C'est une prière altruiste caractérisée par une passion et un amour sincères pour le bien-être des autres. La caractéristique de la prière d'intercession est de manifester la volonté et le conseil de Dieu et amener les Hommes à se conformer à l'agenda de Dieu pour leurs vies. Elle commence avec la connaissance et la compréhension de la volonté de Dieu pour l'humanité comme cela a été révélé dans la Parole écrite de Dieu (la Sainte Bible).

1 Timothée 2: 5-6 déclare qu'il y a un seul Dieu et aussi un seul médiateur entre Dieu et les hommes, Jésus-Christ homme, qui s'est donné lui-même en rançon pour tous. Romains 8:34 affirme que Jésus-Christ est à la droite de Dieu et qu'il intercède pour nous. Dans Hébreux 7:25, l'Écriture dit que Christ est capable de sauver parfaitement ceux qui viennent à Dieu par lui, étant toujours vivant pour intercéder en leur faveur. Le rôle de Christ en tant souverain sacrificateur de la demeure de Dieu (le ciel) est l'intercession. Il sert d'intermédiaire, défend et protège les humains dans la cour céleste. 1 Jean 2: 1 l'appelle l'avocat qui plaide notre cause devant le Père lorsque nous péchons. Le ministère d'intercession de Christ dans la cour céleste est de défendre, protéger et plaider la cause de l'humanité devant Dieu. Il fait taire le malin, couvre nos faiblesses, nos échecs et nos péchés, nous justifie, et amène le Père à avoir compassion de nous. Sans le ministère d'intercession de Christ dans la cour céleste pour l'humanité, la colère de Dieu se serait déversée sur l'humanité.

Romains 8: 26-27 déclare que le Saint-Esprit nous aide dans notre faiblesse, en intercédant pour nous selon la volonté de Dieu par des soupirs inexprimables, car nous ne savons pas ce qu'il convient de demander dans nos prières. L'esprit est bien disposé, mais la chair est faible, dit le Seigneur Jésus (Mt. 26:41). Pour cette raison, le Saint-Esprit nous aide dans notre faiblesse, nous défend et nous protège devant le Père, en utilisant des mots qui correspondent à sa volonté. Il est écrit dans 1 Corinthiens 2:11 que personne ne connaît les pensées de Dieu, si ce n'est l'Esprit de Dieu. Ainsi, le Saint-Esprit utilise la connaissance qu'il a du plan de Dieu pour nous secourir dans notre faiblesse et plaider notre cause avec des mots spirituels qui sont en accord avec son plan pour nos vies.

Il est étonnant de savoir que le Seigneur Jésus et le Saint-Esprit sont tous deux impliqués dans le ministère d'intercession pour l'humanité.

Un ami m'a une fois demandé, « Pourquoi devrions-nous prier, alors que le Seigneur Jésus et le Saint-Esprit intercèdent tous deux pour nous? » L'intercession du Seigneur Jésus et du Saint-Esprit nous donne des avantages dans la cour céleste. Jésus, le Fils de l'homme est notre avocat dans la cour céleste, qui plaide notre cause devant Dieu et son conseil des anciens. Le Saint-Esprit nous donne la capacité d'articuler les mots du langage céleste qu'aucun humain ne peut comprendre par l'intelligence. Nos prières donnent à Dieu la permission d'interférer dans les affaires humaines.

Un intercesseur est quelqu'un qui se tient entre Dieu et les humains pour défendre leur cause devant le ciel et les protéger contre les agressions démoniaques. Il est un médiateur, un défenseur, un négociateur, un avocat, etc. qui cherche, défend et protège les intérêts de ceux qu'il représente. C'est quelqu'un qui comprend les règles d'engagement, les vérités, concepts et principes bibliques (c.à.d. la parole de Dieu), les ruses du malin, la stratégie de l'intercession, et le ministère d'intercession.

LA STRATÉGIE DE L'INTERCESSION

La stratégie de l'intercession est l'expertise requise pour réussir une prière défensive. C'est une aptitude enseignée, apprise et pratiquée par tous les intercesseurs efficaces. Cette stratégie est un plan de jeu basé sur des vérités, des concepts et des principes bibliques qui vous donnent un avantage dans la prière. Il s'agit d'utiliser l'Écriture pour constituer votre dossier d'une manière qui vous permet de gagner pendant l'intercession. Dieu ne fait rien en dehors de sa parole, et chaque événement dans la Bible illustre une vérité divine, révèle un concept, ou met en évidence un principe qui établit un précédent pour évaluer les problèmes similaires ou liés.

Votre connaissance, compréhension et application de l'Écriture déterminent votre bon usage de cette stratégie qui vous donne le dessus sur vos ennemis dans la prière.

Ce plan de jeu est votre capacité à diagnostiquer spirituellement un problème, discerner la cause, et déployer l'arme appropriée basée sur la parole de Dieu pour y faire face (chaque situation est différente de l'autre). Un intercesseur est un stratège, un expert qui adopte des mesures défensives contre l'agression, l'affliction, la calamité, la méchanceté, etc.

Pour en revenir à la parabole du figuier, le jardinier était un expert en matière de plantes ou de jardins. Il sait quand un arbre porte ses fruits et les causes possibles de l'infertilité chez les arbres. Il est dit qu'un figuier porte des fruits entre un et deux ans. Il comprend la préoccupation du propriétaire et la raison pour laquelle il veut abattre l'arbre, puisque le temps requis pour qu'il produise des fruits était de un à deux ans, et après avoir attendu trois ans, l'arbre méritait de mourir.

Connaissant les causes possibles et la solution au problème de l'arbre, il prit la défense de l'arbre et empêchât qu'il soit abattu en présentant une cause majeure et en suggérant une solution possible basée sur ses connaissances et de son expérience dans le domaine. Cela amena le propriétaire à changer de décision, annuler son plan d'abattage et à accorder une autre chance à l'arbre pour lui permettre de produire des fruits. Sa manœuvre ou tactique fondée sur la connaissance, la compréhension, et l'expérience annula la peine de mort prononcée contre l'arbre, et donna une autre chance à l'arbre de porter des fruits, ce faisant, il a rallongé sa durée de vie. Esaïe 43:26 dit, réveille ma mémoire, plaidons ensemble, parle toi-même pour te justifier. Les Écritures ne mentent pas. Dieu honore sa parole et fait tout ce qu'il dit.

Le principal secret et souci du propriétaire du champ (l'amertume, la colère, la déception et la décision d'abattre l'arbre), et l'arbre (stérilité, un gaspillage de temps et de ressources, la peine de mort), ont tous deux été dévoilés au jardinier lorsqu'il se tenait à la brèche. L'intercession vous permet d'accéder aux hauts secrets, à la connaissance de la révélation, au pouvoir et à l'autorité. Sa maturité lui a permis d'utiliser les informations qu'il a reçues pour élaborer une stratégie de défense de l'arbre afin d'éviter le jugement qui était imminent. Lorsqu'il a reçu la connaissance de la révélation, il ne l'a pas dit à quelqu'un d'autre, mais l'a plutôt utilisé pour élaborer une stratégie défensive pour sauver l'arbre de la mort. La discrétion est très importante dans le ministère d'intercession. Dieu vous révélera les secrets profonds si et seulement vous êtes discret (vous devez être digne de confiance pour réussir dans ce ministère).

Genèse 18: 17-33 décrit comment le père Abraham a utilisé ce même plan de jeu pour défendre la cause de Sodome et Gomorrhe devant Dieu. Dès que le Seigneur lui dit que le cri contre Sodome et Gomorrhe s'était accru parce que leur péché était grand, il adopta une position défensive au nom du peuple et a plaida avec Dieu pour arrêter la destruction du pays qui était imminente. Sachant que Dieu est aussi bien juste et droit que droit et juste (Ps. 89:14), le père Abraham demanda : « feras-tu aussi périr le juste avec le méchant? » Supposons qu'il y ait cinquante justes vivant dans la ville, ne ménagerais-tu pas la ville à cause d'eux ? Tu ne ferais certainement pas une telle chose, à savoir, faire mourir le juste avec le méchant, en sorte qu'il en soit du juste comme du méchant, loin de toi cette manière d'agir! Loin de toi! Celui qui juge toute la terre n'exercera-t-il pas la justice? Et l'Eternel répondit : « Si je trouve cinquante justes dans la ville, je pardonnerai à toute la ville à cause d'eux ».

Ça ne fait aucun doute que le père Abraham était un bon avocat de défense qui comprenait vraiment la stratégie de l'intercession. Connaissant la nature de Dieu qui ne peut pas traiter le juste et le méchant de la même manière, et connaissant sa sagesse infiniment variée quand il faut rendre justice, Abraham en a profité et a astucieusement rappelé à Dieu combien il serait injuste de détruire le juste avec le méchant. Il a également souligné à Dieu, en protégeant Sodome, qu'en tant que juste juge de toute la terre, tuer le juste avec le méchant ne serait pas un acte noble de sa part. Pour prouver sa fermeté et son intégrité, Dieu accepta de révoquer son plan de destruction du pays s'il trouvait à Sodome le nombre de personnes justes que le père Abraham avait dit. Sachant que c'était un facteur clé qu'il pouvait utiliser dans sa défense de Sodome, le père Abraham en a profité et a commencé les négociations avec Dieu afin d'épargner la ville pour le bien de ces justes.

De cinquante Abraham est descendu jusqu'à dix avec des arguments convaincants en faveur de la ville pour qu'elle ne fut pas détruite, et Dieu lui accorda sa demande. Malheureusement, il n'y avait pas dix justes dans tout le pays. Peut-être que, si le père Abraham avait continué la négociation jusqu'à demander à Dieu d'épargner tout le pays à cause d'un seul juste, Sodome et Gomorrhe n'auraient pas été détruites. Toutefois, il a fait ce que tout vrai intercesseur de devait de faire. Il a défendu leur cause, empêché Dieu de continuer son voyage à travers la ville, en lui donnant des raisons de renoncer à son plan de détruire le peuple.

La tactique du Père Abraham, basée sur ses connaissances et son expérience sur la personne de Dieu et sa façon d'agir, aurait pu sauver Sodome et Gomorrhe de la destruction s'il y avait eu dix personnes justes dans le pays. Genèse 19:29 dit que Dieu se souvint d'Abraham et il fit échapper Lot du désastre par lequel, il bouleversa les villes où il avait établi sa demeure. Bien que l'intercession d'Abraham n'ait pas pu sauver tout le pays, elle a eu le mérite de sauver son neveu Lot.

Avant de poursuivre, je tiens à dire que le fait de connaitre ce qui vous donne l'avantage du point de vue des écritures est très important dans la prière. Chaque fois que vous lisez la Bible, essayez de comprendre la vérité, le concept, ou le principe que le verset, le chapitre, le passage, ou l'histoire établit, et servez-vous en pour analyser tous les cas similaires auxquels vous êtes confrontés. Cela vous permet d'analyser les choses du point de vue de Dieu et de comprendre sa position dans chaque situation.

La vérité biblique est la réalité des faits du point de vue de Dieu. Elle est constante, ferme et fiable (elle ne change jamais). Il y a beaucoup de choses que les yeux et l'esprit humains ne peuvent voir ou comprendre, et le fait que nous ne puissions pas les voir ne signifie pas qu'elles n'existent pas. Le Seigneur voit ce que nous ne voyons pas et il sait ce que nous ne savons pas. Quand il parle, il dit la chose de la façon dont elle est réellement.

Les concepts bibliques sont des notions révélées dans la Bible qui nous donnent un aperçu des choses spirituelles. Il y a des concepts fondamentaux dans la Bible que nous devons comprendre, et dont la connaissance nous donne de l'assurance. Voici quelques exemples : l'alliance, la foi, le péché, la rédemption, la justification, le salut, le baptême, la confession, l'onction, etc.

Les principes bibliques ne changent jamais. Ils opèrent partout. Le principe de la semence et de la récolte, du donner et du recevoir, de la naissance et de la mort, du jour et de la nuit sont constants. La compréhension des principes bibliques vous aide à savoir comment Dieu fonctionne. La raison pour laquelle le père Abraham s'est adressé à Dieu comme il l'a fait est qu'il savait comment Dieu fonctionne.

Moïse était aussi un homme qui comprenait la stratégie de l'intercession, et il l'a utilisé efficacement pour défendre son peuple, Israël devant Dieu dans le désert. Exode 32: 7-14 raconte comment le peuple d'Israël s'était souillé en faisant un veau d'or qu'ils adorèrent et à qui ils offrirent des sacrifices en disant, « Israël! Voici ton dieu qui t'a fait sortir du pays d'Egypte. ». Cela mit Dieu tellement en colère qu'il décida de les exterminer tous. Le verset 10 dit que Dieu demanda à Moïse de le laisser détruire le peuple et faire de lui seul (c.-à-d. Moïse) une grande nation.

Pourquoi le Dieu tout-puissant demanderait-il à un homme mortel de le laisser? C'est comme si Moïse maitrisait parfaitement la situation pour que Dieu en arrive à demander sa permission, et à également lui faire une offre afin que Moïse lui (l'Eternel) donne le feu vert pour agir. L'homme tenait Dieu si solidement qu'il ne pouvait rien faire au sein de son peuple sans que Moïse ne l'acceptât. Voilà ce qui se passe lorsqu'on comprend réellement la stratégie de l'intercession. Le bon usage de ce plan de jeu vous place aux commandes dans toute situation.

J'aime la façon dont Moïse a refusé l'offre de devenir une grande nation s'il acceptait de laisser Dieu détruire son peuple. Cela met en évidence le noyau de l'intercession, c'est-à-dire l'altruisme. Les véritables intercesseurs placent les intérêts des autres au-dessus de leurs désirs personnels. Peu importe la grandeur de l'offre, les règles d'engagement vous obligent à faire du peuple votre priorité. Il ne s'agit que du peuple, et non de soi-même (pour défendre et protéger leurs intérêts).

Moïse comprenait comment Dieu fonctionne et l'alliance qu'il avait faite avec leurs ancêtres. Alors il dit à Dieu : « Pourquoi, ô Éternel! Ta colère s'enflammerait-elle contre ton peuple, que tu as fait sortir du pays d'Égypte par une grande puissance et par une main forte? Pourquoi les Égyptiens diraient-ils: C'est pour leur malheur qu'il les a fait sortir, c'est pour les tuer dans les montagnes, et pour les exterminer de dessus la terre? Reviens de l'ardeur de ta colère, et repens-toi du mal que tu veux faire à ton peuple. Souviens-toi d'Abraham, d'Isaac et d'Israël, tes serviteurs, auxquels tu as dit, en jurant par toi-même: Je multiplierai votre postérité comme les étoiles du ciel, je donnerai à vos descendants tout ce pays dont j'ai parlé, et ils le posséderont à jamais. » Le verset 14 dit que Dieu se repentit du mal qu'il avait déclaré vouloir faire à son peuple. Il annula son plan et leur donna une autre chance à grâce à l'intercession de Moïse.

Pouvez-vous un seul instant imaginer la manière dont Moïse a utilisé le plan de jeu pour changer la pensée de Dieu qui voulait qu'il détruise le peuple et l'amener à leur pardonner leurs péchés? Voyez un peu comment il a tactiquement changé le point de vue de Dieu et a mis en jeu sa gloire et son honneur en détournant son attention des péchés de son peuple pour la placer sur ce que ça allait lui coûter de les exterminer. Il lui a d'abord rappelé ce que ça lui avait coûté de les sortir d'Egypte (une grande puissance et une puissante main), avant de parler de ce que les Egyptiens diraient par la suite (c'est avec de mauvaises intentions que tu les a fait sortir, pour les détruire sur la montagne et les exterminer de la face de la terre). Rappelez-vous, Dieu a dit à Moïse dans Exode 9:16 et 14: 4 que le but pour lequel il avait endurci Pharaon était de recevoir la gloire à travers lui, de sorte que son nom (le Seigneur) soit proclamé sur toute la terre. Détruire les Israélites dans le désert aurait donc annulé ce plan et donné aux Egyptiens l'occasion de ridiculiser son grand nom.

Deuxièmement, Moïse lui rappela comment il avait juré par lui-même à Abraham, Isaac et Jacob de multiplier leur descendance et de leur donner le pays pour héritage. Cela engageait aussi l'intégrité et la fermeté de Dieu, parce que les détruire impliquerait qu'il était un briseur d'alliances.

De la même façon qu'on préfère de loin éviter la douleur que d'avoir du plaisir, Dieu a dû changer sa pensée de détruire le peuple, quand bien même il méritait de mourir pour leurs péchés, à cause des conséquences que cela aurait par la suite. Le prix à payer pour la destruction du peuple était beaucoup plus élevé que l'honneur qu'il recevrait en les détruisant (les Egyptiens se moqueraient de lui, son plan aurait été annulé, son serment aux patriarches compromis, son intégrité et sa fermeté remises en cause, et il aurait été qualifié de mauvais et de méchant). Cela aurait changé sa nature, mais Dieu ne change jamais. Pour le prouver, il pardonna à son peuple et renonça à ses plans. La tactique et l'expertise que Moïse a utilisés pour défendre son peuple Israël devant Dieu, et qui a amené le Seigneur à les épargner de la destruction est ce que j'appelle la Stratégie de l'Intercession.

Moïse était un grand intercesseur qui comprenait le plan de jeu et l'avait utilisé pour défendre et épargner son peuple de la destruction. Il était leur voix, leur protecteur, leur défenseur, et leur avocat. Il a couvert leurs péchés, leurs faiblesses et leurs échecs, a obtenu le pardon de Dieu, et leur a fait trouver faveur devant lui. L'un des points essentiels de la stratégie de l'intercession est qu'elle vous donne un avantage et fait de vous un homme efficace dans la prière.

L'IMPORTANCE DE L'INTERCESSION

L'Intercession défend et protège l'humanité contre les attaques, le malheur, la mort, etc. Elle permet également à l'humanité d'adhérer à la volonté et au conseil de Dieu. Toute action d'envergure de Dieu sur la terre est précédée de l'intercession, et sans elle, Dieu ne peut pas intervenir dans les affaires humaines. Quand Dieu tourne le dos à l'homme, le malin s'installe et exécute ses plans maléfiques.

Ezéchiel 22: 30-31 dit que Dieu cherche parmi le peuple, un homme qui élève un mur, que se tienne à la brèche devant lui en faveur du pays, afin qu'il ne le détruise pas ; mais qu'il n'en trouve point. Par conséquent, il a répandu sa fureur sur eux et les a consumés par le feu de sa colère en faisant retomber leurs mauvaises œuvres sur leur tête.

La raison pour laquelle Dieu cherche des intercesseurs pour élever le mur et pour se tenir à la brèche en faveur du pays afin qu'il ne le détruise pas, est que l'intercession l'amène à retenir sa colère. L'amour de Dieu pour l'humanité est si profond qu'il cherche et appelle des gens pour intercéder en faveur des autres. Hébreux 5: 1 dit que tout souverain sacrificateur pris du milieu des hommes est établi pour les hommes dans le service de Dieu, afin de présenter des offrandes et des sacrifices pour les péchés. L'intercession déplace la main de Dieu et libère sa faveur.

Job 42: 7 raconte comment Dieu a dit à Eliphaz de Théman que sa colère est enflammée contre lui et ses deux amis parce qu'ils n'ont pas parlé de lui avec droiture comme Job. Le verset 8 raconte comment le Seigneur leur a ordonné de prendre sept taureaux et sept béliers, et d'aller vers Job pour les offrir en holocauste pour eux-mêmes, afin que ce dernier prie pour eux, parce que Dieu agréait Job, et sa prière empêcherait le Seigneur de les punir dans leur folie. Le verset 9 dit que Dieu agréa la prière de Job. S'il n'avait pas prié pour ses amis, Dieu les aurait punis.

Job était un intercesseur appelé et approuvé par Dieu pour se tenir à la brèche en faveur des autres. Le verset 5 du chapitre 1 raconte comment il appela ses fils et les sanctifia après que les jours de festin soient passés. Il se leva de bonne heure et sacrifia un holocauste pour chacun d'eux, pensant qu'ils avaient peut-être péché et maudit Dieu dans leurs cœurs.

C'était une pratique courante pour Job, parce qu'il était un intercesseur appelé et mandaté pour se tenir entre Dieu et le peuple. Il brisait la gueule du méchant et arrachait la proie de ses dents; il défendait le pauvre, l'orphelin, l'impuissant et s'occupait du cas des étrangers. Il était un avocat, un médiateur, un défenseur, et un intercesseur confirmé de son temps.

L'oreille qui m'entendait me disait heureux, L'œil qui me voyait me rendait témoignage; Car je sauvais le pauvre qui implorait du secours, Et l'orphelin qui manquait d'appui. La bénédiction du malheureux venait sur moi; Je remplissais de joie le cœur de la veuve. Je me revêtais de la justice et je lui servais de vêtement, J'avais ma droiture pour manteau et pour turban. J'étais l'œil de l'aveugle Et le pied du boiteux. J'étais le père des misérables, J'examinais la cause de l'inconnu; Je brisais la mâchoire de l'injuste, Et j'arrachais de ses dents la proie. (Job 29: 11-17 LSG).

Sans quelqu'un pour se tenir à la brèche en faveur du peuple, les choses iraient mal. Quelqu'un doit se lever dans la prière pour provoquer l'exécution du plan de Dieu pour le pays et renverser les œuvres des méchants. C'est la raison pour laquelle Dieu appelle quelqu'un du milieu du peuple à le servir dans la prière, afin qu'il puisse utiliser sa prière pour accomplir ses desseins dans la vie du peuple.

Esaïe 59: 15-18 déclare que la vérité a disparu, et quiconque se détourne du mal est dépouillé. L'Eternel voit, d'un regard indigné, qu'il n'y a plus de droiture. Il s'étonne de ce que personne n'intercède. Les versets 7 et 18 racontent comment il s'est revêtu du vêtement de la vengeance pour rendre à chacun selon ses œuvres. Les choses se dégradent lorsqu'il n'y a pas d'intercession. L'Eternel a dit par la bouche du prophète Jérémie que, la raison pour laquelle votre blessure est grave, et votre plaie est douloureuse est qu'il n'y a personne pour plaider votre cause. Par conséquent, vous êtes sans remède.

Ainsi parle l'Eternel, « Ta blessure est grave, Ta plaie est douloureuse. Nul ne défend ta cause, pour bander ta plaie : tu n'as ni remède ni moyen de guérison. »
(Jé. 30: 12-13 LSG)

COMMENT INTERCÉDER

Le dictionnaire Merriam-Webster inclut dans sa définition du verbe "intercéder" ce qui suit : essayer d'aider à régler une dispute ou un désaccord entre deux ou plusieurs personnes ou groupes, parler à quelqu'un en vue de défendre ou d'aider une autre personne.

Le verbe intercéder est une combinaison de deux mots; inter et céder. Comme dit précédemment, le préfixe «inter» signifie entre ou parmi, tandis que «céder» signifie s'incliner, accorder, renoncer à, abandonner, abdiquer, etc. Intercéder signifie se tenir entre deux ou plusieurs parties et plaider la cause l'une auprès de l'autre.

Un intercesseur est un avocat de défense spirituelle qui adopte des mesures défensives et des mouvements tactiques sur la base de ses connaissances et sa compréhension des vérités, des concepts et principes bibliques afin de protéger et défendre une personne ou une nation contre une attaque satanique, une ruse, un malheur ou la mort. Il s'appuie sur l'autorité divine que Christ a donnée à l'église et l'utilise pour défendre légalement les autres à travers la prière en employant la stratégie de l'intercession qui lui donne un avantage, et il l'utilise à la lumière de la Parole de Dieu pour déjouer l'ennemi et délivrer celui pour qui il prie.

Il se tient dans la prière au nom de celui pour qui il intercède, et utilise des manœuvres stratégiques par l'autorité divine afin de déployer la main de Dieu en faveur de la personne et de briser le fondement légal de leur adversaire, pour les faire taire et renverser leurs mauvaises œuvres. Il diagnostique d'abord la situation à la lumière de l'Écriture pour comprendre la cause principale du problème et discerner le fondement de l'agression démoniaque. Ensuite il prend une mesure défensive et protective pour la personne, fondée sur la parole de Dieu, afin d'anéantir, grâce à l'œuvre accomplie du Christ sur la croix, toutes les charges retenues contre la personne dans la cour céleste. Il utilise alors sa compréhension de l'Écriture pour classer l'affaire, faire taire le méchant, renverser leur verdict, et arrêter leur attaque en déployant le sang de Jésus et en invoquant son nom, conformément à la parole écrite de Dieu en vue de préparer un terrain pour l'intervention divine. Lorsque Dieu intervient à travers la prière, il émet une injonction divine qui contraint le méchant à se rétracter et à renoncer à son emprise sur la personne. Une fois que la personne est libérée du harcèlement démoniaque, tout commence à rentrer dans l'ordre.

Selon le système juridique spirituel et l'ordre divin, Dieu ne peut pas interférer dans les affaires humaines à moins que quelqu'un fasse bouger sa main à travers la prière. Cela dit, il ne faut pas oublier que ce n'est pas toutes les prières qui font bouger la main de Dieu. Il est important que nous apprenions à prier avec le verset adapté et une bonne utilisation des vérités, des concepts et des principes révélés dans la Bible pour avoir le dessus dans la prière. C'est ce qui rend la prière efficace. Dieu ne fait rien en dehors de sa parole. Rappelez-vous, votre objectif est d'utiliser les Ecritures pour amener légalement l'intervention du ciel en faveur de la personne pour laquelle vous priez, et forcer ensuite les méchants à battre en retraite, à lâcher prise, et arrêter son attaque.

Pour intercéder efficacement, vous devez comprendre l'Écriture, savoir ce qui vous donne l'avantage, savoir comment constituer et présenter votre dossier de défense, comprendre ce qui donne l'avantage aux méchants, utiliser le sang de Jésus et la Parole de Dieu pour y faire face, exercer votre autorité divine et faire les choses à la lumière de la parole écrite de Dieu.

LE RÔLE DE L'INTERCESSEUR

Un intercesseur est quelqu'un qui a été choisi du milieu du peuple par le Seigneur pour se tenir à la brèche devant lui au nom du peuple et plaider leur cause dans la prière. Il est très compatissant et il fait de l'intérêt du peuple sa plus grande préoccupation.

Un intercesseur est un médiateur, un défenseur, un négociateur et un avocat qui défend et protège les intérêts de ceux qu'il représente. Il est quelqu'un qui comprend la différence entre l'intercession et le combat, et il sait prendre des mesures défensives en faveur de ceux qu'il représente.

Un intercesseur est un avocat de la défense qui entre dans la cour de justice du ciel pour défendre la cause d'autres personnes devant Dieu et le Sanhédrin céleste. Il fait usage de ses connaissances, ses compétences et son expertise dans la prière pour faire taire le procureur (Satan) et détruire le fondement de son accusation.

Un intercesseur est la voix des sans-voix, la défense des personnes vulnérables, et l'aide des nécessiteux. Il comprend les règles d'engagement, la parole de Dieu, les ruses des méchants, la stratégie de l'intercession, et le ministère d'intercession.

Un intercesseur entre dans la cour de justice du ciel, accède aux décisions judiciaires et à l'ordre exécutif de Dieu concernant l'humanité, et les applique sur la terre par la prière. Il est un agent du changement dans la terre.

Un intercesseur est un veilleur qui se tient à la porte, voit dans le royaume spirituel, et donne des directives aux gens par rapport à ce qu'ils doivent faire. Il détermine ce qui entre et sort d'un endroit (Es. 62: 6-7).

Un intercesseur est quelqu'un qui comprend les voies et les actes de Dieu. Le Seigneur ne fait rien sans l'informer. Il a accès aux choses secrètes de Dieu, et les secrets du peuple lui sont également révélés à travers la prière.

Un intercesseur comprend non seulement le ministère d'intercession, mais aussi l'art de la prière. Il s'adonne à la passion de prier pour autrui, il aime la justice et la vérité. Il est une personne intègre, qui tient parole.

Un intercesseur parle peu des problèmes des gens et passe le plus clair de son temps dans la prière. Il ne dit à personne d'autre les secrets que Dieu lui révèle sur la vie de quelqu'un. Et quand le Seigneur lui révèle les choses, il ne les divulgue pas, à moins d'être avisé de partager la révélation avec quelqu'un. Il est très discret et possède un grand sens de discernement.

En résumé, un intercesseur est animé d'un désir ardent pour la prière, il est passionné pour prier en faveur des autres, et il est toujours submergé par un fardeau quand il voit ou entend sur les problèmes des autres. Il en apprend plus sur la prière et se complaît dans les réunions, conférences ou séminaires de prière. Il est ferme, véridique et discret sur les questions spirituelles. Il observe de très près ceux qui réussissent dans le ministère de la prière et les imite.

Il cherche toujours les choses qui apportent un plus à sa prière. Il ne parle jamais mal de la prière, mais encourage les autres à prier. Et il est prêt à renoncer à tout afin de maintenir une vie de prière consistante et efficace. Il évite tout ce qui entrave la prière. Il voit la prière comme un mode de vie, apprend les règles de conduite, le fait avec passion, en fait la promotion et encourage les autres à faire de même.

LES GUIDES DU COMBAT SPIRITUEL

Lorsque le serpent séduisit la femme dans le jardin d'Eden et l'amena à violer l'ordre de l'Eternel en faisant ce que Dieu leur avait interdit à elle et à son mari de faire, l'Eternel mit l'inimitié entre la postérité de la femme et celle du serpent. Il ajouta que la postérité de la femme écraserait la tête du serpent, tandis que le serpent lui mordrait le talon (Ge 3: 1-15).

Comme mentionné précédemment, la tête du serpent symbolise son autorité, son gouvernement, sa domination et sa puissance (l'autorité qu'il a arrachée à l'humanité par la séduction et la ruse. Pour prendre sa revanche, le serpent mordrait le talon de la postérité de la femme pour le faire tomber. La postérité de la femme est Christ, et son talon représente son corps (l'église), à qui Christ a donné l'autorité, qu'il a arrachée au diable en s'offrant lui-même sur la croix comme victime expiatoire pour la rédemption des âmes humaines (Ep 1: 19-23). Dès l'instant où Christ a vaincu Satan et a donné l'autorité qu'il lui a arrachée à l'église, le diable a déclaré la guerre au corps du Christ. La bataille est entre l'église et Satan, le bien et le mal, la lumière et les ténèbres. Jésus n'a pas tué Satan quand il l'a vaincu sur la croix, il a seulement détruit ses œuvres, l'a dépouillé de l'autorité qu'Adam lui avait cédé, a mis fin à sa domination sur l'humanité, et a donné le mandat de la domination à l'église (Col. 2:14-15, Hé 2: 14-15, 1 Jn 3: 8). C'est pour cette raison, que Satan a déduté une bataille, un combat, et une guerre féroce contre l'église, non pas pour reprendre l'autorité que Christ nous a donné parce qu'il ne peut plus la reprendre, mais pour la troubler, la secouer, et rendre l'église instable afin de détourner notre attention et nous distraire pour nous empêcher d'exercer notre autorité divine.

Chaque fois que Satan mord le talon du Christ, il secoue son corps (l'église). C'est pourquoi certaines chrétiens tombent involontairement dans le péché ou rétrogradent et perdent leur droit légal d'exercer l'autorité (mandat de domination) divine que Christ leur a donné. 1 Corinthiens 10: 12-13 préviens celui qui croit être debout de prendre garde de tomber. Aucune tentation ne vous est survenue qui n'ait été humaine, et Dieu, qui est fidèle, ne permettra pas que vous soyez tentés au-delà de vos forces ; mais avec la tentation il préparera aussi le moyen d'en sortir, afin que vous puissiez la supporter. Jacques 1: 13-16 dit que lorsque nous sommes tentés, nous ne devrions pas dire que c'est Dieu qui nous tente, car Dieu ne peut être tenté par le mal, et il ne tente lui-même personne. Mais chacun est tenté quand il est attiré et amorcé par sa propre convoitise. Puis la convoitise, lorsqu'elle a conçu, enfante le péché, et le péché, étant consommé, produit la mort. Le diable lutte continuellement contre nos pensées et joue avec nos émotions pour nous faire pécher et nous faire perdre notre autorité divine. Lorsque nous péchons et demeurons dans le péché, nous sommes privés de la grâce et notre mandat de domination est confisqué. Mais si vous confessez et abandonnez votre péché, Dieu vous pardonne et vous nettoie par le sang d'expiation que Christ a répandu sur la croix pour notre rachat (1 Jn 1: 8-10). La raison pour laquelle Satan combat continuellement les croyants est de les faire tomber pour tirer ainsi vengeance d'eux à cause de ce que Christ lui a fait sur la croix du Calvaire. Mais Christ nous a promis dans Matthieu 16:18 qu'il bâtirait son église et que les portes du séjour des morts ne prévaudraient point contre elle. Peu importe ce que Satan fait, si vous pouvez avoir une confiance totale en Dieu et vous lever dans la prière, il gardera l'ennemi sous vos pieds.

L'ART DU COMBAT SPIRITUEL

Le *dictionnaire Merriam-Webster* définit le combat comme une activité qui se pratique et qui fait partie de la lutte entre des groupes concurrents, entreprises, etc. Ainsi, le combat spirituel est la lutte entre le bien et le mal, la lumière et les ténèbres, l'église et Satan. C'est pourquoi la bataille dans laquelle nous sommes engagés n'est pas contre la chair et le sang, mais contre Satan et ses agents. Sachant que son temps est très court, Satan a déployé son armée contre l'église pour nous livrer une bataille continuelle (Ap 12:12). Nous ne combattons pas parce que nous le voulons; nous combattons parce que la guerre nous a été déclarée par les méchants. Satan, le prince de ce siècle, est furieux contre l'église parce que Christ, la tête de l'église, a détruit ses œuvres, l'a dépouillé de sa puissance, l'a publiquement livré en spectacle par sa victoire à la croix, puis a tout donné à l'église. 2 Corinthiens 10: 3-5 dit que si nous vivons dans la chair, nous ne combattons pas selon la chair. Car les armes avec lesquelles nous combattons ne sont pas charnelles, mais elles sont puissantes par la vertu de Dieu pour renverser les forteresses. Nous renversons les raisonnements et toute hauteur qui s'élève contre la connaissance de Dieu, et nous amenons toute pensée captive à l'obéissance de Christ, parce que le malin lutte contre nos pensées et joue avec nos émotions. Il utilise contre nous nos sentiments, nos désirs et convoitises. 1 Jean 2:16 déclare que la seule chose que le monde offre est la convoitise de la chair, la convoitise des yeux et l'orgueil de la vie. Et puisque nous vivons dans le monde, Satan se sert de ces choses pour tromper et piéger les chrétiens.

Nos pensées génèrent des sentiments, qui créent à leur tour des désirs, et quand les désirs deviennent très intenses, ils mènent à l'action. L'action produit des résultats, qu'ils soient positifs ou négatifs.

Si le résultat est négatif, il provoque la douleur, la frustration, la dépression, le regret, de l'amertume, la honte, la tristesse, les larmes et la colère. Et le diable se sert de ces émotions négatives pour détruire le peuple. Au lieu de s'en débarrasser, il amène le peuple à entretenir et à développer ces choses jusqu'à ce qu'elles deviennent une forteresse dans leur pensée. Une fois que la forteresse est établie, le diable passe par elle pour les asservir, et l'utilise pour les manipuler afin d'exécuter son plan maléfique.

L'art du combat spirituel consiste à repousser l'agression démoniaque, libérer les captifs, briser les jougs, sécuriser les territoires, prendre autorité, et vaincre les méchants par la prière offensive. Il s'agit d'adopter des mesures agressives par l'autorité divine pour contre-attaquer, résister, ou conjurer l'attaque satanique. L'art du combat spirituel est une manœuvre stratégique qui nécessite un haut niveau de connaissances, de compétences et d'expérience, parce que notre adversaire le diable, qui combat depuis le commencement, est très rusé. Mais nous ne sommes pas ignorants de ses ruses. Nous ne combattons pas parce que nous avons choisi de le faire, et le combat n'a rien à voir avec nos péchés ou l'iniquité (nous combattons pour contrecarrer et renverser tout assaut, bombardement ou offensive sataniques). Le plan de Satan est d'arrêter, d'entraver, de frustrer, de retarder, de détourner, de pervertir, d'annuler ou de détruire notre mission divine en utilisant tous les moyens qui sont à sa disposition.

La Bible nous montre comment le Seigneur Jésus a adopté une position offensive et agressive pour bloquer et faire taire le diable quand il a essayé de l'empêcher d'atteindre sa destinée (Mt 16: 21-23). Le passage dit que Jésus commença à expliquer à ses disciples qu'il était nécessaire pour lui d'aller à Jérusalem et qu'il allait souffrir d'horribles choses de la part des anciens, des principaux sacrificateurs et des scribes. Il ajouta qu'il allait être tué et qu'il ressusciterait le troisième jour. Pierre l'ayant pris à part, se mit à le reprendre « A Dieu ne plaise Seigneur ! Cela ne t'arrivera pas. » Mais Jésus se retournant, dit à Pierre : « Arrière de moi, Satan ! Tu m'es en scandale ; car tes pensées ne sont pas les pensées de Dieu, mais celles des hommes. » Vous voyez ici comment Satan s'est servi stratégiquement de Pierre comme un instrument pour empêcher l'accomplissement de la mission de Jésus.

Il l'a peut-être fait à cause de la position d'intimité de Pierre avec Jésus. Satan utilisera tout ce qu'il trouve comme un outil afin de bloquer l'accomplissement du plan divin pour une personne. Et tout ce qui entrave ou bloque la volonté et le plan de Dieu pour votre vie, est un démon qui doit être arrêté. En le combattant par l'autorité divine dans cette confrontation offensive, vous conjurez son agression et le forcez à fuir.

Certains dans le corps du Christ ne croient pas au combat spirituel. Pour eux, Christ a vaincu Satan, nous a rachetés de nos péchés, a mené notre combat, et nous a donné l'autorité sur le malin. Certes Christ nous a sauvés du péché et de la mort, a vaincu le diable, et nous a donné l'autorité sur ses œuvres, mais il ne l'a pas tué. La principale raison pour laquelle Satan a déclaré la guerre à l'Église est qu'il veut se venger de ce que le Seigneur Jésus lui a fait sur la croix. 1 Jean 3: 8 dit que Jésus a paru dans le monde afin de détruire les œuvres du diable. Christ a arraché au diable l'autorité légale de gouverner la terre qu'Adam lui a cédé au commencement, et il l'a donnée à l'église. Voilà pourquoi nous sommes en guerre. La Bible nous exhorte dans Ephésiens 6: 10-13 à nous fortifier dans le Seigneur et par sa force toute-puissante et de revêtir toutes les armes de Dieu, afin de pouvoir tenir ferme contre les ruses du diable, car nous n'avons pas à lutter contre la chair et le sang, mais contre les dominations, contre les autorités, les princes de ce monde de ténèbres, contre les esprits méchants dans les lieux célestes. C'est pour nous permettre de résister à l'ennemi dans les temps difficiles, et tenir ferme alors que tout est fini. Qu'on l'accepte ou pas, nous sommes dans un combat, et l'objectif du diable est d'entraver notre mission divine et de détruire notre destinée. Ne permettez pas au méchant de bloquer votre destinée prophétique.

C'est l'une des raisons pour lesquelles l'apôtre Paul a demandé à son fils Timothée, sur la base des prophéties faites à son sujet, de combattre le bon combat (1 Ti. 1:18). Paul était lui-même un bon combattant, il savait comment anéantir les méchants, renverser leurs mauvaises œuvres et prendre autorité. A plusieurs reprises l'adversaire était venu contre lui avec rage, pour le détruire et arrêter sa mission, comme la fois où il fut battu de verges, emprisonné, lapidé à mort, affligé, menacé, naufragé, etc. (Actes 14:19, 2 Co. 11: 23-26). Il vint un moment où plus de quarante hommes avaient conspiré contre lui et juré de ne pas manger ni boire jusqu'à ce qu'ils l'eussent tué (Actes 23: 12-15).

C'étaient des démarches orchestrées par le méchant pour anéantir sa destinée, mais gloire soit rendue à Dieu pour sa grâce sur la vie de Paul qui lui a permis de résister contre l'offensive satanique. Dans 2 Timothée 4: 7, Paul dit : « J'ai combattu le bon combat, j'ai achevé la course, j'ai gardé la foi », il a vraiment combattu comme un soldat de Christ, et a gagné afin d'accomplir sa destinée divine.

LA STRATÉGIE DU COMBAT SPIRITUEL

Tout comme la stratégie de l'intercession, la stratégie du combat spirituel est l'expertise requise pour réussir une prière offensive. C'est une discipline qui doit être enseignée, apprise et pratiquée par tous ceux qui veulent maîtriser l'art de la prière. La raison pour laquelle beaucoup dans le corps du Christ échouent ou tombent sur le champ de bataille est qu'ils ne comprennent pas cette stratégie. Cette stratégie est un plan de jeu basé sur des vérités, concepts et principes bibliques. Elle vous aide à discerner les ruses des méchants, à vous concentrer sur l'essentiel, à déployer et utiliser les armes appropriées, dissuader l'agression, briser les jougs, libérer les captifs, sécuriser les territoires, prendre autorité, et conquérir les ennemis. Aucune armée ne va à la guerre sans avoir une stratégie. En tant que soldats du Christ, vous devez connaitre ce que vous combattez, l'objectif principal du combat, les tactiques à employer en affrontant votre adversaire, et les différentes armes qui sont à votre disposition que vous pouvez déployer pour vaincre vos ennemis.

L'une des raisons pour lesquelles beaucoup dans le corps de Christ sont vaincus dans la bataille par leurs ennemis, est qu'ils se concentrent sur les mauvaises choses et utilisent les mauvaises armes face à leur adversaire.

Pour réussir dans ce combat, vous avez besoin d'une stratégie qui vous aide à comprendre les manigances de l'adversaire, comment les déjouer, ce sur quoi se concentrer, et le type d'arme à déployer pour vaincre les méchants et bloquer leurs activités. Lorsque Pierre a essayé d'empêcher Jésus d'accomplir sa mission divine, le Seigneur l'a regardé et a dit: « Arrière de moi Satan ! Tu m'es en obstacle; car tes pensées ne sont pas les pensées de Dieu, mais celles des hommes. » Jésus avait adopté une forte position agressive pour briser cet obstacle en s'adressant au diable plutôt qu'à Pierre, parce qu'il savait que Pierre était juste un canal que Satan déployait pour le bloquer. Satan était la source principale; Pierre était un instrument dont il s'était servi pour atteindre son objectif, alors que son véritable objectif était d'empêcher Jésus de payer le prix ultime pour les âmes humaines. L'action offensive du Seigneur était dirigée contre Satan et son objectif. C'était la personnalité invisible tapie dans l'ombre et utilisant un vaisseau physique pour atteindre son objectif. Pierre était un simple instrument qu'il avait utilisé en ce moment, probablement parce qu'il était le seul en mesure d'accomplir ce que Satan voulait faire, car aucun autre parmi les apôtres n'avait le pouvoir de réprimander le Seigneur Jésus comme Pierre l'a fait. L'erreur que la majorité des gens commettent dans le corps du Christ est qu'ils se concentrent sur Pierre plutôt que la source et le but de l'agression. Pierre est tout simplement le moyen pour atteindre une finalité. Satan est la source et son plan est la finalité. Si vous détruisez le moyen, il trouvera une autre façon d'atteindre son objectif, mais quand vous détruisez à la fois la source et la finalité, l'instrument sera automatiquement anéanti.

Le diable est très rusé; il crée souvent des occasions qui lui donnent des avantages et des droits légaux pour affliger, harceler, agresser, manipuler, attaquer, détruire, inciter, ou anéantir l'accomplissement des destinées. Lorsque vous le combattez sans avoir une bonne compréhension du droit légal qu'il a par le biais du piège qu'il a posé et qui lui donne un avantage, vous ne pouvez pas le vaincre.

Pour triompher de lui, vous devez d'abord aborder le motif légal qui joue en sa faveur, et détruire les dispositifs qu'il utilise en déployant les armes appropriées dans la prière. Pour y parvenir, vous devez examiner spirituellement chaque situation à la lumière des vérités, des concepts et des principes bibliques pour connaître le type d'esprit qui est à l'œuvre, son mode opératoire ainsi que les moyens qu'il utilise, son principal objectif, ce qui motive leurs actes, comment l'anéantir, ce sur quoi se concentrer, le type d'arme à déployer, le moment où vous devez agir, etc.

L'apôtre Paul dit dans 2 Corinthiens 12: 7 qu'à cause de l'excellence de ces révélations, il lui a été mis une écharde dans la chair, un ange de Satan pour le souffleter et l'empêcher de s'enorgueillir. Il a alors prié le Seigneur de l'éloigner de lui. Mais Dieu lui a dit : « Ma grâce te suffit, car ma puissance s'accomplit dans la faiblesse. » Paul s'est concentré sur l'instrument (l'écharde dans la chair) plutôt que la cause et le but de la chose. Il a donc prié avec ferveur pour que Dieu l'ôte de lui, mais le Seigneur lui a répondu qu'il pouvait la supporter (ma grâce est tout ce qu'il te faut, dit le Seigneur).

Examinons cela sous un angle différent. Du fait de la grâce spéciale que Dieu avait donnée à Paul concernant Christ et l'église, le risque était grand que l'orgueil entre en lui si le Seigneur ne faisait rien pour le garder sous contrôle. Paul avait été ravi jusqu'au troisième ciel, mais il ne pouvait dire s'il était dans son corps ou hors de son corps. Alors qu'il était au paradis, il a entendu des paroles ineffables et inexprimables (des choses dont aucun humain ne pouvait discuter). L'expérience et la rencontre étaient si puissantes que les partager avec quiconque amènerait les gens à voir Paul comme un surhomme (2 Co. 12: 2-6). Il était si puissant qu'on appliquait sur les malades des mouchoirs et des linges qui avaient touché son corps, et les malades étaient guéris, et les esprits malins sortaient (Actes 19: 11-12).

A Lystre, le prêtre de Zeus et son peuple avaient presque offert des taureaux avec des bandelettes à l'apôtre Paul et à Barnabas pour avoir guéri un homme impotent des pieds et boiteux depuis sa naissance. Ils appelaient Paul et Barnabas des dieux descendus sous forme humaine (Actes 14: 8-13). La grâce, que le Seigneur avait accordé à Paul pour accéder, appréhender et comprendre les mystères de Dieu, du concept de la grâce à la rédemption, l'adoption, le salut, la foi, le pardon, la sainteté, l'enlèvement, l'unité, le sacrifice, la confession, la résurrection, la transformation, la justice, l'expiation, les dons et le fruit spirituels, et l'autorité gouvernementale dans l'église était si grande que certains ont peut-être cru que Paul était un dieu sous forme humaine.

Puisque le diable ne pouvait pas le tuer (bien qu'il ait essayé à plusieurs reprises), il lui a mis une écharde dans la chair, un état de santé, et de nombreux érudits et théologiens pensent que c'était une quelconque maladie désagréable pour un homme de la trempe de Paul. Car il avait, souvent été battu de verges, cinq fois reçu trente-neuf coups de fouet, trois fois fait naufrage, et une fois été traîné hors de la ville pour être lapidé à mort. Certains érudits disent que le diable a orchestré la situation dans son ensemble afin de défigurer Paul pour avilir son apparence physique. Il a donc prié trois fois le Seigneur pour qu'il le guérisse de la maladie. Rappelez-vous, Paul était un homme que Dieu utilisait pour accomplir des signes et des prodiges extraordinaires, même un simple mouchoir qui avait touché son corps pouvait guérir toutes sortes de maladies. Le fait pour lui d'endurer une telle souffrance pouvait peut être, amener les gens à remettre en question l'authenticité de son onction, voire même saper son autorité. Satan a utilisé les tourments, l'affliction, les troubles pour l'humilier, mais Dieu les a utilisé pour le maintenir sous contrôle afin qu'il ne s'enorgueillisse pas du fait de la mesure de grâce et d'onction, qu'il lui avait donné pour l'église.

L'apôtre endurait des situations et menait des batailles qui n'étaient pas forcément dues à ses méfaits ou péchés. Beaucoup pouvaient dire qu'il avait péché en secret, et que c'était ça la cause de son affliction, son problème et sa douleur, mais l'Écriture nous apprend que cela était dû à la grandeur de la révélation et de la grâce que Dieu lui avait données pour le corps de Christ. Il pria pour que le Seigneur le guérisse, mais Dieu continuait de lui dire qu'il pouvait supporter. Satan s'est servi de la situation pour tourmenter l'apôtre et accomplir son plan machiavélique, mais le Seigneur l'a utilisé pour préserver son serviteur et l'empêcher de s'enorgueillir. D'autre part, Paul souffrait beaucoup à cause de l'affliction et de la douleur dans son corps, même si ces dernières l'ont rendu humble. Dieu permet à ses serviteurs de passer par certaines choses pour une raison.

Dans la prière offensive, nous devons regarder au-delà de la surface et analyser la situation afin de connaître la cause fondamentale et l'objectif principal, plutôt que de nous concentrer uniquement sur les moyens. Echouer à faire cela peut faire que le malin repousse vos actions agressives et fasse de vous une victime au lieu d'un vainqueur. Un guerrier de la prière est un stratège, un expert dans la prise des mesures offensives contre l'agression, l'affliction, la ruse, la méchanceté, etc. il traite avec la cause fondamentale, le mode opératoire, et l'objectif principal de la chose afin de sauver la victime de la destruction. Tout comme David quand un lion ou un ours prenait un agneau du troupeau de son père, il poursuivait le tueur et sauvait l'agneau de sa bouche, et quand il en arrivait à se retourner contre lui, il lui tenait la mâchoire, le frappait et le tuait (1 Sa. 17: 34-35).

La stratégie du combat spirituel est un plan de jeu utilisé par tous les guerriers victorieux de la prière pour repousser les attaques démoniaques, briser les jougs, délivrer les captifs, sécuriser les territoires, exercer l'autorité, renverser les méchants, et contrecarrer leurs activités.

Elle vous procure des avantages, car elle vous aide à analyser soigneusement chaque situation à la lumière de l'Écriture avant d'entreprendre l'action. La Bible nous exhorte dans le passage ci-dessous à évaluer le coût avant de commencer quoi que ce soit de peur d'entreprendre quelque chose que nous ne pourrons pas terminer.

Car, lequel de vous, s'il veut bâtir une tour, ne s'assied d'abord pour calculer la dépense et voir s'il a de quoi la terminer, de peur qu'après avoir posé les fondements, il ne puisse l'achever, et que tous ceux qui le verront ne se mettent à le railler, en disant: Cet homme a commencé à bâtir, et il n'a pu achever? Ou quel roi, s'il va faire la guerre à un autre roi, ne s'assied d'abord pour examiner s'il peut, avec dix mille hommes, marcher à la rencontre de celui qui vient l'attaquer avec vingt mille? S'il ne le peut, tandis que cet autre roi est encore loin, il lui envoie une ambassade pour demander la paix. (Lu. 14: 28-32. LSG)

Beaucoup se livrent à un combat qu'ils ne peuvent pas achever ou gagner. En fait, ce n'est pas toutes les batailles que vous devez livrer, et la meilleure façon de gagner certaines batailles est de les éviter. Lorsque Jésus naquit à Bethléem, le roi Hérode essaya de le tuer, parce que les rois mages étaient venus d'Orient à Jérusalem et lui avaient parlé de son étoile. Un ange du Seigneur apparut à Joseph dans un rêve et lui dit : « Lève-toi, prends le petit enfant et sa mère, fuis en Egypte, et restes-y jusqu'à ce que je te parle, car Hérode cherchera le petit enfant pour le faire périr. » Joseph se leva, prit de nuit le petit enfant et sa mère, et se retira en Egypte, et il y resta jusqu'à la mort d'Hérode (Matthieu 2: 13-15.). Pourquoi un ange du Seigneur demanderait-il à Joseph de prendre l'enfant et sa mère et de fuir en Egypte, car Hérode cherchait l'enfant pour le tuer? Ne pouvait-il pas faire face à l'armée d'Hérode et les détruire une fois pour de bon? Dieu était-il devenu faible au point de ne pas pouvoir protéger son fils contre l'attaque d'Hérode? Dieu aurait pu, en un clin d'œil détruire Hérode et son armée, mais il choisit de ne pas le faire.

Il demanda plutôt à Joseph de fuir en Égypte avec son fils et d'y rester jusqu'à la mort d'Hérode. C'est la preuve que vous ne devez pas vous lancer dans toutes les batailles, quel que soit votre degré de puissance dans la prière. Savoir quelle bataille livrer est capital pour réussir dans le combat spirituel.

LES NIVEAUX DU COMBAT SPIRITUEL

Le combat spirituel comprend des niveaux et des dimensions. Votre niveau est déterminé par ce que vous portez. L'ennemi ne se soucie pas de ceux qui n'ont pas de destination dans la vie. L'intensité de votre combat spirituel est déterminée par votre niveau d'autorité et votre destinée dans la vie. Plus votre mission et votre niveau d'autorité sont élevés, plus rude sera votre bataille. Nous n'évoluons pas tous au même niveau, parce que chacun est unique, et nous avons tous des missions différentes dans la vie. Vous pouvez être au même niveau que quelqu'un d'autre, mais pas dans la même dimension.

Juges 14: 1-7 décrit comment Samson se rendit à Thimna où il vit une jeune femme philistine qui lui plut. Il rentra chez lui et informa son père et sa mère de son désir d'épouser la femme. « Prenez-la maintenant pour ma femme » dit-il à ses parents. Sa maman et son papa lui répondirent: « N'y a-t-il point de femme parmi ton peuple, que tu ailles prendre une femme parmi les Philistins qui sont incirconcis? » Mais Samson insista pour que ses parents lui prennent la fille pour devenir sa femme. Le passage dit que son père et sa mère ne savaient pas que cela venait de l'Eternel, car Samson cherchait une occasion de dispute de la part des Philistins. Samson descendit avec ses parents à Timna pour rencontrer les parents de la fille, mais lorsqu'ils arrivèrent aux vignes de Thimna, un jeune lion vint à sa rencontre.

L'Esprit de l'Eternel saisit Samson, il tua le lion à mains nues, mais il n'en toucha pas un mot à ses parents.

Aucun lion n'avait attaqué Samson la première fois qu'il était allé à Thimna pour voir la jeune fille. Mais le jour où il partit avec ses parents pour les présenter à la famille de la fille, afin que les deux familles finalisent son projet de mariage, un lion avait soudainement surgi de la vigne de Timna pour l'en empêcher. Une fois surgit, il ne visa que Samson et pas son père et sa mère, qui voyageaient avec lui. La question est de savoir comment trois personnes peuvent voyager ensemble, et qu'une seule soit ciblée pour la destruction? Le passage affirme clairement que Samson n'en toucha pas un mot à ses parents. Cela signifie que lorsqu'il avait rencontré le lion sur le chemin, ses parents n'avaient rien vu ou su, bien qu'ils fussent tous au même endroit, faisant la même chose, au même moment, et allant dans la même direction. Un lion tue. Il avait été déployé contre lui pour détruire sa destinée à cause de ce qu'il portait. Arrêter son père ou sa mère n'allait pas empêcher l'accomplissement du rêve, mais tuer Samson allait tuer la vision. Les méchants lui livrèrent donc une bataille féroce dans l'intention d'avorter sa destinée. La bataille que Samson traversa ici, que ses parents n'avaient pas expérimenté bien que tous au même endroit, eut lieu à cause de ce qu'il portait.

Tant que la fille demeurait célibataire dans la maison de son père, le lion n'avait pas à se manifester. Mais du moment où un homme avait décidé de l'épouser, le méchant envoyait un lion de sa ville natale pour arrêter l'homme. N'oublions pas que la jeune fille habitait à Thimna et que le lion était sorti de la vigne de Thimna pour tuer l'homme qui venait la demander en mariage. Il est évident que le lion était l'esprit démoniaque qui contrôlait le lieu de naissance et la famille de la fille. Il attendit que Samson s'approche de la maison de la fille avant de sortir pour le tuer.

J'ai l'impression qu'une ligne invisible avait été tracée autour de sa maison pour restreindre sa destinée, tandis que le lion avait été mandaté par une principauté pour bloquer toute tentative de franchir la ligne. La présence de Samson dans la vie de la jeune fille allait tout changer dans sa vie. Par conséquent, le lion était l'instrument utilisé pour s'assurer que la fille ne quitte pas la maison de son père et ainsi accomplir sa mission. Ils tracèrent une ligne invisible, qu'elle ne pouvait pas franchir, et dès qu'ils virent que Samson venait pour la sortir de sa situation et l'amener à l'endroit où elle était censée être dans la vie, le lion surgit pour tout bloquer. Marier Samson allait faire d'elle la première dame d'Israël parce Samson était destiné à diriger Israël en tant que juge.

Quelque temps plus tard, lorsque Samson revint à Thimna pour le mariage, il se tourna de côté pour voir le cadavre du lion, qu'il avait tué lorsqu'il était venu présenter ses parents à la famille de la fille. E voici, il y avait un essaim d'abeilles et du miel dans le corps du lion. Il prit entre ses mains le miel, dont il mangea sur la route ; et lorsqu'il fut arrivé près de son père et de sa mère, il leur en donna, et ils en mangèrent. Mais il ne leur dit pas qu'il avait pris ce miel dans le corps du lion. Samson était né nazaréen (Jg 13: 5.), Et selon la loi de Moïse, il ne devait pas s'approcher des cadavres (No. 6: 1-13), de peur d'être souillé. Lorsque le lion apparut dans sa forme réelle, Samson savait qu'il était là pour l'arrêter. Il tint ferme, le combattit et le tua. Mais quand le lion se transforma en miel, Samson n'y vit que du bonheur, des délices, il en prit donc et en mangea, ne sachant pas que ce même miel deviendrait plus tard une énigme qui allait détruire son mariage. La carcasse du lion et le miel avaient eu raison de lui, mais il ne le savait pas. Voilà les ruses et la stratégie de bataille de Satan. Il utilise des astuces et des mensonges pour manipuler les gens afin de les avoir.

A Thimna Samson fit un festin et trente jeunes hommes avaient été choisis pour être avec lui. Tout d'un coup, il proposa aux jeunes gens qui étaient avec lui, une énigme à résoudre pendant les sept jours de la fête, et il promit de leur donner trente tuniques et trente vêtements de rechange s'ils arrivaient à résoudre son énigme avant la fin de la fête. Mais s'ils n'y arrivaient pas, ils lui donneraient trente chemises et trente vêtements de rechange. « Propose ton énigme » lui dirent-ils. Il leur dit alors : « De celui qui mange est sorti ce qui se mange, et du fort est sorti le doux ». Lorsqu'au bout de quelques jours ils n'arrivaient pas à résoudre l'énigme, ils appelèrent la femme de Samson et menacèrent de la brûler, elle et la maison de son père si elle ne persuadait pas son mari de lui expliquer l'énigme. Alors, elle pleura auprès de lui pendant les sept jours que dura le festin. Le septième jour, il la lui expliqua parce qu'elle continuait de le tourmenter. Alors elle rapporta à son peuple l'explication de l'énigme de Samson. *"Quoi de plus doux que le miel ? Quoi de plus fort que le lion ?"* Samson fut très irrité, et quitta le lieu, parce qu'ils avaient utilisé sa femme pour l'amener à expliquer l'énigme. À la fin de la journée, la femme fut donnée à l'un de ses compagnons avec lequel il était lié (Jg 14: 8-20).

Vous remarquez ici que lorsque le lion était apparu au début, Samson avait résisté et l'avait tué. Mais lorsqu'il se transforma en miel, Samson en mangea. Le miel lui inspira l'énigme, qui devint plus tard un lion qui détruisit son mariage et donna sa femme à son compagnon, *"Quoi de plus doux que le miel, et quoi de plus fort que le lion ?"* (Autrement dit, d'un vrai "lion" au "miel", ensuite "du mangeur, quelque chose à manger, et du fort, quelque chose de doux," avant de devenir "Quoi de plus doux que le miel et quoi de plus fort que le lion ?"). C'était une bombe à retardement qui explosa lorsque Samson était sur le point d'achever les rites du mariage pour emmener sa femme chez lui. C'était un plan démoniaque pour empêcher la femme d'accomplir sa destinée, en la donnant à quelqu'un de sa ville natale.

Elle et son père avaient fini par être brûlés (Jg 15: 6). Ce fut le début des ennuis et de la bataille de Samson qui avaient fini par conduire à sa mort. S'il avait épousé la femme, il n'aurait pas fini avec Delila qui lui fit perdre ses cheveux et ainsi la présence du Seigneur, ses yeux, il fut enchaîné et mis en la prison, faisant du sport pour son ennemi avant de mourir finalement. Samson et la femme qu'il avait épousée, furent tous deux confrontés à cette bataille à cause de ce qu'ils portaient et à cause de la mission qu'ils étaient destinés à accomplir dans la vie.

Il y a beaucoup de hauts et de bas dans la vie, et quand quelqu'un passe par des choses, les autres pensent souvent qu'il subit les conséquences de ses péchés. Mais la vérité est que les gens passent par des choses qui n'ont rien à voir avec leurs péchés. Certains sont trop enclins à juger, sans même chercher à savoir pourquoi certaines choses arrivent à des gens. Il peut y avoir plusieurs raisons pour justifier ces choses qui arrivent aux gens. Il est vrai que certains subissent les conséquences de leurs actes; d'autres souffrent des conséquences des actes d'autrui. Mais il y a également une autre minorité qui souffre non pas à cause de leurs péchés ni de ceux d'autrui, mais à cause de ce qu'ils portent. Beaucoup de gens sont engagés dans une bataille dont ils ignorent l'origine; un combat qui est le résultat de ce qu'ils portent à l'intérieur (leur mission) plutôt que de ce qu'ils ont fait de mal. C'est l'une des raisons pour lesquelles certaines personnes traversent beaucoup de batailles sans même savoir pourquoi tout semble être contre eux. Certains vont jusqu'à confesser les péchés connus et inconnus juste pour tenter d'obtenir un soulagement, tandis que d'autres accusent tout, y compris Dieu pour ce qui leur arrive. Et peu importe comment ils essaient de se cacher ou de fuir, ils continuent d'être victimes de la même chose. Dans de tels cas, c'est ce qu'ils portent qui détermine la bataille, et pas par ce qu'ils ont fait de mal. Et rien ne changera jusqu'à ce qu'ils décident de faire face à l'agression.

Il y a des niveaux de combat spirituel, mais le niveau le plus agressif de tous est déterminé par ce que vous portez à l'intérieur. La Bible décrit le genre de combat auquel Jésus avait fait face dès sa naissance et qui l'a même contraint à fuir de Bethléem pour aller trouver refuge en Egypte (Mt 2: 1-17.). Le malin avait tout orchestré et utilisé tous les moyens pour le traquer et le tuer. Dieu dut déployer un ange du ciel pour avertir Joseph du complot d'Hérode qui visait l'enfant pour le tuer. Qu'est-ce que le bébé Jésus avait fait à Hérode pour qu'il déploie toute son armée contre l'enfant dans une bataille féroce? La réponse est qu'il n'a rien fait contre le roi. La bataille avait commencé dès l'instant où l'étoile de Jésus était apparue. Quand les hommes vinrent de l'orient et lui dirent qu'ils avaient vu l'étoile de Jésus, le passage dit que le roi Hérode et tout Jérusalem étaient troublés, il lui déclara donc la guerre dans le but de détruire sa destinée. Jésus a été confronté à cette bataille à cause de ce qu'il portait, c'est-à-dire sa mission.

Si vous aviez rencontré l'apôtre Paul au moment où il passait par des moments difficiles dus aux activités du messager de Satan, qui avait été envoyé pour l'affliger dans son, corps, à cause de la grande révélation qu'il avait sur le Christ (2 Co 12: 7), vous auriez peut-être été tentés de le juger ou de lier l'affliction à un péché non confessé. Mais l'écriture dit que le combat auquel il a été confronté est dû à ce qu'il portait; c'est-à-dire, que cela devait l'empêcher de s'enorgueillir à cause de la capacité que Dieu lui avait donnée de connaitre les mystères de Dieu et de percer la vérité cachée sur Christ et l'église. Nous voyons ici que tout le problème de l'apôtre Paul était dû à ce qu'il portait à l'intérieur de lui, et à la mission qu'il était destiné à accomplir sur la terre. C'est pourquoi plus de quarante personnes avaient juré de ne manger ni boire jusqu'à ce qu'ils l'aient tué (Actes 23: 12-16). Les gens se retrouvent sur le champ de bataille pour plusieurs raisons, mais le plus agressif de tous est déterminé par ce qu'une personne porte et que l'ennemi cherche à entraver, tuer ou détruire.

Joseph, le fils de Jacob, est un autre homme qui a connu beaucoup de hauts et de bas dans la vie, de la fosse à la maison de Potiphar, puis en prison, et enfin au palais. La Bible déclare que Jacob, son père l'aimait plus que tous ses autres enfants parce qu'il l'avait eu dans sa vieillesse. Alors il fit à Joseph une tunique de plusieurs couleurs. Et quand ses frères virent que leur père Jacob aimait Joseph plus qu'eux tous, ils le haïrent. Joseph eut un songe dans lequel ils étaient en train de lier des gerbes au milieu des champs, et voici, sa gerbe se leva et se tint debout tandis que celles de ses frères l'entourèrent et se prosternèrent devant la sienne. Lorsqu'il le raconta à ses frères, ils le haïrent davantage. Ses frères lui dirent : « Est-ce que tu règneras sur nous ? Est-ce que tu nous gouverneras ? » Et ils le haïrent encore davantage, à cause de ses songes et à cause de ses paroles. Il eut encore un autre rêve et il le raconta à ses frères, « il dit », « j'ai encore eu un autre songe, et voici : le soleil, la lune, et onze étoiles se prosternaient devant moi » Quand son père l'entendit, il le réprimanda et dit : « Que signifie ce songe que tu as eu ? Faut-il que nous venions, moi, ta mère et tes frères, nous prosterner en terre devant toi ? » Ses frères furent jaloux de lui, mais son père garda le souvenir de ces choses.

Un jour, son père lui demanda d'aller voir si ses frères étaient en bonne santé et si le troupeau est en bon état ; et de lui rapporter des nouvelles. Joseph alla à la recherche de ses frères, et comme il errait dans les champs, un homme le rencontra. Ce dernier lui indiqua là où ses frères paissaient leur troupeau. Comme il approchait de l'endroit, ses frères le virent de loin, et ils complotèrent de le tuer. Ils se dirent l'un à l'autre « Voici le faiseur de songes qui arrive. Venez maintenant, tuons-le, et jetons-le dans une des citernes, nous dirons qu'une bête féroce l'a dévoré, et nous verrons ce que deviendront ses songes. » Lorsque Joseph fut arrivé auprès de ses frères, ils le dépouillèrent de sa tunique de plusieurs couleurs, qu'il avait sur lui et le jetèrent dans un puits sec et vide.

Lorsqu'ils le firent remonter hors de la citerne, ils le vendirent pour vingt sicles d'argent aux Ismaélites, qui l'emmenèrent en Egypte, où il fut vendu à un officier de Pharaon, Potiphar, le chef de la garde du palais (Ge 37: 1-36).

L'Eternel lui fit trouver faveur dans la maison de Potiphar et bénit l'œuvre de ses mains. Lorsque son maître vit que l'Eternel était avec lui et qu'il faisait prospérer entre ses mains tout ce qu'il entreprenait, il le fit intendant de sa maison et lui confia tout ce qu'il possédait. Dès que Potiphar eut établi Joseph sur sa maison et sur tout ce qu'il possédait, l'Eternel bénit tout ce qu'il avait à cause de Joseph. Le diable utilisa alors la femme de Potiphar pour séduire Joseph dans le but de tuer sa destinée divine, mais ce dernier résista à l'agression et s'enfuit. Ayant vu qu'elle ne pouvait pas l'amener à coucher avec elle, elle porta une accusation contre lui, qui amena son mari à l'envoyer en prison, l'endroit où les prisonniers du roi étaient enfermés. En prison, la présence de Dieu fut avec lui, et le Seigneur le mit en faveur aux yeux du chef de la prison (Ge. 39: 1-23). De la prison, il se rendit au palais et devint le premier ministre de l'Égypte après avoir interprété le rêve de Pharaon. Pharaon, établit Joseph sur tout le pays d'Égypte (Ge 41: 1-57).

Lorsque vous regardez les différentes choses que Joseph a traversé dans sa vie pour accomplir sa destinée, en commençant par la haine de ses frères jusqu'à à la citerne sèche et vide, puis à la maison de Potiphar, où il fut agressé par la femme de Potiphar avant d'être mis en prison par son maître, et enfin au palais où Pharaon le nomma Premier ministre et le mit en charge de tout le pays d'Égypte, vous serez d'accord avec moi que beaucoup de gens livrent des batailles à cause de ce qu'ils portent, et non à cause de leurs mauvais actes. La haine, la douleur, la détresse, la conspiration, les larmes, la tristesse, la lutte, le manque ou le malheur qu'a expérimenté Joseph était simplement à cause de ce qu'il portait (sa mission divine)

Le diable s'acharne contre l'église pour deux raisons fondamentales. La première est que Christ lui a arraché le droit de gouverner la terre et l'a donné à l'église, ce qui a fait de l'église la seule entité sur la terre qui a l'autorité légale d'en découdre avec Satan. La deuxième raison concerne la mission spécifique que chaque église doit accomplir sur la terre par l'autorité divine que Christ nous a donnée. Les chrétiens luttent en permanence contre les méchants à cause de notre autorité divine, et de notre mission sur la terre. La bataille est donc déterminée par l'autorité divine et la mission que Christ nous a donnée.

LE ROLE D'UN GUERRIER DE PRIÈRE

Un guerrier de la prière est un stratège, un expert dans la prise de mesures offensives contre l'agression, l'affliction, la manipulation, la méchanceté, etc. qui défie les ennemis afin de dévoiler leurs plans machiavéliques et de détruire leur mode opératoire.

Les guerriers de la prière sont également des veilleurs qui se tiennent sur les miradors des villes, des nations et des régions pour assurer la sécurité contre l'invasion, le harcèlement, et la domination démoniaques.

Ils sont les haches et armes de guerre de Dieu.
Le Seigneur se sert d'eux pour détruire les royaumes démoniaques, réduire en pièces les nations impies, renverser les chevaux, chars et cavaliers démoniaques et d'en découdre avec tous ceux qui se laissent utiliser par les méchants pour perpétrer des ravages.

Ils maintiennent la paix et la stabilité spirituelles d'une région en résistant aux agressions démoniaques et en arrêtant tout agent des ténèbres envoyés par les méchants pour détruire les vies et les biens.

Un guerrier de prière utilise les différentes armes de combat que Dieu a mises à la disposition de l'église pour démanteler les réseaux sataniques, annuler tout plan du malin, et renverser les œuvres démoniaques dans la vie des enfants de Dieu.

Les guerriers de prière sont des soldats de Christ revêtus de l'autorité divine et commissionnés par le Seigneur pour combattre habilement et intelligemment les ennemis de l'Église et repousser tout assaut satanique contre le peuple de Dieu. Ils sont des canaux spéciaux que Dieu utilise pour appliquer et surimposer sa volonté aux œuvres du malin.

Les guerriers de la prière repoussent les assauts ennemis, les acculent, renversent leurs œuvres, sécurisent les territoires perdus, prennent autorité, et triomphent des entités démoniaques opérant dans une région. Ils sont agressifs, très sensibles à tout signe de présence ou d'activité démoniaque dans une région, et ils sont toujours prêts à déclarer la guerre aux méchants.

L'IMPORTANCE DU COMBAT SPIRITUEL

Le combat spirituel vous permet de tenir ferme contre les ruses et les stratégies de combat de Satan et ses troupes. Le diable est très rusé et sournois. Il revient donc à un guerrier de la prière d'anéantir son plan maléfique et de honnir ses œuvres.

Les experts dans l'art du combat spirituel savent comment bloquer les assauts démoniaques, libérer les captifs, briser toutes sortes de jougs, sécuriser les territoires, prendre autorité et vaincre les méchants. Beaucoup de chrétiens tombent sur le champ de bataille et deviennent des victimes au lieu d'être des champions parce qu'ils ne comprennent pas la stratégie du combat spirituel.

En tant que soldats du Christ, le combat spirituel n'est pas un choix mais une obligation. C'est notre responsabilité de défendre et de protéger tout ce que Dieu nous a confié. La Bible déclare dans Jean 10:10 que le voleur ne vient que pour dérober, égorger et détruire. Par le combat spirituel, nous bloquons toute tentative du malin de détruire notre héritage.

Vous pouvez briser les malédictions trans-générationnelles, détruire les flèches démoniaques, traiter avec les ennemis de votre entourage, lier les hommes forts, résister au diable, changer le climat spirituel d'une région, et conquérir les territoires par le combat spirituel.

C'est l'un des moyens par lesquels nous exerçons notre autorité divine et notre mandat de domination. Nous l'utilisons pour abattre les forteresses, renverser les raisonnements et tout ce qui se dresse contre la connaissance de Dieu.

Par le combat spirituel, nous surimposons la volonté et le conseil de Dieu pour l'humanité aux œuvres du malin. Nous savons tous que Satan ne fait pas de cadeaux. Il faut se montrer agressif et farouche dans la prière pour lui résister et contrecarrer ses desseins diaboliques.

Le combat spirituel est indispensable pour faire face aux ennemis et leur imposer une limite à ne pas franchir. C'est seulement à travers l'art du combat spirituel que vous pouvez acculer l'ennemi, le contraindre à battre retraite, renverser leurs œuvres, sécuriser les territoires, arracher la domination, et les vaincre.

LES ARMES DU COMBAT SPIRITUEL

La Bible déclare dans 2 Corinthiens 10: 3-6 que si nous marchons dans la chair, nous ne combattons pas selon la chair, car les armes avec lesquelles nous combattons ne sont pas charnelles, mais elles sont puissantes par la vertu de Dieu pour renverser des forteresses. Vous ne pouvez pas combattre des êtres spirituels avec des armes physiques. Notre adversaire, le diable et ses acolytes ne sont pas des êtres humains mais des êtres spirituels. Ephésiens 6:10 nous encourage à nous fortifier dans le Seigneur et par sa force toute-puissante. Le verset 11 dit : « Revêtez-vous de toutes les armes de Dieu, afin de pouvoir tenir ferme contre les ruses du diable. » Nous ne luttons pas contre des êtres humains, mais contre les dominations, les autorités, les puissances de ce monde de ténèbres et les esprits méchants dans les lieux célestes. Le diable est très sournois et calculateur. Nous ne pouvons pas vaincre le malin, à moins d'utiliser contre eux les armes appropriées.

Christ a pourvu l'église de plusieurs armes de combat pour combattre et vaincre le malin. La prière, le jeûne, l'action de grâce, le don sacrificiel, la confession de la foi, le sang et le nom de Jésus, le témoignage, la louange et l'adoration, l'épée de l'esprit, la Table du Seigneur, les déclarations prophétiques, la marche par la foi, le pardon, et le silence figurent parmi les armes de combat spirituel les plus fiables que les chrétiens peuvent utiliser à tout moment pour combattre et vaincre leurs adversaires.

En tant que chrétiens, Dieu nous a dotés de différentes armes de combat spirituel que nous pouvons utiliser pour déclarer la guerre au malin et le vaincre. Toutefois, nous devons apprendre comment les déployer et les employer. C'est très important de connaitre l'arme appropriée face à certaines situations.

Ceux qui maîtrisent l'art de manier l'épée sont des experts aussi bien dans l'intercession que dans le combat spirituel. Les propos du Seigneur Jésus dans Matthieu 17:21 montrent que la prière seule ne peut pas tout faire. Il y a des choses que vous devez ajouter à la prière pour la rendre plus puissante et efficace. C'est la situation dans laquelle vous vous trouvez qui vous dicte qu'il faut ajouter à la prière, car les conditions ne sont pas toutes les mêmes. C'est la raison pour laquelle vous devez diagnostiquer spirituellement chaque situation en l'examinant à la lumière des vérités, concepts et principes bibliques pour discerner la cause fondamentale et déterminer l'arme appropriée que vous devez déployer et employer pour faire face au problème. Certaines situations peuvent être traitées principalement par la prière et le jeûne. D'autres situations têtues requièrent la puissance du sacrifice, de l'action de grâces, de l'huile d'onction, de la Table du Seigneur, de la semence de foi, de la déclaration prophétique, de la confession de la foi, du pardon, de la marche par la foi, du rhema ou d'une direction prophétique spécifique pour être traitées. Pour être réussir efficacement dans la prière, vous devez comprendre les différentes dynamiques impliquées et maîtriser les meilleures techniques de prière qui produisent des résultats. Nous utilisons les armes du combat spirituel pour détruire les manigances sataniques et refouler toutes ses activités de nos vies et de nos maisons.

Vous devez être sensible au Saint-Esprit et dépendre totalement de lui quand vous le priez, pour qu'il vous révèle le type d'arme à utiliser, que ce soit dans le combat spirituel ou dans l'intercession. Romains 8:26 dit que nous ne savons pas comment prier, et quand nous prions, nous ne prions pas comme nous devrions le faire à cause de la faiblesse de notre chair. C'est très important de dépendre du Saint-Esprit pour avoir l'inspiration et des directives dans la prière car il maîtrise parfaitement l'art de la prière, comprend chaque situation, connaît les armes appropriées pour faire face aux différentes questions, et il nous aide à faire les choses selon la volonté et le dessein de Dieu.

MANIER L'ÉPÉE

La parole de Dieu est l'épée de l'Esprit (Ep. 6:17). C'est l'une des plus grandes armes que Dieu a mises à la disposition de l'église pour le combat spirituel et l'intercession. Hébreux 4:12 déclare que la parole de Dieu est vivante et efficace, plus aiguisée qu'une épée quelconque à deux tranchants, pénétrante jusqu'à partager âme et esprit, jointures et moelles; elle juge les sentiments et les pensées du cœur. Le Seigneur a dit dans Jean 6: 63b que sa parole est esprit et vie. La Bible est la pensée et la volonté révélées et écrites de Dieu pour l'humanité. Nous devons tout examiner à travers la parole de Dieu pour faire bouger la main du Seigneur, parce qu'il ne fait rien en dehors des vérités, concepts et principes révélés dans sa parole.

Manier l'épée de l'esprit, revient à utiliser intelligemment et stratégiquement les paroles bibliques comme des armes de combat et d'intercession. Cela va au-delà de la simple récitation des versets dans la prière à votre capacité à analyser spirituellement une situation à la lumière de la parole écrite, ce qui vous permet de voir les choses du point de vue de Dieu avant de déployer l'arme appropriée pour aborder la question. Ceux qui savent discerner les choses spirituellement, interpréter correctement les Ecritures, et appliquer les vérités, les concepts et les principes de la parole, gagnent beaucoup de terrain dans la prière et produisent des résultats positifs. Il ne s'agit pas que de réciter les passages de la Bible, mais de les utiliser pour préparer le terrain et le fondement qui serviront de support pour votre manœuvre tactique dans la prière, afin d'avoir le dessus sur les adversaires et les vaincre.

Le Seigneur Jésus a dit dans Matthieu 22:29 que nous sommes dans l'erreur parce que nous ne comprenons ni les Écritures, ni la puissance de Dieu.

La principale raison pour laquelle beaucoup se débattent dans la prière est qu'ils ne comprennent pas l'Écriture. Certains se contentent d'ouvrir leur Bible et lisent le passage à haute voix en priant, tandis que d'autres le citent hors de son contexte. Une autre minorité tient la Bible en priant, pensant que Dieu se déplacera juste parce qu'ils tiennent sa parole en mains. 2 Corinthiens 3: 6b dit que la lettre tue, mais l'Esprit donne la vie. C'est l'esprit de la parole de Dieu qui produit la vie, pas la lettre. Le rhema ou la parole révélée est indispensable pour déplacer la main de Dieu dans la prière. Le rhema est pour ceux qui sont matures dans les choses de l'esprit, et pas pour les bébés dans le Seigneur. Hébreux 5: 11-15 déclare:

Nous avons beaucoup à dire là-dessus, et des choses difficiles à expliquer, parce que vous êtes devenus lents à comprendre. Vous, en effet, qui depuis longtemps devriez être des maîtres, vous avez encore besoin qu'on vous enseigne les premiers rudiments des oracles de Dieu, vous en êtes venus à avoir besoin de lait et non d'une nourriture solide. Or, quiconque en est au lait n'a pas l'expérience de la parole de justice; car il est un enfant. Mais la nourriture solide est pour les hommes faits, pour ceux dont le jugement est exercé par l'usage à discerner ce qui est bien et ce qui est mal.
(Hé. 5: 11-14 LSG)

Hébreux 6 :1 nous encourage à quitter les enseignements élémentaires sur le Christ et à tendre vers ce qui est parfait. Ce ne sont pas des bébés dans le Seigneur qui maîtrisent l'art de manier l'épée de l'Esprit, mais des hommes et des femmes capables d'interpréter exégétique les écritures et de décoder les vérités, les concepts et les principes bibliques qu'ils utilisent pour établir une base légale dans la prière. Ils sont des experts en intercession et en prière de combat dans l'utilisation la parole de Dieu comme norme de mesure pour analyser les choses. Ils interprètent chaque situation à la lumière de la parole écrite de Dieu et prient selon la pensée céleste. La Bible déclare dans Esaïe 43:26, « Réveille ma mémoire, plaidons ensemble, parle toi-même pour te justifier. »

Dieu s'attend à ce que nous lui rappelions les vérités, les concepts et principes de sa parole et que nous les utilisions pour établir des bases légales sur lesquelles sur lesquelles nous tenir dans la prière pour l'amener à agir en notre faveur. Ces bases légales deviennent le motif qui pousse Dieu à se déplacer et à accorder tout ce que vous lui demandez. La parole de Dieu peut être utilisée aussi bien comme arme défensive qu'arme offensive dans la prière. Tout dépend de votre connaissance et compréhension de l'Écriture.

Alors Jésus fut emmené par l'Esprit dans le désert, pour être tenté par le diable. Après avoir jeûné quarante jours et quarante nuits, il eut faim. Le tentateur, s'étant approché, lui dit: Si tu es Fils de Dieu, ordonne que ces pierres deviennent des pains. Jésus répondit: Il est écrit: L'homme ne vivra pas de pain seulement, mais de toute parole qui sort de la bouche de Dieu. Le diable le transporta dans la ville sainte, le plaça sur le haut du temple, et lui dit: Si tu es Fils de Dieu, jette-toi en bas; car il est écrit: Il donnera des ordres à ses anges à ton sujet; Et ils te porteront sur les mains, De peur que ton pied ne heurte contre une pierre. Jésus lui dit: Il est aussi écrit: Tu ne tenteras point le Seigneur, ton Dieu. Le diable le transporta encore sur une montagne très élevée, lui montra tous les royaumes du monde et leur gloire, et lui dit: Je te donnerai toutes ces choses, si tu te prosternes et m'adores. Jésus lui dit: Retire-toi, Satan! Car il est écrit: Tu adoreras le Seigneur, ton Dieu, et tu le serviras lui seul. Alors le diable le laissa. Et voici, des anges vinrent auprès de Jésus, et le servaient. (Mt 4: 1-11. LSG)

Le passage ci-dessus révèle comment le Seigneur Jésus a utilisé la parole de Dieu aussi bien pour se défendre que pour repousser le diable quand celui-ci vint pour le tenter. En fait, Satan a utilisé la parole comme arme offensive contre le Seigneur Jésus, pour l'avoir, mais le Seigneur s'est servi de la même parole pour contrer son agression. Avoir jeûné quarante jours et des nuits, l'Écriture dit que Jésus eut faim.

Le diable a utilisé le besoin (la faim) dans sa vie comme une opportunité pour l'attaquer. Il a poursuivi : « Si tu es Fils de Dieu, ordonne que ces pierres deviennent des pains. » Jésus avait jeûné quarante jours et nuit; il avait faim et il lui fallait quelque chose à manger. Marc 1:13 dit qu'il était avec les bêtes sauvages dans le désert. On ne trouve pas les animaux sauvages dans la cour, mais dans le désert. Se retourner en ville à pied le ventre creux après quarante jours de jeûne, avant de trouver quelque chose à manger s'annonçait très pénible. Satan a tordu les Écritures et les a utilisés comme arme en tenant compte des besoins immédiats dans la vie de Jésus pour l'amener à faire des choses qu'il ne devait pas faire. Jésus s'est également servi de la même parole pour se défendre et bloquer son attaque.

Un autre homme qui savait utiliser la parole de Dieu dans la prière était Moïse. En effet, Moïse était l'un des plus grands intercesseurs qui ait jamais vécu dans ce monde. Lorsque le peuple d'Israël se révolta contre Dieu à cause du mauvais rapport que dix des douze espions que Moïse envoya pour explorer le pays de Canaan avaient fait à la communauté sur la terre que Dieu avait promis de leur donner, la gloire de l'Éternel apparut sur la tente d'assignation devant tous les Israélites. Alors Dieu dit à Moïse : « Jusques à quand ce peuple me méprisera-t-il ? Jusques à quand ne croira-t-il pas en moi, malgré tous les prodiges que j'ai faits au milieu de lui ? Je le frapperai par la peste et je le détruirai ; mais je ferai de toi une nation plus grande et plus puissante que lui. » Mais Moïse refusa l'offre de Dieu et lui demanda ce que les Egyptiens allaient dire quand ils apprendraient cela ; parce que Dieu avait déployé sa puissance pour faire sortir les Israélites d'Egypte dans l'intention de les conduire à la terre promise. Si tu fais mourir ce peuple comme un seul homme, dit Moïse, les nations qui ont entendu que tu es au milieu de ce peuple, que tu apparais visiblement, que ta nuée se tient sur lui, que tu marches devant lui dans une colonne de nuée, et la nuit dans une colonne de feu, diront que c'est parce que tu n'avais pas le pouvoir de mener ce peuple dans le pays que tu avais juré de lui donner que tu l'as égorgé dans le désert. Maintenant, que la puissance du Seigneur se montre dans sa grandeur, comme tu l'as déclaré en disant : L'Eternel est lent à la colère et riche en bonté, il pardonne l'iniquité et la rébellion ; mais il ne tient point le coupable pour innocent, et il punit l'iniquité des pères sur les enfants jusqu'à la troisième et la quatrième génération. » Par conséquent, pardonne l'iniquité de ce peuple selon la grandeur de ta miséricorde, comme tu as pardonné à ce peuple depuis l'Egypte jusqu'ici. Quand Dieu entendit cela, il dit à Moïse : « Je pardonne, comme tu l'as demandé. » L'homme Moïse a tenu Dieu par sa parole et lui a rappelé ce qu'il avait promis. Le Seigneur n'avait pas d'autre choix que d'agir en conformité avec sa parole (No 14: 11-20).

Votre niveau de réussite dans l'utilisation de l'épée de l'esprit, que ce soit dans l'intercession ou dans le combat spirituel, est déterminé par votre capacité à comprendre et à décoder avec précision les vérités les ,concepts et les principes bibliques, de la Parole de Dieu et à les utiliser pour établir un fondement légal dans la prière. Ceux qui maîtrisent le maniement de l'épée de l'Esprit dans la prière produisent des résultats et font des choses incroyables à travers la prière. La parole de Dieu peut être utilisée à la fois comme une arme défensive et offensive. Tout dépend de votre connaissance et votre compréhension des Écritures.

LA BATAILLE DE LA PENSÉE

Genèse 6: 5 nous informe que l'Eternel vit que la méchanceté des hommes était grande sur la terre, et que toutes les pensées de leur cœur se portaient chaque jour uniquement vers le mal.

L'âme humaine est le champ de bataille du combat spirituel entre les forces de la lumière et celles des ténèbres. Et tout ce qui contrôle l'âme, contrôle la personne, parce que l'état d'âme de quelqu'un détermine ses paroles et ses actions. Matthieu 12:34 dit que c'est de l'abondance du cœur que la bouche parle, et le verset 35 déclare que l'homme bon tire de bonnes choses de son bon trésor, et l'homme méchant tire de mauvaises choses de son mauvais trésor... Voilà pourquoi le prophète Jérémie dit au chapitre 17: 9 que le cœur humain est tortueux par-dessus tout, et il est méchant. Qui peut le connaitre ?

Dans Romains 12: 2, le grand Apôtre Paul nous demande de ne pas nous conformer au siècle présent, mais d'être transformés par le renouvellement de l'intelligence, afin de discerner quelle est la volonté de Dieu, ce qui est bon, agréable et parfait. L'âme humaine est constituée de la mémoire, de la pensée ou contemplation et de l'imagination. Ces trois composantes traitent des événements passés, présents et futurs. La mémoire conserve les images mentales des expériences passées, la pensée se rapporte au présent, tandis que l'imagination vous permet de vous projeter dans l'avenir et génère des images mentales qui défilent sur l'écran de votre esprit. Notre éducation, nos expériences, nos pratiques, nos croyances, notre perception, etc. qui déterminent nos attitudes sont stockées dans l'âme. Dieu et Satan se livrent une bataille dans l'âme humaine afin de prendre le contrôle sur la vie de la personne. Voilà pourquoi l'âme est le centre du combat spirituel, la lutte quotidienne entre la vérité et le mensonge, le bien et le mal, la lumière et les ténèbres. Chaque camp utilise un plan et des armes stratégiques pour prendre le contrôle de l'âme humaine, car aucun esprit ne peut opérer légalement sur la terre sans un corps. Aucun esprit ne peut en aucun cas réussir à contrôler le corps humain, à moins qu'il contrôle la pensée de la personne. Jacques 4: 4, affirme clairement que l'amour du monde est inimitié contre Dieu, car celui qui veut être ami du monde se rend ennemi de Dieu. Satan utilise les principes, les systèmes, croyances, coutumes, traditions, ou voies du monde pour attirer et contraindre les gens à faire sa volonté. Romains 8: 7 dit l'affection de la chair est inimitié contre Dieu, parce qu'elle ne se soumet pas à la loi de Dieu, et qu'elle ne le peut même pas. Le verset 8 déclare que ceux qui vivent selon la chair ne sauraient plaire à Dieu. L'apôtre Jean écrit : « N'aimez point le monde, ni les choses qui sont dans le monde. Si quelqu'un aime le monde, l'amour du Père n'est point en lui; car tout ce qui est dans le monde, la convoitise de la chair, la convoitise des yeux, et l'orgueil de la vie, ne vient point du Père, mais vient du monde. Et le monde passe, et sa convoitise aussi; mais celui qui fait la volonté de Dieu demeure éternellement. » (1 Jn 2: 15-17. LSG).

Pour vous, vous ne vivez pas selon la chair, mais selon l'esprit, si du moins l'Esprit de Dieu habite en vous. Si quelqu'un n'a pas l'Esprit de Christ, il ne lui appartient pas. Et si Christ est en vous, le corps, il est vrai, est mort à cause du péché, mais l'esprit est vie à cause de la justice. Et si l'Esprit de celui qui a ressuscité Jésus d'entre les morts habite en vous, celui qui a ressuscité Christ d'entre les morts rendra aussi la vie à vos corps mortels par son Esprit qui habite en vous. (Ro. 8: 9-11 LSG)

L'Écriture ci-dessus, dit que si quelqu'un n'a pas l'Esprit de Christ, il ne lui appartient pas. La raison en est que Dieu utilise le Saint-Esprit pour insuffler sa vie éternelle dans l'esprit de l'homme par Jésus-Christ, le sauveur de l'humanité, pour la nouvelle naissance, de sorte que la personne puisse être un avec le Christ en esprit et devenir membre du corps universel du Christ c'est-à-dire l'église, selon l'Écriture (1Co. 6:17, 12:13). A travers l'œuvre du Saint-Esprit, qui consiste en son ministère, ses dons et son fruit, Dieu nous façonne à l'image du Christ en paroles et en actes. Le Saint-Esprit utilise son œuvre ministérielle pour faire deux choses en nous.

D'abord, il vient régénérer notre esprit de la mort spirituelle qui est venue sur l'humanité par le péché d'Adam le père de la race humaine et faire de nous une nouvelle création en Christ à la nouvelle naissance (2 Co. 5.17). Deuxièmement, pour renouveler notre pensée à la lumière des vérités, concepts et principes bibliques (la connaissance de la révélation de la parole [Col 3:10]) afin de changer notre système de croyances, notre modèle de pensées, notre perception, et nos paroles. L'œuvre ministérielle du Saint-Esprit produit un changement intérieur (l'esprit et la pensée) en nous et cela se manifeste par des paroles parce que les paroles sont l'expression de la pensée.

Ensuite, il utilise ses dons pour changer nos actions en fortifiant nos zones de faiblesse et en renforçant nos domaines d'excellence en vue des activités morales. Il nous équipe de ses dons afin de faire des choses que nous ne pouvons pas faire par nous-mêmes, comme le jeûne, la prière, le véritable amour, la charité, la vie pour Christ, etc. Tout ce processus produit un changement dans nos actes. La dernière chose qu'il fait est qu'il utilise son fruit pour changer notre caractère, et cela se manifeste dans nos comportements.

Enfin, le Saint-Esprit produit un nouveau style de vie en paroles et en actions qui reflète la nature du Christ en nous par son ministère qui change notre esprit et notre pensée (transformation intérieure), ses dons qui changent nos actions (œuvres), et son fruit qui change notre caractère (conduite). Le résultat que le ministère, les dons et le fruit du Saint-Esprit produisent en nous est un nouveau mode de vie en paroles et en actions qui reflètent la pleine stature de Christ (Ep. 4:13). C'est pourquoi la chrétienté n'est pas une activité religieuse, mais un standard de vie. Vous êtes-vous jamais demandé pourquoi le Seigneur Jésus a dit dans Jean 16: 7 qu'il est avantageux pour nous qu'il parte, afin que le Saint-Esprit puisse venir vers nous et demeurer en nous éternellement?

Je dis donc: Marchez selon l'Esprit, et vous n'accomplirez pas les désirs de la chair. Car la chair a des désirs contraires à ceux de l'Esprit, et l'Esprit en a de contraires à ceux de la chair; ils sont opposés entre eux, afin que vous ne fassiez point ce que vous voudriez. Si vous êtes conduits par l'Esprit, vous n'êtes point sous la loi. (Ga 5: 16-18. LSG)

La lutte, le combat, et la discorde répétées qui a lieu dans notre pensée entre l'esprit et la chair est ce que j'appelle la bataille de la pensée. Il y a d'un côté les désirs de l'Esprit, et de l'autre ceux de la chair, et les deux sont opposés de sorte que personne ne peut faire les deux simultanément. Dieu utilise les désirs de l'Esprit pour nous attirer à lui, tandis que Satan utilise les désirs de la chair pour nous attirer à lui. Romains 8: 5 dit que ceux, en effet, qui vivent selon la chair, s'affectionnent aux choses de la chair, tandis que ceux qui vivent selon l'esprit s'affectionnent aux choses de l'esprit. Lorsque le Saint-Esprit contrôle l'esprit et la pensée d'une personne à travers son œuvre ministérielle, qui se traduit par le témoignage, la réprobation, l'enseignement et le rappel, il régénère l'esprit de la personne et commence dans sa pensée, un travail de renouvellement qui est de nature tripartite à savoir : la mémoire, la pensée et l'imagination. Il commence par déprogrammer tout ce qui a été stocké dans la mémoire à travers les expériences négatives, les pratiques, les coutumes, les croyances, l'éducation, ou les événements passés, et il les remplace par de nouvelles expériences, valeurs, croyances, principes, pratiques, vérités, concepts, ou événements. Il concentre également l'attention de la personne sur les choses qui concernent Christ et le royaume des cieux, afin de façonner son modèle de pensée. Enfin, il joue constamment des images mentales de l'avenir envisagé promis par Dieu sur l'écran de la pensée de la personne afin de donner à la personne l'espérance et la foi quant à l'avenir, que ce soit dans ce monde et celui à venir. Avec cela, il produit un nouvel état d'esprit qui aspire les choses spirituelles dans la personne. Pour ce faire, le Saint-Esprit commence une marche spirituelle avec nous par la foi et la connaissance de la révélation de de la parole de Dieu (Ep. 4: 11-16).

L'apôtre Paul écrit : « Si nous vivons par l'Esprit, marchons aussi selon l'Esprit. » (Ga 5:25 LSG). Une chose est de vivre en esprit et une autre est de marcher en esprit. Pour gagner la bataille de la pensée et vivre une vie chrétienne réussie, vous devez marcher sur le chemin de la foi et de la justice avec le Saint-Esprit. Il faut une marche spirituelle pour atteindre la maturité dans les choses de Dieu, et seules les personnes mâtures peuvent discerner et résister aux manœuvres sataniques trompeuses. Ceux qui vivent principalement en esprit sont des bébés dans les questions spirituelles; ils se laissent emporter à tout bout de champ par les ruses du diable. J'ai beaucoup à dire sur la vie spirituelle, mais ce livre seul ne saurait tout contenir. Je prie Dieu de me donner la grâce de terminer le livre que je suis en train d'écrire sur « la vie spirituelle. »

Au reste, fortifiez-vous dans le Seigneur, et par sa force toute-puissante. Revêtez-vous de toutes les armes de Dieu, afin de pouvoir tenir ferme contre les ruses du diable. Car nous n'avons pas à lutter contre la chair et le sang, mais contre les dominations, contre les autorités, contre les princes de ce monde de ténèbres, contre les esprits méchants dans les lieux célestes. C'est pourquoi, prenez toutes les armes de Dieu, afin de pouvoir résister dans le mauvais jour, et tenir ferme après avoir tout surmonté. (Ep. 6: 10-13 LSG)

Si nous marchons dans la chair, nous ne combattons pas selon la chair. Car les armes avec lesquelles nous combattons ne sont pas charnelles; mais elles sont puissantes, par la vertu de Dieu, pour renverser des forteresses. Nous renversons les raisonnements et toute hauteur qui s'élève contre la connaissance de Dieu, et nous amenons toute pensée captive à l'obéissance de Christ. Nous sommes prêts aussi à punir toute désobéissance, lorsque votre obéissance sera complète. (2 Co. 10: 3-6 LSG)

Les deux passages ci-dessus, nous informent que nous sommes engagés dans un combat et qu'il n'est pas physique, mais spirituel. Certaines forces invisibles veulent prendre le contrôle de nos vies et se servir de nos corps comme véhicules pour réaliser leurs plans maléfiques, puisque les esprits n'ont aucune autorité légale pour opérer sur terre sans un corps, qu'il soit humain ou animal. Pour cette raison, les forces démoniaques combattent farouchement, pour trouver des corps humains à utiliser. Et pour ce faire, ils engagent jour et nuit la pensée humaine dans une lutte féroce, en utilisant différentes stratégies et techniques pour entrer dans nos pensées et établir des forteresses à travers le mensonge, le doute, la séduction, l'amertume, le manque de pardon, la haine, la frustration, la colère, la dépression, l'infraction, etc. La meilleure façon de vaincre les ennemis et gagner cette bataille de la pensée est de faire étalage et usage des armes spirituelles que Dieu a données à l'église en Christ. J'aime la version de New Living Translation qui dit : « Nous utilisons les puissantes armes de Dieu, non pas celles du monde, pour abattre les forteresses du raisonnement humain et pour détruire les faux arguments. Nous détruisons tout obstacle qui se tient avec orgueil pour empêcher les gens de connaître Dieu. Nous capturons leurs pensées rebelles et leur apprenons à obéir à Christ. Et après que vous soyez devenus totalement obéissants, nous punirons tous ceux qui demeurent dans la désobéissance » (2 Co.10: 3-6).

Vous vous demandez peut-être quelles sont ces armes que Dieu a données à l'église pour abattre les forteresses du raisonnement humain et de faux arguments. La Bible dit dans Jean 8:44 que le diable est un menteur et le père du mensonge. Le mensonge sied parfaitement à la nature et au caractère du diable, car il n'y a point de vérité en lui. On ne peut donner que ce qu'on a, et puisque Satan est un menteur et le père du mensonge, par le mensonge il établit des forteresses dans la pensée humaine.

A travers les mensonges, les faux arguments, et les raisonnements trompeurs, il sème le doute et la confusion dont il se sert pour dérouter et piéger les gens. Dès lors qu'il réussit à capter l'attention de la personne, il continue à l'alimenter avec de nombreuses références qui soutiennent fortement et confirment l'idée jusqu'à ce que celle-ci devienne une conviction. Il utilise ensuite cette conviction pour créer un système de croyances et un modèle de pensée qui façonne l'esprit d'une manière spéciale. La croyance crée en vous un sentiment de certitude et vous amène à résister, réfuter, et lutter contre tout ce qui va à l'encontre de votre conviction. A ce niveau, elle devient une forteresse que le diable utilise pour vous maintenir à terre pour que rien d'autre n'aie plus de sens à vos yeux. Elle vous rend très résistant à toutes idées, paroles ou actions opposées, et elle vous irrite chaque fois que quelqu'un remet en question votre conviction que ce soit par des paroles ou par des actes.

En fin de compte, cela devient un état d'esprit, la lentille à travers laquelle vous percevez, interprétez, et évaluez le monde extérieur. Tout ce qui se passe autour de vous, que ce soit à la maison, à l'école, sur votre lieu de travail, dans la communauté ou le pays et qui n'est pas en accord avec votre croyance sur la façon dont ces choses doivent être faites, vous choque et vous rend amer, vous met en colère, vous frustre, et vous déprime, etc. si bien que vous feriez tout pour les bloquer ou vous y opposer. C'est la raison pour laquelle certaines personnes vont dépenser une quantité étonnante de ressources, de temps, d'énergie, etc., pour une cause que d'autres qualifieraient d'investissement inutile ou de gaspillage de ressources.

La seule façon d'abattre et de renverser ces forteresses dans l'esprit d'une personne est à travers l'arme de la parole de Dieu. Vous ne remettez plus en cause ce que vous croyez. La lumière de la vérité biblique expose les mensonges de Satan, vous fait douter et vous amène à remettre en cause les mensonges que Satan a utilisé pour établir la forteresse dans votre pensée. Jean 17:17 dit sanctifie-les par ta vérité, car ta parole est la vérité. Jean 1:17 déclare que la loi a été donnée par Moïse, la grâce et la vérité sont venues par Jésus-Christ. Jean 8:32 affirme clairement que lorsque vous connaissez la vérité, elle vous libère. Dans Jean 14: 6, le Seigneur Jésus a dit qu'il est le chemin, la vérité, et la vie. Nul ne vient au Père que par lui. La Bible appelle le Saint-Esprit l'esprit de vérité et le Seigneur Jésus a dit qu'il (l'Esprit Saint) nous guidera dans toute la vérité (Jn. 16:13). Le prophète Jérémie dit dans Jérémie 23:29 que la parole de Dieu est comme un marteau qui brise le roc en morceaux. Par son œuvre ministérielle, le Saint-Esprit utilise la vérité de la parole de Dieu pour réfuter tout raisonnement trompeur et faux argument que le diable utilise pour induire les gens en erreur et les asservir. Il détruit tout mauvais système de croyances et modèle de pensées que Satan a utilisé pour programmer la mentalité de la personne et reprogramme la pensée de la personne à la lumière des vérités, concepts et principes bibliques contenus dans la parle de Dieu, afin de créer un nouvel état d'esprit dans cette personne.

Voici, les jours viennent, dit l'Éternel, Où je ferai avec la maison d'Israël et la maison de Juda Une alliance nouvelle, Non comme l'alliance que je traitai avec leurs pères, Le jour où je les saisis par la main Pour les faire sortir du pays d'Égypte, Alliance qu'ils ont violée, Quoique je fusse leur maître, dit l'Éternel. Mais voici l'alliance que je ferai avec la maison d'Israël, Après ces jours-là, dit l'Éternel: Je mettrai ma loi au dedans d'eux, Je l'écrirai dans leur cœur; Et je serai leur Dieu, Et ils seront mon peuple. Celui-ci n'enseignera plus son prochain, Ni celui-là son frère, en disant: Connaissez l'Éternel! Car tous me connaîtront, Depuis le plus petit jusqu'au plus grand, dit l'Éternel; Car je pardonnerai leur iniquité, Et je ne me souviendrai plus de leur péché. (Jé. 31: 31-34 LSG)

C'est ce que le Saint Esprit nous atteste aussi; car, après avoir dit: Voici l'alliance que je ferai avec eux, Après ces jours-là, dit le Seigneur: Je mettrai mes lois dans leurs cœurs, Et je les écrirai dans leur esprit, il ajoute: Et je ne me souviendrai plus de leurs péchés ni de leurs iniquités. Or, là où il y a pardon des péchés, il n'y a plus d'offrande pour le péché. (Hé 10: 15-18. LSG)

Il n'y a donc maintenant aucune condamnation pour ceux qui sont en Jésus Christ. En effet, la loi de l'esprit de vie en Jésus Christ m'a affranchi de la loi du péché et de la mort. (Ro 8: 1-2 LSG)

Les trois passages ci-dessus montrent comment Dieu a prévu mettre sa loi dans le cœur de son peuple et de l'écrire dans leur esprit, de sorte qu'aucun n'aie à enseigner à l'autre à aimer le Seigneur, car chacun le connaitra dans son cœur grâce à la loi qui sera écrite dans son esprit. Pour ce faire, le Saint-Esprit, écrit la nouvelle loi, que la Bible appelle *la loi de l'Esprit de vie,* dans nos esprits. C'est la loi qui nous libère du péché et de la mort dans le Christ pour mener une vie de justice et de sainteté. 1 Corinthiens 9:21 l'appelle la loi du Christ, Romains 3:27 la désigne par la loi de la foi (elle produit la foi qui nous sauve), tandis que Jacques 1:25 et 2:12 l'appellent la loi de la liberté parfaite qui nous libère de l'esclavage démoniaque pour mener une vie de paix, de joie, de succès et d'épanouissement sur la terre.

Le lendemain, comme ils étaient en route, et qu'ils approchaient de la ville, Pierre monta sur le toit, vers la sixième heure, pour prier. Il eut faim, et il voulut manger. Pendant qu'on lui préparait à manger, il tomba en extase. Il vit le ciel ouvert, et un objet semblable à une grande nappe attachée par les quatre coins, qui descendait et s'abaissait vers la terre, et où se trouvaient tous les quadrupèdes et les reptiles de la terre et les oiseaux du ciel. Et une voix lui dit: Lève-toi, Pierre, tue et mange. Mais Pierre dit: Non, Seigneur, car je n'ai jamais rien mangé de souillé ni d'impur.

Et pour la seconde fois la voix se fit encore entendre à lui: Ce que Dieu a déclaré pur, ne le regarde pas comme souillé. Cela arriva jusqu'à trois fois; et aussitôt après, l'objet fut retiré dans le ciel. Tandis que Pierre ne savait en lui-même que penser du sens de la vision qu'il avait eue, voici, les hommes envoyés par Corneille, s'étant informés de la maison de Simon, se présentèrent à la porte, et demandèrent à haute voix si c'était là que logeait Simon, surnommé Pierre. Et comme Pierre était à réfléchir sur la vision, l'Esprit lui dit: Voici, trois hommes te demandent; lève-toi, descends, et pars avec eux sans hésiter, car c'est moi qui les ai envoyés. (Actes 10: 9-20 LSG)

Voyez-vous tout ce que Dieu a dû faire dans le passage ci-dessus pour abattre la forteresse dans l'esprit de l'apôtre Pierre qui l'aurait empêché d'accomplir sa mission divine? Le Seigneur l'a choisi pour la circonstance pour prêcher la bonne nouvelle à Corneille, un officier de l'armée romaine, afin que lui et sa famille soient sauvés. Mais les coutumes, les pratiques juives, et la loi de Moïse avaient programmé dans l'esprit de Pierre la pensée selon laquelle aucun païen ne pouvait être sauvé. Le système de croyance et le modèle de pensée de Pierre avaient disqualifié Corneille, quand bien même Dieu l'avait qualifié pour la vie éternelle. C'était devenu une forteresse dans l'esprit de Pierre que Dieu devait abattre avant que l'officier militaire romain ne puisse obtenir ce que Dieu avait accordé à lui et à sa famille. Pierre a dû souffrir de la faim, tomber en extase, et regarder le script que Dieu a utilisé pour démolir la forteresse dans son esprit et changer sa perception en lui disant que nul ne doit qualifier de souillé ou d'impur, ce que Dieu a déclaré pur. La vision l'a amené à douter de ses valeurs, règles et croyances au sujet des choses que les coutumes juives et la loi mosaïque avaient fermement établies dans son esprit. Pendant qu'il contemplait la vision et essayait de comprendre le sens possible de l'extase, le Saint-Esprit parla et brisa le mur de résistance, d'hésitation, et d'opposition qui était dans son esprit.

Au verset 28, Pierre expliqua comment c'aurait été impossible et illégal pour lui d'entrer chez Corneille et de lui prêcher l'évangile pour qu'il soit sauvé, si Dieu n'était pas intervenu pour renverser la forteresse qui se trouvait dans son esprit, et lui ordonner de libérer les bénédictions de Corneille. Voilà l'ampleur de la bataille de l'esprit. Dieu a dû déployer une stratégie pour briser le mur de la résistance avant que Pierre ne puisse embrasser la mission et accomplir cette mission.

LA CARTOGRAPHIE SPIRITUELLE

La cartographie spirituelle est le processus de collecte d'informations à propos d'un lieu. Elle vous aide à comprendre le climat spirituel du lieu et le genre d'esprit qui règne dans la région. Elle implique la connaissance des différentes caractéristiques, activités, événements spéciaux, sites importants, origines, histoires, croyances, modes de vie, défis, noms et sens, emplacements d'importance spirituelle, et ainsi de suite. Pour ce faire, vous posez à ceux connaissent bien le lieu des questions importantes qui vous aideront à comprendre ce en quoi les gens croient, pourquoi ils font ce qu'ils font, comment ils le font, qui le fait, quand et comment cela a commencé, le genre d'esprit opérant dans la région, et les fréquentes occurrences parmi les personnes. Une fois que les données sont collectées, elles doivent être analysées à la lumière de la parole écrite de Dieu.

Lorsque le Seigneur avait ordonné à Moïse d'envoyer des hommes pour explorer le pays de Canaan, il envoya douze hommes qui étaient des leaders dans leurs différentes tribus avec des instructions spécifiques pour aller dans le pays de la colline et voir ce à quoi il ressemblait, et si ces habitants étaient forts ou faibles, s'ils étaient en petit ou en grand nombre. Si le pays dans lequel ils habitaient était bon ou mauvais, riche ou pauvre, s'il y avait des arbres ou pas, et si leurs villes étaient des camps ou des forteresses. « Ayez bon courage, et prenez des fruits du pays. », leur dit Moïse.

Ils montèrent donc, et explorèrent le pays, et furent de retour au bout de quarante jours avec quelques fruits et un rapport sur le pays que Dieu leur donnait. Ils dirent à Moïse, Aaron, et à toute la communauté d'Israël que le pays qu'ils étaient allés explorer, est un pays où coulent le lait et le miel, mais que les gens qui habitaient le pays étaient puissants et leurs villes étaient fortifiées et très grandes. Ils ajoutèrent : « Nous ne pouvons pas monter contre ce peuple, car il est plus fort que nous. » Ils firent un mauvais rapport sur le pays qu'ils avaient exploré, disant que c'était un pays qui dévorait ces habitants, et qu'ils étaient à leurs propres yeux et aux leurs comme des sauterelles. Par ces mots, ils découragèrent toute la communauté d'Israël, qui poussa des cris et pleura toute la nuit.

Ils furent de retour de l'exploration du pays au bout de quarante jours. A leur arrivée, ils se rendirent auprès de Moïse et d'Aaron, et de toute l'assemblée des enfants d'Israël, à Kadès dans le désert de Paran. Ils leur firent un rapport, ainsi qu'à toute l'assemblée, et ils leur montrèrent les fruits du pays. Voici ce qu'ils racontèrent à Moïse: Nous sommes allés dans le pays où tu nous as envoyés. A la vérité, c'est un pays où coulent le lait et le miel, et en voici les fruits. Mais le peuple qui habite ce pays est puissant, les villes sont fortifiées, très grandes; nous y avons vu des enfants d'Anak. Les Amalécites habitent la contrée du midi; les Héthiens, les Jébusiens et les Amoréens habitent la montagne; et les Cananéens habitent près de la mer et le long du Jourdain. Caleb fit taire le peuple, qui murmurait contre Moïse. Il dit: Montons, emparons-nous du pays, nous y serons vainqueurs! Mais les hommes qui y étaient allés avec lui dirent: Nous ne pouvons pas monter contre ce peuple, car il est plus fort que nous. Et ils décrièrent devant les enfants d'Israël le pays qu'ils avaient exploré. Ils dirent: Le pays que nous avons parcouru, pour l'explorer, est un pays qui dévore ses habitants; tous ceux que nous y avons vus sont des hommes d'une haute taille; et nous y avons vu les géants, enfants d'Anak, de la race des géants: nous étions à nos yeux et aux leurs comme des sauterelles.
(No 13: 25-33 LSG)

Tous les enfants d'Israël murmurèrent contre Moïse et Aaron à cause du mauvais rapport qu'ils avaient reçu concernant le pays que Dieu avait juré leur donner. Ils dirent : « Que ne sommes-nous morts dans le pays d'Egypte, ou que ne sommes-nous morts dans ce désert ! Pourquoi l'Eternel nous fait-il aller dans ce pays, où nous tomberons par l'épée, où nos femmes et nos petits-enfants deviendront une proie ? Ne vaut-il pas mieux pour nous retourner en Egypte ? » Moïse et Aaron tombèrent sur leur visage, en présence de toute l'assemblée réunie des enfants d'Israël. Et, parmi ceux qui avaient exploré le pays, Josué, fils de Nun, et Caleb, fils de Jephunné, déchirèrent leurs vêtements, et parlèrent ainsi à toute l'assemblée des enfants d'Israël: Le pays que nous avons parcouru, pour l'explorer, est un pays très bon, excellent. Si l'Éternel nous est favorable, il nous mènera dans ce pays, et nous le donnera: c'est un pays où coulent le lait et le miel. Seulement, ne soyez point rebelles contre l'Éternel, et ne craignez point les gens de ce pays, car ils nous serviront de pâture, ils n'ont plus d'ombrage pour les couvrir, l'Éternel est avec nous, ne les craignez point!

Les douze ont vu la même chose et ont vécu les mêmes expériences au cours de l'expédition, mais Josué et Caleb avaient interprété les choses différemment. La Bible dit qu'ils avaient un esprit différent de celui des dix autres (Nombres 14: 1-24). Dans la cartographie spirituelle, nous devons voir les choses sous un angle différent et les interpréter à la lumière des vérités, des concepts et des principes bibliques.

Lorsque Josué succéda à son maître en tant que leader de la communauté israélite, il fit partir secrètement deux hommes pour aller espionner le pays. Il leur dit : « Allez, examiner le pays, et en particulier Jéricho. » Ils partirent, et ils arrivèrent dans la maison d'une prostituée, qui se nommait Rahab, et ils y couchèrent. La femme les fit monter sur le toit, et les cacha sous des tiges de lin, qu'elle avait arrangées sur le toit.

Ceux qui avaient remarqué leur présence, allèrent dire au roi que des israélites étaient entrés dans le pays pour l'espionner. Le roi de Jéricho envoya dire à Rahab: « Fais sortir les hommes qui sont venus chez toi, qui sont entrés dans ta maison; car c'est pour explorer tout le pays qu'ils sont venus. Mais la femme mentit aux messagers du roi et dit: « Il est vrai que ces hommes sont arrivés chez moi, mais je ne savais pas d'où ils étaient; et, comme la porte a dû se fermer de nuit, ces hommes sont sortis; j'ignore où ils sont allés: hâtez-vous de les poursuivre et vous les atteindrez. » Les hommes du roi les poursuivirent par le chemin qui mène au gué du Jourdain, et l'on ferma la porte après qu'ils furent sortis pour aller arrêter les espions et les empêcher de s'échapper.

Voilà pourquoi des précautions doivent être prises lors de l'établissement de la cartographie spirituelle. Les méchants savent ce que vous portez, la mission et le mandat que Christ vous a donnés. Ils feront donc tout pour vous résister ou vous nuire s'ils découvrent votre mission. Si Dieu n'avait pas utilisé Rahab pour aider les deux espions, ils seraient morts, parce que l'ennemi était venu pour les tuer.

Josué, fils de Nun, fit partir secrètement de Sittim deux espions, en leur disant: Allez, examinez le pays, et en particulier Jéricho. Ils partirent, et ils arrivèrent dans la maison d'une prostituée, qui se nommait Rahab, et ils y couchèrent. On dit au roi de Jéricho: Voici, des hommes d'entre les enfants d'Israël sont arrivés ici, cette nuit, pour explorer le pays. Le roi de Jéricho envoya dire à Rahab: Fais sortir les hommes qui sont venus chez toi, qui sont entrés dans ta maison; car c'est pour explorer tout le pays qu'ils sont venus. La femme prit les deux hommes, et les cacha; et elle dit: Il est vrai que ces hommes sont arrivés chez moi, mais je ne savais pas d'où ils étaient; et, comme la porte a dû se fermer de nuit, ces hommes sont sortis; j'ignore où ils sont allés: hâtez-vous de les poursuivre et vous les atteindrez. Elle les avait fait monter sur le toit, et les avait cachés sous des tiges de lin, qu'elle avait arrangées sur le toit. Ces gens les poursuivirent par le chemin qui mène au gué du Jourdain, et l'on ferma la porte après qu'ils furent sortis. (Jos 2: 1-7 LSG)

Avant que Néhémie ne vienne rebâtir la muraille de Jérusalem, il s'était d'abord enquis auprès d'Hanani, l'un de ses frères, et de quelques autres hommes qui étaient venus de Juda avec lui, des nouvelles des juifs réchappés qui étaient restés de la captivité, et au sujet de Jérusalem. Ils lui répondirent que les choses n'allaient pas bien pour ceux qui étaient retournés dans la province de Juda. « Ils sont au comble du malheur et de l'opprobre; les murailles de Jérusalem sont en ruines, et ses portes sont consumées par le feu. » Lorsque Néhémie entendit ces choses, il pleura, fut plusieurs jours dans la désolation, jeûna et pria devant Dieu. Le fardeau de construire la muraille brisée tomba sur lui lorsqu'il apprit cette nouvelle au sujet de Jérusalem. Ayant obtenu la faveur et la permission du roi Artaxerxès pour reconstruire la ville en ruine de Juda, il partit à Jérusalem avec des officiers de l'armée, des cavaliers, et des lettres du roi au gouverneur de la province qui se trouvait au-delà de la rivière.

Lorsqu'il fut arrivé à Jérusalem, il y resta pendant environ trois jours avant de sortir pendant la nuit avec quelques autres pour inspecter le mur de Jérusalem qui avait été brisé et la porte qui avait été détruite par le feu. Aucun des fonctionnaires ne savait ce qu'il faisait, car il n'avait dit à personne ce que Dieu avait mis dans son esprit de faire pour Jérusalem. Il allait, rassemblant des informations concernant le lieu, le type de travail à faire, ce qui était nécessaire pour changer les choses, et fit ensuite une planification en fonction de cela avant de commencer par agir. Dès qu'ils commencèrent le travail, Sanballat, le Horonite, Tobija, et Guéschem, l'Arabe, ayant été informés, firent tout ce qui était en leur pouvoir pour arrêter le travail.

Dans la cartographie spirituelle, la sagesse et la discrétion sont d'une importance capitale. Il y a des entités démoniaques appelées hommes forts dirigeant chaque région territoire pour garantir la sécurité de la région. Ils réagiront violemment à toute tentative de libérer la région de leurs emprises. Vous devez être très prudent pendant que vous espionnez le pays. Le but de la cartographie spirituelle est d'attaquer, libérer, et conquérir la région.

LES RUSES ET LA STRATEGIE DE BATAILLE DE SATAN

Satan se sert des occasions pour constituer une base légale sur laquelle il se tient pour exécuter son programme maléfique. Puisque les esprits ne peuvent pas opérer légalement sur la terre sans un corps humain, il profite des occasions pour mettre son emprise sur la vie des gens et leur assignent des entités spirituelles pour œuvrer à travers eux comme des moyens ou des instruments pour atteindre ses objectifs maléfiques. Les situations suivantes lui offrent des motifs: le péché, le mensonge, la séduction, la manipulation, l'amertume, la colère, la haine, la dépression, le retard, la tristesse, la frustration, la désobéissance, l'infidélité, la rébellion, l'immoralité, la toxicomanie, le doute, l'abus, le rejet, la violence, la honte, la faiblesse, l'humiliation, l'orgueil, la douleur, les malédictions, l'affliction, le découragement, etc.

Lorsque l'une des émotions négatives mentionnées ci-dessus est fermement encrée dans une personne, il l'utilise alors comme un outil pour contrôler l'individu à sa guise en lui assignant un esprit démoniaque pour exécuter un plan maléfique. Le mauvais esprit commence à utiliser la personne comme un canal pour atteindre ses objectifs. La nature de l'esprit assigné à la personne et le plan que Satan l'amène à réaliser dépendent de la personnalité de l'individu, sa position, et son rôle. En scrutant attentivement l'histoire de Jésus et de Pierre on voit comment Satan peut manipuler les gens et les monter les uns contre les autres pour réaliser son plan maléfique. Le Seigneur Jésus commença à expliquer à ses disciples dans le passage qu'il devait aller à Jérusalem, souffrir beaucoup de choses dans les mains des anciens. Il leur dit aussi comment il allait être tué, mais qu'il ressusciterait le troisième jour. Lorsque Pierre eut entendu cela, il le prit à part et le réprimanda en vue de l'empêcher (Jésus) d'aller à la croix pour sauver l'humanité du péché et de la mort.

Pierre ne comprenait pas qu'il se tenait sur le chemin de la destinée divine et du plan prophétique de Jésus. Mais quand Jésus regarda Pierre, il remarqua que c'était Satan qui l'utilisait comme un canal pour l'empêcher d'accomplir sa destinée divine. Alors, ayant regardé au-delà de Pierre et découvert le diable qui tentait de l'utiliser, il décela sa stratégie et bloqua son attaque. Il dit, « Arrière de moi, Satan ! » et non « Arrière de moi Pierre ! » parce que ce dernier était un instrument dont Satan voulait se servir pour la circonstance. De plus, tuer Pierre n'aurait pas complètement réglé le problème, mais identifier le diable qui était derrière la scène, découvrir sa stratégie, et bloquer son attaque auraient réglé le problème pour de bon. Notre problème majeur est que nous nous focalisons sur le canal plutôt que de nous focaliser sur celui qui l'utilise contre nous, c'est-à-dire, les ruses et la stratégie de bataille que Satan utilise pour distraire les gens afin de les maintenir perpétuellement dans la servitude.

L'histoire dans 1 Rois 21: 1-16 montre comment Satan œuvre pour détruire les vies et avorter les destinées des gens. L'histoire parle d'un homme appelé Naboth, de Jizreel, qui possédait une vigne qu'il avait héritée de ses ancêtres. La vigne était à côté du palais d'Achab, roi de Samarie. Le roi demanda à Naboth de lui céder sa vigne, pour qu'il en fasse un jardin potager, car elle était tout près de sa maison. Il promit de lui donner une autre vigne en échange ou de lui payer sa valeur monétaire. Mais Naboth répondit : « Que l'Éternel me garde de te donner l'héritage de mes pères! » Achab rentra donc dans sa maison, triste et irrité, à cause de cela, se coucha sur son lit, détourna le visage, et ne mangea rien. Lorsque Jézabel, sa femme, vint auprès de lui, et lui demanda pourquoi il refusait de manger, il lui répondit que c'était à cause de Naboth de Jizreel, à qui il avait demandé de lui céder sa vigne pour de l'argent, ou de prendre une autre vigne en lieu et place. Mais il avait dit: « Je ne te donnerai pas ma vigne! » Alors Jézabel lui dit: « Est-ce bien toi maintenant qui exerces la souveraineté sur Israël?

Lève-toi, prends de la nourriture, et que ton cœur se réjouisse; moi, je te donnerai la vigne de Naboth de Jizreel. » Elle écrivit au nom d'Achab des lettres qu'elle scella du sceau d'Achab, et qu'elle envoya aux anciens et aux magistrats qui habitaient avec Naboth dans sa ville. Dans les lettres, elle leur demanda de rassembler le peuple afin de jeûner et prier, de placer Naboth à la tête du peuple, et de mettre en face de lui deux méchants hommes pour l'accuser d'avoir maudit Dieu et le roi. Une fois que cela serait fait, ils le mèneraient dehors pour être lapidé à mort.

Lorsque les gens de la ville de Naboth, les anciens et les magistrats qui habitaient dans la ville reçurent les lettres, ils agirent comme Jézabel le leur avait fait dire, d'après ce qui était écrit dans les lettres qu'elle leur avait envoyées. Ils publièrent un jeûne, et ils placèrent Naboth à la tête du peuple; amenèrent deux méchants hommes en face de lui qui l'accusèrent d'avoir maudit Dieu et le roi. Puis ils le menèrent hors de la ville, ils le lapidèrent, et il mourut. Puis elle dit à Achab : « Lève-toi, prends possession de la vigne de Naboth de Jizreel, qui a refusé de te la céder pour de l'argent; car Naboth n'est plus en vie, il est mort ».

Vous remarquez dans le passage que lorsque le roi était venu directement voir Naboth pour lui demander sa vigne, que son père lui avait donnée, Naboth avait décliné l'offre et défendu son héritage. Mais quand Jézabel changea de stratégie en adoptant une nouvelle technique, en lui offrant la promotion, la gloire et l'honneur au sein de son peuple, il ne discerna pas que cette promotion cachait une mort (une manigance soigneusement conçue par Jézabel pour le tuer et prendre son héritage qu'il avait refusé de donner au roi). Jusqu'à ce que Jézabel envoie les lettres aux chefs de sa ville, ces derniers ne manigançaient rien en secret contre Naboth. La lettre est l'outil dont Jézabel s'était servi pour influencer et monter les leaders de la communauté de Naboth contre leur propre frère et le tuer.

Personne ne pouvait jamais s'imaginer que Jézabel était impliquée dans la mort de Naboth, parce qu'elle avait tout orchestré et tissé dans l'ombre. Elle était l'instigatrice en chef et le cerveau derrière la mort de Naboth, même si elle ne l'avait pas fait de ses propres mains. 2 Timothée 2: 26 parle de ceux que le diable a pris en captivité pour faire sa volonté, tandis que Ephésiens 2: 2 dit qu'il y a un esprit qui est à l'œuvre dans la vie de ceux qui refusent d'obéir à Dieu. Cet esprit est le prince ou le commandant de la puissance du monde invisible. Il utilise les modèles, les systèmes, les moyens et les principes du monde pour piéger et asservir les gens afin d'accomplir son plan maléfique.

Satan est un fin stratège, très rusé et sournois qui joue sur l'ignorance, la négligence, et la faiblesse des gens pour détruire leurs vies ou les maintenir perpétuellement dans la servitude. Il observe leurs attitudes, états d'esprit, et systèmes de croyance, et profite des failles dans leur vie, soit pour les asservir, soit pour les détruire. L'apôtre Paul dit de ne pas laisser à Satan l'avantage sur nous, car nous n'ignorons pas ses desseins (2 Co.2: 11). Il dit cela que parce qu'il sait que Satan est très rusé et bien organisé.

Il y a une histoire dans Matthieu 12: 43-45 qui montre à quel point le royaume de Satan est organisé. Le passage dit que lorsqu'un esprit impur quitte une personne, il va dans les lieux arides, pour chercher du repos, et s'il n'en trouve pas, il retourne dans la maison d'où il est sorti. Quand il arrive, il la trouve vide, balayée et ornée il s'en va et amène avec lui sept autres esprits plus méchants et plus puissants que lui, et ils entrent dans la personne et s'y établissent. Il dit la dernière condition de cette personne devient pire que la première. L'esprit sait que s'il retourne dans la personne et y demeure seul, ce qui l'avait vaincu et renvoyé de la personne pourrait revenir et le refaire. Il n'hésite pas à inviter d'autres esprits plus forts et plus puissants que lui à venir habiter dans la personne.

Les démons savent couvrir leurs faiblesses et travailler en unité. Il est écrit : « Car nous n'avons pas à lutter contre la chair et le sang, mais contre les dominations, contre les autorités, contre les princes de ce monde de ténèbres, contre les esprits méchants dans les lieux célestes. » (Ep. 6 : 12 LSG). Tous ces esprits travaillent ensemble pour accomplir le plan de leur maître, Satan, l'ennemi juré de l'église.

Il y a un autre exemple dans Marc 5: 1-15 qui élucide mieux ce point. Lorsque le Seigneur Jésus arriva dans la région des Gadaréniens, un homme sortant des sépulcres, et possédé d'un esprit impur vint au-devant de lui. Le passage dit qu'il avait sa demeure dans les sépulcres, et personne ne pouvait plus le lier, même avec une chaîne, car souvent il avait eu les fers aux pieds et avait été lié de chaînes, mais il avait rompu les chaînes et brisé les fers, et personne n'avait la force de le dompter. Il était sans cesse, nuit et jour, dans les sépulcres et sur les montagnes, criant, et se meurtrissant avec des pierres. Ayant vu Jésus de loin, il accourut, se prosterna devant lui, et s'écria d'une voix forte: « Qu'y a-t-il entre moi et toi, Jésus, Fils du Dieu Très Haut? Je t'en conjure au nom de Dieu, ne me tourmente pas. Le verset suivant dit que Jésus avait déjà ordonné à l'esprit de sortir de l'homme. Je crois que le Seigneur avait remarqué que quelque chose ne tournait pas rond et il avait décidé de lui demander quel était son nom. Et l'esprit a répondu, « Légion est mon nom, car nous sommes plusieurs. » Alors les mauvais esprits le prièrent instamment de ne pas les envoyer hors du pays. Les esprits supplièrent Jésus : « Envoie-nous dans ces pourceaux ». Dans un premier temps, l'esprit s'était lui-même présenté comme étant un seul : « Qu'y a-t-il entre moi et toi ? » demanda l'esprit, et le Seigneur s'adressa à lui comme à une seule personne et lui ordonna de sortir de l'homme. C'est là, la tromperie au plus haut point. Mais le Seigneur remarqua que quelque chose clochait, lui demanda donc son nom et découvrit sa véritable identité.

De nombreux théologiens et érudits de la Bible estiment une légion à environ six mille esprits. Dès que le Seigneur découvrit son identité, l'esprit passa de ''moi'' à ''nous''. A vrai dire, les esprits étaient en train de dire au Seigneur qu'ils avaient le même objectif, les mêmes paroles, et la même fonction. Ils résistent ensemble ou capitulent ensemble. Quand l'esprit en chef parla, tous les autres lui accordèrent leur soutien en refusant de le laisser capituler seul. Il bénéficia du soutien et de la force de plus de six mille démons lorsqu'il parlait au Seigneur. Et quand Jésus lui demanda de sortir, tous d'un commun accord dirent : « Envoie-nous dans ces pourceaux. »

Un autre personnage de la Bible dont la vie et l'œuvre dépeint à bien des égards les ruses et la stratégie de bataille de Satan est Pharaon, roi d'Egypte. La Bible déclare que qu'une fois au pouvoir, il conçut un plan pour empêcher les Israélites de se multiplier dans le pays d'Egypte, de peur qu'ils se retournent contre lui, rejoignent leurs ennemis en cas de guerre, et quittent l'Egypte. Il les affligea, les opprima, et leur rendit la vie amère par de durs labeurs et les rudes travaux qu'il leur fit endurer dans les champs, et il n'eut pas d'égard aux choses que Joseph avait faites pour sauver l'Egypte durant la période où le monde entier avait subi une de famine de sept ans. Il appela les sages-femmes des Hébreux, nommées l'une Schiphra, et l'autre Pua, et leur dit: « Quand vous accoucherez les femmes des Hébreux et que vous les verrez sur les sièges, si c'est un garçon, faites-le mourir; si c'est une fille, laissez-la vivre. ». Rappelez-vous, les Israélites étaient forcés de construire les villes de Pithom et de Ramsès pour servir de magasins à Pharaon et à faire toutes sortes de travaux dans les champs pour les Egyptiens. La logique aurait voulu qu'il garde les hommes vivants, afin d'avoir plus de main-d'œuvre pour son projet. Mais puisqu'il qu'il savait par la divination que l'une des femmes hébreux donnerait naissance à un libérateur, qui libérerait le peuple d'Israël de l'esclavage, il déploya leurs sages-femmes contre eux afin de tuer leurs bébés mâles dès leur naissance. Les sages-femmes sont des agents spéciaux formés pour aider les femmes pendant l'accouchement. Elles savent tout de la condition, la force et la faiblesse d'une femme enceinte, et les femmes se confient à elles et leur confient leurs secrets, leurs craintes et préoccupations. C'est l'instrument que Pharaon avait décidé de déployer contre les femmes qui portaient la semence prophétique dans leur ventre. Il leur demanda également d'attendre le moment où les femmes entreraient en travail, prêtes à donner naissance ; un moment stratégique où le témoignage, la gloire, les fruits, la bénédiction, et la promotion seraient sur le point de se manifester. Voilà comment Satan opère.

Le diable est très rusé et bien organisé, et il utilise les esprits et les choses pour tromper et amener les gens dans la servitude, afin de pouvoir les manipuler et détruire leurs destinées. Il se sert de la convoitise de la chair, la convoitise des yeux, et l'orgueil de la vie pour tromper les humains, les asservir, et les amener à échanger leur but et leur destinée contre de l'argent, la célébrité, et le plaisir. Pour atteindre cet objectif, il élabore des façons de faire les choses qui sont moralement inacceptables et qui paraissent sans danger pour la société, afin de créer une norme de société qui encourage de telles pratiques, et à la fin, il utilise l'orgueil, la honte, la drogue, le sexe, la prison, le suicide, etc., pour les détruire.

BRISER LES AUTELS DÉMONIAQUES

Un autel est un lieu de sacrifice, d'alliance, de communion et d'adoration. C'est là où la divinité rencontre l'humanité, la frontière entre le monde des esprits et celui des humains. Un autel est la seule porte qui mène au monde invisible. Il porte le nom et attire la présence de la divinité à laquelle il est dédié. Tout ce qu'offrent volontairement les hommes à un esprit se fait toujours sur l'autel qui représente l'esprit à qui l'offrande est faite. Il attire la présence de la divinité qu'il représente, et vous donne un clair aperçu et une prévoyance de la nature de la divinité qu'il représente, car un autel est le visage et les yeux de l'esprit qu'il représente. C'est la seule plate-forme qui relie, connecte, et maintient ensemble deux mondes à part, c'est-à-dire, le monde des esprits et le monde des humains. Aucun humain ne peut accéder au monde des esprits, sans un autel, et aucun esprit ne peut parler aux hommes sans un autel. Chaque fois que les humains vont devant l'autel, ils cherchent à communiquer avec l'esprit que l'autel représente, et tout sacrifice offert sur un tel autel va à cet esprit. En fait, chaque autel nécessite un sacrifice pour être activé, et c'est le sacrifice fait sur l'autel qui l'amène à parler.

Tu m'élèveras un autel de terre, sur lequel tu offriras tes holocaustes et tes sacrifices d'actions de grâces, tes brebis et tes bœufs. Partout où je rappellerai mon nom, je viendrai à toi, et je te bénirai. Si tu m'élèves un autel de pierre, tu ne le bâtiras point en pierres taillées; car en passant ton ciseau sur la pierre, tu la profanerais. Tu ne monteras point à mon autel par des degrés, afin que ta nudité ne soit pas découverte. (Ex. 20: 24-26 LSG)

Nous remarquons dans l'Ecriture ci-dessus que l'autel est un endroit conçu pour offrir des sacrifices à Dieu. C'est aussi un lieu où Dieu vient bénir son peuple. Il y avait des règles sur la façon dont l'autel devait être construit, les types de sacrifices qui devaient y être offerts, et la façon dont les gens devaient l'approcher pour ne pas le souiller ou le profaner. Dieu reçoit tout ce qui est sacrifié sur l'autel et bénit son peuple.

Genèse 8: 20-22 raconte comment Noé bâtit un autel à l'Éternel, quand il sortit de l'arche avec sa famille, et tous ceux qui étaient dans l'arche avec lui. Il prit quelques-uns des animaux purs et les sacrifia sur l'autel de Dieu. Le passage dit lorsque Dieu sentit une odeur agréable, il dit dans son cœur : « Je ne maudirai plus la terre, à cause de l'homme, parce que les pensées du cœur de l'homme sont mauvaises dès sa jeunesse; et je ne frapperai plus tout ce qui est vivant, comme je l'ai fait. Tant que la terre subsistera, les semailles et la moisson, le froid et la chaleur, l'été et l'hiver, le jour et la nuit ne cesseront point. » La suite est que Dieu bénit Noé et ses enfants (Genèse 9: 1-2). Nous remarquons comment le sacrifice de Noé avait attiré la présence et la voix de Dieu. Après avoir construit l'autel, Noé y offrit des sacrifices à l'Eternel. L'offrande monta vers Dieu comme un parfum de bonne odeur et l'amena à parler et à agir en faveur de celui qui avait offert le sacrifice. Sans sacrifice, l'autel n'a aucune puissance. L'esprit ne cherche pas des autels, mais plutôt les sacrifices qui y sont offerts, et lorsqu'on cesse d'offrir des sacrifices sur l'autel ou qu'on y offre de mauvais sacrifices, la divinité à laquelle il est adressé se retire du lieu.

Lévitique 17:11 dit que la vie d'un être se trouve dans son sang, et c'est seulement le sang qui peut servir d'expiation pour sa vie. Quand on offre un sacrifice sur l'autel, on le tue pour faire ressortir la vraie vie qui est dans le sang. Pendant que le sang coule sur l'autel, la vie de l'animal est ôtée par le sang que nous répandons sur l'autel. Genèse 4:10 déclare, la voix du sang d'Abel crie à l'Eternel depuis la terre. Genèse 4:11 montre comment la terre qui avait ouvert sa bouche pour recevoir le sang d'Abel de la main de Caïn qui s'était levée contre lui (Caïn), parce que la voix d'Abel parlait à travers le sang qui était entré dans la terre. De même, lorsqu'on offre un sacrifice sur un autel, l'esprit qu'il représente reçoit la vie de l'animal à travers le sang versé sur l'autel, qui donne alors une voix à l'autel. De la même façon que le sang d'Abel parlait de la terre pour attirer la voix de Dieu en jugement contre son frère Caïn, le sang sur l'autel confère à l'autel une voix qui à son tour attire la voix de l'esprit qu'il représente en défaveur de celui contre de qui le sacrifice a été fait.

Autrement dit, un sacrifice offert sur un autel confère une voix à l'autel, et la voix de l'autel amplifie celle de l'esprit qu'il représente. Un sacrifice, c'est quelque chose d'une grande valeur qui est agréable à celui à qui il est offert. Tout sacrifice a une valeur, et c'est la valeur d'un sacrifice qui détermine son impact; plus la valeur est grande, plus son impact est grand. Etant donné qu'un autel relie, connecte, sert de pont, et maintient ensemble les humains et les esprits, il donne à l'esprit le droit légal d'opérer sur la terre. Le monde appartient à l'homme, et seuls les êtres humains ont le droit légal d'y opérer. Lorsqu'on élève un autel à un esprit et qu'on y offre des sacrifices, on donne à l'esprit qui se trouve derrière cet autel le droit légitime d'opérer dans cette région ou ce domaine. Un autel amplifie la voix de l'esprit en question et lui donne le droit légitime d'opérer sur la terre, tandis que les sacrifices activent un autel et lui confère une voix. Les êtres spirituels reçoivent des humains tout ce que nous leur offrons sur l'autel et l'utilisent pour travailler pour l'humanité. Toute transaction ou échange entre le monde des esprits et celui les humains se produit toujours sur l'autel.

Les autels démoniaques sont ceux dressés par les hommes en l'honneur des mauvais esprits, qui leur donnent le droit légitime d'agir sur la terre. Ça peut être dans la famille, la communauté, la région, le pays, ou la nation. Les sacrifices offerts sur de tels autels amplifient les voix des démons de la localité et leur donnent des droits légaux pour mener à bien leur programme maléfique sur ce territoire (Lé. 17: 7, De 32:17, Ps 106:.. 37). Sans sacrifices, l'autel n'a aucune puissance, et sans l'autel qui établit des plates-formes, des ponts et des connexions entre le monde des humains et celui des esprits, les esprits n'ont aucun droit d'opérer sur la terre. Ainsi, quand on traite avec les autels démoniaques, il y a certaines choses qu'on doit cibler. La première est l'être humain qui a conclu l'accord et a établi la plate-forme. La deuxième est l'esprit que représente l'autel. La troisième est l'autel qui sert de pont ou qui relie les deux parties. La quatrième constitue les sacrifices offerts sur l'autel.

La cinquième est l'accord ou l'alliance établie par l'autel et les sacrifices. La sixième concerne les effets ou conséquences de l'accord conclu entre les deux parties. La septième est que vous devez élever un autre autel pour contrecarrer la puissance et l'emprise de l'ancien qui a été détruit.

This means that transgenerational curses are words or actions thaGarde-toi de faire alliance avec les habitants du pays où tu dois entrer, de peur qu'ils ne soient un piège pour toi. Au contraire, vous renverserez leurs autels, vous briserez leurs statues, et vous abattrez leurs idoles. Tu ne te prosterneras point devant un autre dieu; car l'Éternel porte le nom de jaloux, il est un Dieu jaloux. Garde-toi de faire alliance avec les habitants du pays, de peur que, se prostituant à leurs dieux et leur offrant des sacrifices, ils ne t'invitent, et que tu ne manges de leurs victimes; de peur que tu ne prennes de leurs filles pour tes fils, et que leurs filles, se prostituant à leurs dieux, n'entraînent tes fils à se prostituer à leurs dieux. (Ex. 34: 12-16 LSG)

Vous détruirez tous les lieux où les nations que vous allez chasser servent leurs dieux, sur les hautes montagnes, sur les collines, et sous tout arbre vert. Vous renverserez leurs autels, vous briserez leurs statues, vous brûlerez au feu leurs idoles, vous abattrez les images taillées de leurs dieux, et vous ferez disparaître leurs noms de ces lieux-là. Vous n'agirez pas ainsi à l'égard de l'Éternel, votre Dieu. Mais vous le chercherez à sa demeure, et vous irez au lieu que l'Éternel, votre Dieu, choisira parmi toutes vos tribus pour y placer son nom. C'est là que vous présenterez vos holocaustes, vos sacrifices, vos dîmes, vos prémices, vos offrandes en accomplissement d'un vœu, vos offrandes volontaires, et les premiers-nés de votre gros et de votre menu bétail. C'est là que vous mangerez devant l'Éternel, votre Dieu, et que, vous et vos familles, vous ferez servir à votre joie tous les biens par lesquels l'Éternel, votre Dieu, vous aura bénis. (De. 12: 2-7 ESV)

Quand l'ange du Seigneur apparut à Gédéon, qui battait du froment au pressoir pour le mettre à l'abri des Madianites, il lui dit, « Le Seigneur est avec toi, vaillant héros. » Gédéon lui dit : « Si l'Eternel est avec nous, pourquoi toutes ces choses nous sont-elles arrivées ? Et où sont tous ses prodiges que nos pères nous racontent, quand ils disent : L'Eternel ne nous a-t-il pas fait monter hors d'Egypte ? Maintenant, l'Eternel nous abandonne et il nous livre entre les mains de Madian. » L'ange se tourna vers lui et dit : « Va avec cette force que tu as, et délivre Israël de la main de Madian ... » Je crois que la force de Gédéon était la connaissance de la révélation sur la nature du Dieu d'Israël. Il savait qu'Israël était oppressé par ses ennemis parce que le Seigneur les avait abandonnés et livrés entre leurs ennemis. Il avait la conviction que leurs ennemis ne pouvaient pas régner sur eux, si Dieu était avec eux. Il savait que la présence de Dieu fait des merveilles et apporte la victoire à son peuple.

Au lieu de se focaliser sur sa connaissance de la personne de Dieu, et de ce qu'il était capable de faire avec un homme, Gédéon s'était focalisé sur la condition de sa famille et sa propre position dans la maison de son père. L'ange parla de nouveau et lui dit : « Je serai avec toi, et tu battras Madian comme un seul homme. ». C'était là la force de Gédéon, la compréhension et la croyance qu'il avait sur la puissance et la présence de Dieu. Il savait avec certitude que lorsque Dieu est impliqué, les choses se passent bien.

Le passage souligne comment l'ange lui ordonna cette même nuit de démolir l'autel que son père avait fait à Baal et d'abattre également le pieu sacré qui est dessus. De plus, l'ange lui demanda de construire un autel à l'Éternel Dieu, avec le pieu sacré qu'il avait abattu, et d'offrir le second taureau en holocauste sur l'autel. L'autel de la maison de son père et les sacrifices qui y avaient été offerts l'avaient limité; pour se libérer, il lui fallait d'abord détruire l'autel pour libérer sa destinée de leur emprise, ensuite dresser un autre autel qui parlerait en sa faveur et le propulserait dans sa destinée divine.

Une prière offensive est indispensable pour briser les autels démoniaques parce que vous engagez un combat spirituel contre l'esprit pour renverser son mandat, briser son emprise, le réduire au silence, libérer les captifs, briser l'alliance, annuler le sacrifice, libérer le canal humain de leur camp, bloquer les conséquences de ses actes, lier l'homme fort ou chasser l'esprit, sécuriser le territoire, repousser l'attaque, changer le climat spirituel, bloquer tous les réseaux ou les moyens utilisés par les démons pour accomplir leur programme maléfique, etc. en utilisant les armes appropriées dans la prière. Vous construirez ensuite un nouvel autel par le sang supérieur du Seigneur Jésus, qui est l'ultime sacrifice offert sur la terre en faveur de l'humanité et qui donne à Dieu et au Saint-Esprit le droit légal d'agir sur la terre. Pour réussir cette opération, vous devez comprendre la stratégie de l'intercession, les armes du combat spirituel, la cartographie spirituelle, les ruses et la stratégie de bataille de Satan, le maniement de l'épée, etc.

BRISER LES MALÉDICTIONS TRANS-GÉNÉRATIONNELLES

D'après mon papa, l'archevêque Duncan-Williams, « les malédictions transgénérationnelles se rapportent tout simplement aux motifs de la lignée. » Selon lui, il y a des choses ancrées dans notre ADN, dans notre subconscient, et dans notre lignée qui ont été programmées par l'ennemi pour restreindre et limiter notre avancement dans la vie.

Le *dictionnaire Merriam-Webster* définit le mot malédiction comme « des mots magiques prononcés pour amener le trouble ou la malchance sur quelqu'un ou la condition qui résulte lorsque ces mots sont dits. »

Cela signifie que les malédictions transgénérationnelles sont des mots ou des actions qui ont la capacité de nuire, de détruire, ou de provoquer la malchance sur quelqu'un ou fait par une personne pour certaines raisons qui causent le mal à une personne et à la génération qui vient après elle. Cela pourrait également signifier une situation qui survient comme le résultat de ces mots ou de ces actes. Le malheur résultant de ces mots ou actes traverse la lignée de la personne d'une génération à une autre. Et si on ne fait rien pour arrêter les conséquences de ces mots ou de ces actes, elles vont continuer de parcourir cette lignée jusqu'à ce qu'elles créent un lien spécifique dans la lignée qui affecte les gens de cette famille. Le Seigneur déclare dans Exode 20: 5 qu'il est un Dieu jaloux qui punit l'iniquité des pères sur les enfants jusqu'à la troisième et la quatrième génération de ceux qui me haïssent. Nous remarquons dans ce verset que les conséquences de certains actes peuvent traverser trois ou quatre générations sur toute la ligne. Dieu dit qu'il punit les enfants de ceux qui le détestent pour les actions de leurs parents jusqu'à la quatrième génération si le motif n'est pas détruit.

Il existe une relation de cause à effet entre la peine imposée par Dieu aux enfants de ceux qui le détestent et les péchés de leurs pères jusqu'à la quatrième génération. Pour arrêter une telle punition qui provoque un lien dans la lignée, qui affecte quatre générations, vous devez traiter la cause principale afin de découvrir le péché ou l'acte qui a entraîné la punition. L'utilisation de l'approche de cause à effet ou de la méthode d'analyse de la cause principale par inspiration divine, à la lumière des vérités, concepts et principes bibliques sous la puissance de l'Esprit Saint, vous permet de découvrir l'origine des choses, pourquoi cela s'est produit, l'effet et comment les arrêter, de sorte que vous puissiez détruire le lien en utilisant les armes appropriées dans la prière pour libérer ceux qui sont affectés.

Beaucoup de gens subissent des choses qui ne sont pas forcément le résultat de leurs actes, mais plutôt les conséquences des actes de quelqu'un d'autre à un moment donné dans leur lignée. La Bible révèle comment Josué a mis une malédiction sur celui qui tentera de reconstruire la ville de Jéricho après l'effondrement du mur lorsque les enfants d'Israël ont poussé un cri au son de la trompette, ayant fait un tour de la ville pendant six jours sans pousser un cri de guerre, et sept fois de la même manière au septième jour, à la différence qu'après le septième tour, les sacrificateurs sonnèrent la trompette et Josué demanda aux peuples de pousser des cris vers l'Eternel. Le son de la trompette et le cri du peuple ont provoqué l'écroulement du mur de Jéricho, de sorte que les enfants d'Israël pouvaient entrer et détruire tout ce qui s'y trouvait à l'exception de Rahab la prostituée et tous ceux qui étaient avec elle dans la maison, parce qu'elle avait caché les espions que Josué avait envoyés.

Ce fut alors que Josué jura, en disant: Maudit soit devant l'Éternel l'homme qui se lèvera pour rebâtir cette ville de Jéricho! Il en jettera les fondements au prix de son premier-né, et il en posera les portes au prix de son plus jeune fils. (Jos. 6:26 LSG)

Environ cinq cent cinquante ans après l'événement, un homme du nom Hiel de Béthel a décidé de reconstruire Jéricho pendant le règne d'Achab, roi d'Israël. La Bible déclare dans 1 Rois16: 34 qu'il jeta les fondements au prix d'Abiram son premier-né, et il a mis en place ses portes au prix de son plus jeune fils Segub.

De son temps, Hiel de Béthel bâtit Jéricho; il en jeta les fondements au prix d'Abiram, son premier-né, et il en posa les portes aux prix de Segub, son plus jeune fils, selon la parole que l'Éternel avait dite par Josué, fils de Nun.
(1 Rois. 16:34 LSG)

Voilà pourquoi il est très important d'étudier l'histoire de la famille. Qui pourrait croire que la malédiction que Josué avait placée sur Jéricho subsisterait pendant cinq cent cinquante ans pour nuire et détruire les enfants de cet homme qui avait peut-être entrepris ce projet de construction pour aider sa communauté? Josué avait ses raisons de prononcer la malédiction sur Jéricho, et l'homme avait également ses raisons de tenter de construire la ville de Jéricho, mais il ignorait les conséquences de son acte et le prix que cela lui coûterait. Les enfants de cet homme ne sont pas morts parce qu'ils ont fait quelque chose de mal; ils sont morts à cause de l'acte noble de leur père qui a voulu construire la ville dans laquelle ils vivaient. S'il avait su que le projet allait réclamer ses enfants, il ne l'aurait pas entrepris. La malédiction a subsisté dans le temps pendant des années à l'insu de tout le monde jusqu'à ce qu'elle trouve une occasion à travers l'acte de Hiel pour réclamer ses enfants. En utilisant la relation de cause à effet, nous nous rendons compte que Josué a prononcé une malédiction sur quiconque tenterait de construire Jéricho pour s'assurer que la ville reste déserte; Hiel a construit la ville et a perdu ses fils à cause du pouvoir de la malédiction qui était attaché à l'acte de la construction de la ville. Tant que la ville était déserte, la malédiction restait en sommeil, car il fallait l'initiative de construction pour activer l'effet de la malédiction, qui était la mort.

Un homme de Dieu vint auprès d'Éli, et lui dit: Ainsi parle l'Éternel: Ne me suis-je pas révélé à la maison de ton père, lorsqu'ils étaient en Égypte dans la maison de Pharaon? Je l'ai choisie parmi toutes les tribus d'Israël pour être à mon service dans le sacerdoce, pour monter à mon autel, pour brûler le parfum, pour porter l'éphod devant moi, et j'ai donné à la maison de ton père tous les sacrifices consumés par le feu et offerts par les enfants d'Israël. Pourquoi foulez-vous aux pieds mes sacrifices et mes offrandes, que j'ai ordonné de faire dans ma demeure?

Et d'où vient que tu honores tes fils plus que moi, afin de vous engraisser des prémices de toutes les offrandes d'Israël, mon peuple? C'est pourquoi voici ce que dit l'Éternel, le Dieu d'Israël: J'avais déclaré que ta maison et la maison de ton père marcheraient devant moi à perpétuité. Et maintenant, dit l'Éternel, loin de moi! Car j'honorerai celui qui m'honore, mais ceux qui me méprisent seront méprisés. Voici, le temps arrive où je retrancherai ton bras et le bras de la maison de ton père, en sorte qu'il n'y aura plus de vieillard dans ta maison. Tu verras un adversaire dans ma demeure, tandis qu'Israël sera comblé de biens par l'Éternel; et il n'y aura plus jamais de vieillard dans ta maison. Je laisserai subsister auprès de mon autel l'un des tiens, afin de consumer tes yeux et d'attrister ton âme; mais tous ceux de ta maison mourront dans la force de l'âge. Et tu auras pour signe ce qui arrivera à tes deux fils, Hophni et Phinées; ils mourront tous les deux le même jour. Je m'établirai un sacrificateur fidèle, qui agira selon mon cœur et selon mon âme; je lui bâtirai une maison stable, et il marchera toujours devant mon oint. Et quiconque restera de ta maison viendra se prosterner devant lui pour avoir une pièce d'argent et un morceau de pain, et dira: Attache-moi, je te prie, à l'une des fonctions du sacerdoce, afin que j'aie un morceau de pain à manger.
(1 Sa 2: 27-36 LSG)

    Ce passage montre comment un homme de Dieu vint à Eli, le souverain sacrificateur et prononça un jugement sur sa famille à cause de la méchanceté de ses enfants Hophni et Phinées. L'Ecriture dit que c'étaient des hommes méchants qui n'avaient aucun respect pour le Seigneur et qui traitaient l'offrande du Seigneur avec mépris, en ce sens qu'ils envoyaient leurs serviteurs qui tenaient en main des fourchettes à trois dents pour arracher par la force, la nourriture de celui qui offrait des sacrifices au Seigneur. Leurs serviteurs piquaient la fourchette dans la chaudière, dans le chaudron ; dans la marmite ou dans le pot, et tout ce que la fourchette amenait, le sacrificateur le prenait pour lui.

Ils couchèrent également avec les femmes qui servaient à l'entrée de la tente d'assignation. Lorsqu'Eli leur père a appris comment ses fils agissaient, il les a mis en garde, même s'ils ne l'ont pas écouté. Leur péché était si grave aux yeux de Dieu qu'il a envoyé un homme pour prononcer un jugement sur la famille d'Eli. La parole que l'homme de Dieu a prononcé contre la maison d'Eli est demeuré dans sa lignée pendant plus de 80 années, jusqu'à ce qu'il a finalement empêché tous les membres de cette lignée de devenir le grand sacrificateur dans le temple.

Lorsqu'Adonija, le frère aîné de Salomon, a tenté de se faire roi sur Israël, il se procura des chars et des cavaliers, et cinquante hommes qui couraient devant lui. Il eut également un entretien avec Joab, le chef de l'armée d'Israël, et le sacrificateur Abiathar, et ils embrassèrent son parti. Puis il alla près de la Pierre de Zohéleth, qui est à côté d'En-Roguel, sacrifier des brebis, des bœufs, et des veaux gras. Il invita tous ses frères, les fils du roi, et tous les fonctionnaires de Juda au service du roi. Mais il n'invita point Nathan, le prophète, ni Benaja, les vaillants hommes, ni Salomon, son frère. Lorsque le roi David appela le sacrificateur Tsadok, Nathan le prophète, et Benaja, fils de Jehojada, il leur dit : « Prenez avec vous les serviteurs de votre maître, faites monter Salomon, mon fils, sur ma mule, et faites-le descendre à Guihon. Là, le sacrificateur Tsadok et Nathan le prophète l'oindront pour roi sur Israël. Vous sonnerez de la trompette, et vous direz: Vive le roi Salomon! » Lorsque Salomon fut entièrement établi comme roi sur Israël, il ordonna à Benaja, fils de Jehojada d'exécuter Adonija pour trahison et Joab, fils de Tseruja, pour le meurtre de deux commandants de l'armée d'Israël, Abner fils de Ner, et Amasa, fils de Jéther. Cependant, il n'a pas exécuté le sacrificateur Abiathar pour avoir supporté Adonija, mais il l'a démis de ses fonctions sacerdotales et mis Tsadok à sa place.

Abiathar, fils d'Achimélec avait perdu les membres de sa famille à cause de David, lorsque le roi Saül attaqua Nob, la ville des sacrificateurs, et tua les hommes, les femmes, les enfants, le bétail, les ânes, les brebis et les chèvres, sans oublier les quatre-vingt-cinq sacrificateurs qui portaient des tenues sacerdotales que Doëg, l'Édomite avait tué par l'épée sur l'ordre du roi (1 Sa. 22: 6-23). Il (Abiathar) s'était échappé, avait reporté l'incident à David, et est resté avec lui. Il était donc devenu le sacrificateur de David et le servait dans les choses ayant rapport avec Dieu. Il est passé par l'expérience du désert avec David espérant que lorsque Dieu accomplirait ses promesses et l'établirait sur Israël, il deviendrait le grand sacrificateur dans le temple qui serait construit, ignorant qu'il y avait quelque chose qui parcourait sa lignée qui le désavantagerait et le disqualifierait à la fin. En raison de ses sacrifices, sa loyauté et son engagement à David, il aurait dû être le grand sacrificateur qui a connu la gloire de la Schékinah de Dieu dans le magnifique temple que Salomon avait construit à Jérusalem, si ce n'était pas à cause du fait qu'il avait soutenu Adonija, qui a tenté de se faire roi sur Israël.

Tout le monde pourrait penser qu'Abiathar avait perdu son poste en raison de l'erreur qu'il a commise en soutenant Adonija, mais l'Écriture dit que cela lui est arrivé en raison du jugement prononcé sur la maison de son père quatre-vingts ans avant lui (1 Rois. 2:26-27). Salomon lui dit, « Vas-t'en à Anathoth dans tes terres, car tu mérites la mort; mais je ne te ferai pas mourir aujourd'hui, parce que tu as porté l'arche du Seigneur l'Éternel devant David, mon père, et parce que tu as eu part à toutes les souffrances de mon père. Abiathar perdit donc son poste au moment où il était censé entrer dans son repos et être établi comme grand sacrificateur dans la maison du Seigneur tout simplement parce que de ce qui parcourait sa racine ancestrale d'une génération à une autre qui se tenait contre lui et l'a fait chuter au moment où il aurait été honoré.

Tant de choses se passent dans nos vies comme étant le résultat de ce qui existe et parcourt notre lignée et qui nous fait répéter l'histoire. Les malédictions transgénérationnelles peuvent conduire au suicide, au meurtre, à la mort prématurée, la prison, la douleur, les larmes, le malheur, la dépression, le découragement, l'accident, la perte, etc. Il est très important de faire quelques vérifications d'antécédents et d'identifier les incidents ou les modèles existant dans nos racines ancestrales et les détruire dans la prière, avec les armes appropriées.

LES MOTIFS DE LA LIGNÉE

Il y a tellement de choses qui se passent dans nos vies et qui résultent de ce qui a cours dans notre lignée, racine ancestrale, fondation, origine, arbre généalogique, descendance, etc. On ne peut pas réussir à traiter ce genre de choses si l'on ne s'attaque pas à la cause principale. Et pour identifier cette cause, vous devez examiner en profondeur l'histoire de votre famille pour savoir pourquoi certaines choses ne changent pas et se produisent toujours. Psaumes 11: 3 dit, quand les fondements sont renversés, le juste, que ferait-il? Beaucoup pensent que parce qu'ils sont nés de nouveau, tout a changé dans leur vie. La vérité est que la nouvelle naissance nous unit à Christ en régénérant notre homme spirituel de la mort spirituelle qui est venue sur l'humanité dès le commencement par Adam lorsqu'il a transgressé le commandement de Dieu (1 Co.6: 17, Ro 5: 18- 21). Elle nous sauve également de la damnation éternelle et nous donne l'espérance de la vie éternelle en Jésus-Christ. Mais elle ne nous détache pas de notre arbre généalogique.

2 Corinthiens 5:17 dit, si quelqu'un est en Christ, il est une nouvelle créature; les choses anciennes sont passées ; voici, toutes choses sont devenues nouvelles. Il est en ainsi parce que le sang de Jésus lave nos péchés et nous purifie pendant que Dieu nous impute sa justice par la foi, à la nouvelle naissance et nous amène dans le royaume de son fils. Colossiens 1: 12-13 déclare que Dieu nous a rendu capables d'avoir part à l'héritage des saints dans la lumière, qu'il nous a délivré de la puissance des ténèbres et nous a transportés dans le royaume du Fils de son amour. Quand Dieu nous a transportés dans le royaume de son Fils, il ne nous a pas séparés de notre lignée ou de nos racines. Le seul changement qui se produit est celui de la position, du royaume des ténèbres à celui du Christ par la régénération de notre homme spirituel. Toutefois, notre pensée et notre caractère demeurent pareils. Voilà pourquoi l'Ecriture nous exhorte à renouveler nos pensées et à changer notre comportement (Ro 12: 2, 2 Co. 4:16, Ep 4:23, Col 3:10).

Lorsque Lazare tomba malade, ses sœurs envoyèrent un messager dire à Jésus que celui qu'il aimait était malade, espérant que le Seigneur viendrait le guérir afin qu'il ne meure pas. Mais Jésus resta encore deux jours à l'endroit où il était, avant de dire ensuite à ses disciples : « Retournons en Judée. ». Arrivé à Béthanie, il constata que Lazare était déjà dans la tombe depuis quatre jours. Quand ils l'emmenèrent à l'endroit où ils l'avaient enterré, le Seigneur ordonna au mort de sortir de la tombe et il sortit, les mains et les pieds liés de bandes, et le visage enveloppé d'un linge (Jn. 11: 1-44). Jésus leur dit : « Déliez-le, et laissez-le aller. » La maladie avait tué Lazare, mais les traditions et les coutumes du peuple l'avaient lié. La coutume juive exigeait que quand une personne meurt, elle doit être enveloppée avec des bandes et des aromates avant d'être enterré (Jn. 19:40). Voilà pourquoi Lazare avait les mains, les pieds et le visage liés avec un linge qui l'empêchait de vivre la liberté totale.

L'intervention de Jésus l'avait libéré de la puissance de la maladie et de la mort, mais la tradition, les coutumes et la main des hommes l'avaient maintenu lié. Bien que Lazare ait été délivré par le Seigneur de ce qui l'avait tué, il n'était pas vraiment libre à cause de la force qui était à l'œuvre dans ses racines ancestrales et origines familiales. Ceci est ce que j'appelle *libéré, mais pas libre*.

De la même manière que la maladie avait tué Lazare, mais la tradition de son peuple le maintenait lié, nous étions tous morts par le péché d'Adam, et nous étions tous liés par les traditions et les coutumes de la maison de notre père. Quand Jésus est intervenu, il a arrêté le pouvoir de la tombe et l'a ramené à la vie, mais il a ordonné à ceux qui l'entouraient de libérer l'homme du joug de sa tradition afin qu'il aille accomplir sa destinée. De même, la mort et la résurrection du Seigneur Jésus ont racheté nos âmes de la mort et nous ont donné la vie éternelle. Pour bénéficier pleinement de l'œuvre accomplie de Christ sur la croix, nous devons nous détacher de tout ce qui est à l'œuvre dans notre lignée et qui nous a liés à savoir les alliances, malédictions, coutumes, traditions, croyances, autels, sacrifices etc.

La confession de notre foi ne nous mènera nulle part à moins que nous fassions cela et réglions certaines choses ayant rapport à notre fondation. Dieu respecte sa parole et agit en conformité avec les principes qu'il a établis. De la même façon que le Seigneur Jésus n'a pas lui-même délié la corde que la tradition avait placée sur Lazare, mais a ordonné à quelqu'un de le faire, Dieu ne fera pas tout pour nous. Il a équipé et doté certaines personnes pour aider les autres à se libérer des barrières que les traditions ont posées sur leur vie. Le Seigneur Jésus a dit dans Matthieu15: 6b, « Vous annulez ainsi la parole de Dieu au profit de votre tradition. » Il y a des choses qui prévalent dans notre lignée et qui nous empêchent de jouir pleinement des bénéfices de la croix.

Nous avons été libérés de la puissance du péché et de la mort, mais pas libérés du joug de la tradition.

> *Du temps de David, il y eut une famine qui dura trois ans. David chercha la face de l'Éternel, et l'Éternel dit: C'est à cause de Saül et de sa maison sanguinaire, c'est parce qu'il a fait périr les Gabaonites. Le roi appela les Gabaonites pour leur parler. -Les Gabaonites n'étaient point d'entre les enfants d'Israël, mais c'était un reste des Amoréens; les enfants d'Israël s'étaient liés envers eux par un serment, et néanmoins Saül avait voulu les frapper, dans son zèle pour les enfants d'Israël et de Juda. - David dit aux Gabaonites: Que puis-je faire pour vous, et avec quoi ferai-je expiation, afin que vous bénissiez l'héritage de l'Éternel? Les Gabaonites lui répondirent: Ce n'est pas pour nous une question d'argent et d'or avec Saül et avec sa maison, et ce n'est pas à nous qu'il appartient de faire mourir personne en Israël. Et le roi dit: Que voulez-vous donc que je fasse pour vous? Ils répondirent au roi: Puisque cet homme nous a consumés, et qu'il avait le projet de nous détruire pour nous faire disparaître de tout le territoire d'Israël, qu'on nous livre sept hommes d'entre ses fils, et nous les pendrons devant l'Éternel à Guibea de Saül, l'élu de l'Éternel. Et le roi dit: Je les livrerai. Le roi épargna Mephiboscheth, fils de Jonathan, fils de Saül, à cause du serment qu'avaient fait entre eux, devant l'Éternel, David et Jonathan, fils de Saül. Mais le roi prit les deux fils que Ritspa, fille d'Ajja, avait enfantés à Saül, Armoni et Mephiboscheth, et les cinq fils que Mérab, fille de Saül, avait enfantés à Adriel de Mehola, fils de Barzillaï; et il les livra entre les mains des Gabaonites, qui les pendirent sur la montagne, devant l'Éternel. Tous les sept périrent ensemble; ils furent mis à mort dans les premiers jours de la moisson, au commencement de la moisson des orges.*
> *(2 Sa 21: 1-9 LSG)*

Le passage ci-dessus dépeint clairement comment votre fondation vous affecte. Le roi David était un homme très aimé par l'Eternel. En effet, l'Écriture l'appelle l'homme selon le cœur de Dieu (1 Sa 13:14). Pendant son règne, il y avait une famine pendant trois années consécutives, il demanda donc à l'Eternel pourquoi les choses étaient comme cela. Dieu lui dit, « C'est à cause de Saül et de sa maison sanguinaire, c'est parce qu'il a fait périr les Gabaonites » Rappelez-vous les Gabaonites ne faisaient pas partie d'Israël, mais étaient des survivants des Amorites que les Israélites avaient juré d'épargner quand ils avaient conquis la terre de Canaan. Mais Saül, dans son zèle pour Israël et Juda, avait essayé de les exterminer de la terre. Josué 9: 3-21 nous informe de la façon dont les Gabaonites apprirent de quelle manière Josué avait traité Jéricho et Aï, et ils eurent recours à la ruse et envoyèrent une délégation dont les ânes étaient chargés de vieilles outres à vin déchirées et recousues. Les hommes portaient de vieux souliers raccommodés et de vieux vêtements, et avaient sur eux du pain sec et moisi. Quand ils furent arrivés au camp d'Israël à Guilgal, ils dirent à Josué et aux hommes d'Israël qu'ils venaient d'un pays lointain pour signer un traité de paix avec eux. Lorsque Josué leur demanda qui ils étaient et d'où ils venaient, ils lui répondirent :

Tes serviteurs viennent d'un pays très éloigné, sur le renom de l'Éternel, ton Dieu; car nous avons entendu parler de lui, de tout ce qu'il a fait en Égypte, et de la manière dont il a traité les deux rois des Amoréens au-delà du Jourdain, Sihon, roi de Hesbon, et Og, roi de Basan, qui était à Aschtaroth. Et nos anciens et tous les habitants de notre pays nous ont dit: Prenez avec vous des provisions pour le voyage, allez au-devant d'eux, et vous leur direz: Nous sommes vos serviteurs, et maintenant faites alliance avec nous. Voici notre pain: il était encore chaud quand nous en avons fait provision dans nos maisons, le jour où nous sommes partis pour venir vers vous, et maintenant il est sec et en miettes. Ces outres à vin, que nous avons remplies toutes neuves, les voilà déchirées; nos vêtements et nos souliers se sont usés par l'excessive longueur de la marche.(Jos 9: 9-13. LSG)

Les hommes d'Israël prirent de leurs provisions, et ils ne consultèrent point l'Éternel. Josué fit la paix avec eux, et conclut une alliance par laquelle il devait leur laisser la vie, et les chefs de l'assemblée le leur jurèrent. Après trois jours, les enfants d'Israël apprirent que les Gabaonites avec qui ils avaient signé un traité de paix, habitaient près d'eux. Toute l'assemblée murmura contre les leaders à cause de ce traité, mais les Israélites ne pouvaient pas les attaquer à cause du serment. Les leaders de l'assemblée leur dirent : « Nous leur avons juré par l'Éternel, le Dieu d'Israël, et maintenant nous ne pouvons les toucher. Voici comment nous les traiterons : nous leur laisserons la vie, afin de ne pas attirer sur nous la colère de l'Éternel, à cause du serment que nous leur avons fait. »

Plusieurs années après que l'alliance ait été établie avec les Gabaonites par Josué et les dirigeants du peuple d'Israël, le roi Saül voulant dans son zèle pour Israël et Juda anéantir les Gabaonites, brisa l'accord en les attaquant et en les tuant. Lorsque David lui succéda en tant que roi d'Israël, l'acte du roi Saül provoqua une famine qui dura trois ans, ce qui amena David à consulter le Seigneur. Dieu lui dit que sa situation était due à l'action de son prédécesseur. Puis le roi appela les Gabaonites et leur demanda, « Que puis-je faire pour vous, et avec quoi ferai-je expiation, afin que vous bénissiez l'héritage de l'Éternel? » Les Gabaonites lui répondirent :

Ce n'est pas pour nous une question d'argent et d'or avec Saül et avec sa maison, et ce n'est pas à nous qu'il appartient de faire mourir personne en Israël. Et le roi dit: Que voulez-vous donc que je fasse pour vous? Ils répondirent au roi: Puisque cet homme nous a consumés, et qu'il avait le projet de nous détruire pour nous faire disparaître de tout le territoire d'Israël, qu'on nous livre sept hommes d'entre ses fils, et nous les pendrons devant l'Éternel à Guibea de Saül, l'élu de l'Éternel. Et le roi dit: Je les livrerai. (2 Sa 21: 4-6 LSG)

Le roi choisit sept hommes de la lignée du roi Saül et les livrèrent aux Gabaonites, qui les tuèrent tous et les pendirent sur la montagne devant l'Eternel.

De la même manière, le roi David fut sérieusement affecté par les actions de ses prédécesseurs, malgré le fait qu'il était un homme selon le cœur de Dieu, et qu'il avait une alliance éternelle avec Dieu. Nous remarquons aussi que rien n'avait fonctionné jusqu'à ce qu'il ait examiné la fondation et corrigé les erreurs de celui qui l'avait précédé. Il y a des voix, des puissances, des pactes, des malédictions, des sacrifices, des esprits, etc. qui, tapies dans l'ombre, contrôlent et agissent contre nous à cause des choses qui existent dans notre fondation, et à moins de les identifier et les détruire dans la prière, le méchant continuera de les utiliser pour interférer dans notre destinée. Si le roi David n'avait pas cherché la face de Dieu pour connaitre la cause de ce qui se passait, il n'aurait pas pu détecter la racine de son problème. Pour s'en sortir, il avait dû faire face au problème en utilisant les armes appropriées. Tous les faits ayant eu lieu dans vos racines ancestrales dans le passé et le présent affectent directement votre vie, à moins vous ne vous en détachiez et réclamiez par la prière l'exemption divine.

En regardant attentivement la vie des Patriarches, depuis le père Abraham jusqu'à Jacob, et même aux douze fils d'Israël, vous pourrez observer certains motifs qui se sont répétés à différents moments de leurs vies. Certains des motifs étaient positifs tandis que d'autres étaient négatifs. Nous avons hérité de nos ancêtres, des choses spirituelles et physiques qui nous font passer par certaines situations dans la vie. La Bible déclare qu'il y avait une grave famine dans le pays qui amena le père Abraham à aller en Egypte pour y vivre pendant un certain temps. Comme il approchait de la frontière de l'Egypte, il dit à sa femme Sara (à l'époque, Saraï), « Voici, je sais que tu es une femme belle de figure.

Quand les Égyptiens te verront, ils diront: C'est sa femme! Et ils me tueront, et te laisseront la vie. Dis, je te prie, que tu es ma sœur, afin que je sois bien traité à cause de toi, et que mon âme vive grâce à toi. (LSG) Lorsqu'ils furent finalement arrivés en Égypte, les Égyptiens virent que la femme était fort belle. Les grands de Pharaon la virent aussi et la vantèrent à Pharaon; et la femme fut emmenée dans la maison de Pharaon. Il traita bien Abraham et lui donna beaucoup de présents à cause d'elle. Mais l'Éternel frappa de grandes plaies Pharaon et sa maison, au sujet de Saraï, femme d'Abram (Genèse 12: 10-20). Le père Abraham avait menti sur son épouse Sara parce qu'il craignait que les Egyptiens ne le tuent à cause d'elle.

Des années plus tard, Abraham déménagea à Guérar et y vécut pendant un certain temps. Encore une fois, il mentit à propos de Sara, sa femme et dit qu'elle était sa sœur. Le roi Abimélec de Guérar fit enlever Sara. Mais Dieu vint vers Abimélec la nuit et lui dit que la femme qu'il avait prise était une femme mariée. Cependant, Abimélec n'avait pas encore couché avec elle, il demanda donc au Seigneur s'il allait détruire une nation innocente, étant donné qu'il l'a fait avec une conscience claire, car Abraham lui avait dit que Sara était sa sœur, et qu'elle l'avait également confirmé. Alors Dieu lui demanda de renvoyer la femme à son mari, ajoutant qu'Abraham prierait pour lui, et qu'il vivrait, car il était un prophète. Mais si Abimélec avait refusé de renvoyer Sara à Abraham, lui et tout ce qui lui appartenait allaient mourir. Le roi Abimélec obéit à Dieu et renvoya Sara à Abraham, comme il lui avait été demandé (Ge 20: 1-18).

Du temps d'Isaac, fils d'Abraham, l'Écriture dit qu'il y avait une famine dans le pays comme ce fut le cas à l'époque du père Abraham. Alors Isaac décida comme son père d'aller vers Abimélec, roi des Philistins, à Guérar. Dieu lui apparut et lui dit de ne pas descendre en Égypte comme son père l'avait fait. Alors Isaac resta à Guérar parce que l'Eternel le lui avait demandé, car c'est là qu'il jouirait de la présence et de la bénédiction de Dieu. Lorsque les gens du lieu l'interrogèrent sur sa femme Rebecca, il leur répondit qu'elle était sa sœur parce qu'il pensait qu'ils pourraient le tuer à cause d'elle, car elle était très belle (Ge 26: 1-11). Un jour, Abimélec, roi des Philistins, regardant par la fenêtre, vit Isaac qui caressait Rebecca, il le convoqua alors et lui dit : « Certainement, c'est ta femme. Comment as-tu pu dire: C'est ma sœur? » Isaac lui répondit: « J'ai parlé ainsi, de peur de mourir à cause d'elle. » C'était pour la même raison que son père Abraham avait menti au sujet de sa propre femme Sara.

L'esprit de mensonge ne s'était pas arrêté sur Isaac; il avait également affecté ses enfants. L'Écriture raconte comment Jacob avait menti à son père Isaac pour le tromper et obtenir sa bénédiction. Isaac était devenu vieux, et ses yeux s'étaient affaiblis au point qu'il ne voyait plus. Alors il appela Ésaü, son fils aîné, et lui dit: « Voici donc, je suis vieux, je ne connais pas le jour de ma mort. Maintenant donc, je te prie, prends tes armes, ton carquois et ton arc, va dans les champs, et chasse-moi du gibier. Fais-moi un mets comme j'aime, et apporte-le-moi à manger, afin que mon âme te bénisse avant que je meure. » Rebecca écouta ce qu'Isaac disait à Ésaü, son fils ainé. Lorsqu'Ésaü s'en alla dans les champs, pour chasser du gibier comme son père le lui avait demandé, sa mère appela Jacob et lui dit : « Voici, j'ai entendu ton père qui parlait ainsi à Ésaü, ton frère: Apporte-moi du gibier et fais-moi un mets que je mangerai; et je te bénirai devant l'Éternel avant ma mort. Maintenant, mon fils, écoute ma voix à l'égard de ce que je te commande.

Va me prendre au troupeau deux bons chevreaux; j'en ferai pour ton père un mets comme il aime; et tu le porteras à manger à ton père, afin qu'il te bénisse avant sa mort. » Jacob suivit les conseils de sa mère et lui apporta le jeune animal qu'elle avait utilisé pour préparer un repas délicieux, comme Isaac aimait. Elle le donna ensuite à Jacob pour qu'il l'amenât à son père afin d'obtenir sa bénédiction. Elle prit les meilleurs vêtements d'Ésaü, son fils aîné, qui se trouvaient dans la maison, et les fit porter à Jacob, son fils cadet. Elle couvrit par ailleurs, ses bras et la partie lisse de son cou avec la peau de la chèvre qu'elle a utilisé pour préparer le repas. Il alla vers son père se faisant passer pour son frère Esaü. Jacob dit à son père: «Je suis Ésaü, ton fils aîné; j'ai fait ce que tu m'as dit. Lève-toi, je te prie, assieds-toi, et mange de mon gibier, afin que ton âme me bénisse. ». Jacob avait fini par voler à son frère Esaü sa bénédiction au travers du mensonge et de la tromperie (Ge. 27: 1-40).

Cette scène malheureuse s'était reproduite du temps des enfants de Jacob. Genèse 37: 1-36 raconte comment les fils de Jacob lui mentirent à propos de la mort de son fils bien-aimé Joseph, qu'ils avaient vendu aux Ismaélites pour vingt sicles d'argent. Le passage dit que Jacob aimait Joseph plus que tous ses autres fils, parce qu'il l'avait eu dans sa vieillesse, alors il lui fit une tunique de plusieurs couleurs. Mais ses frères le haïrent parce que leur père l'aimait plus qu'eux. Joseph eut des rêves qu'il partagea avec ses frères; ils le détestèrent encore davantage, et ils ne pouvaient lui parler avec amitié. Quelque temps plus tard, il eut un autre rêve qu'il partagea avec ses frères et son père. Ils devinrent très jaloux de lui, mais son père garda le souvenir de ces choses.

Un jour, ses frères étaient allés paître le troupeau de leur père près de Sichem. Alors Jacob envoya Joseph pour aller s'enquérir des nouvelles de leur état de santé et celui du troupeau, et de revenir lui faire un rapport.

Quand les frères de Joseph le virent à distance, ils complotèrent de le tuer. « Voici le faiseur de songes qui arrive » se dirent-ils les uns aux autres « Venez maintenant, tuons-le, et jetons-le dans une des citernes; nous dirons qu'une bête féroce l'a dévoré, et nous verrons ce que deviendront ses songes. » Lorsqu'il fut arrivé auprès de ses frères, ils le dépouillèrent de sa tunique, de la tunique de plusieurs couleurs, qu'il avait sur lui et le jetèrent dans la citerne vide et sèche. Lorsqu'ils virent une caravane d'Ismaélites venant de Galaad, ils le tirèrent de la citerne et le vendirent. Ils prirent alors la tunique de Joseph; et, ayant tué un bouc, ils plongèrent la tunique dans le sang et envoyèrent à leur père la tunique de plusieurs couleurs, en lui faisant dire: « Voici ce que nous avons trouvé! Reconnais si c'est la tunique de ton fils, ou non. » Jacob l'ayant regardé de près, la reconnut, et dit: « C'est la tunique de mon fils! Une bête féroce l'a dévoré! Joseph a été mis en pièces! » Il déchira donc ses vêtements, il mit un sac sur ses reins, et il porta longtemps le deuil de son fils. Tous ses fils et toutes ses filles vinrent pour le consoler; mais il ne voulut recevoir aucune consolation. Il disait: « C'est en pleurant que je descendrai vers mon fils au séjour des morts! Et il pleurait son fils. ».

C'était un fait qui avait commencé avec le Père Abraham, qui craignait d'être tué à cause de sa femme Sara. Il avait menti à Pharaon et à Abimélek pour sauver sa vie. Son fils Isaac l'avait suivi et avait fait exactement la même chose que son père en mentant à Abimélec sur sa femme Rebecca, croyant qu'ils allaient le tuer à cause d'elle, s'ils découvraient qu'elle était sa femme. Des années plus tard, une situation survint et amena son fils Jacob à lui mentir pour voler la bénédiction de son frère aîné Ésaü. Du temps de Jacob, ses fils lui mentirent également sur Joseph, son fils préféré. Jacob tua un mouton qu'il fit préparer et utilisa sa peau pour tromper son père Isaac, mais ses enfants tuèrent aussi le même mouton et utilisèrent son sang pour le tromper à propos de son fils Joseph.

Lorsque tout avait commencé avec le Père Abraham, cela ne lui avait pas causé de douleur, mais des années plus tard, le mensonge avait voyagé à travers sa lignée et avait causé à sa descendance tellement de douleur, d'amertume, de frustration et de larmes ; c'était devenu un motif, un schéma qui avait affecté négativement les générations après lui.

A part le mensonge, il y avait d'autres motifs qui avaient également affecté les patriarches. L'Ecriture déclare que Sara était stérile, car elle n'avait pas d'enfants (Ge 11:30). Abraham et Sara avaient dû attendre vingt-cinq ans avant de donner naissance à Isaac (Ge 21: 2). Sara était âgée de quatre-vingt-dix ans, tandis que le Père Abraham était âgé de cent ans quand ils donnèrent naissance à Isaac. La Bible dit dans Genèse 25:21 qu'Isaac pria le Seigneur pour sa femme Rebecca car elle était stérile. Le Seigneur répondit à sa prière et sa femme enfanta au bout de vingt ans. Isaac l'avait épousée à l'âge de quarante ans et avait eu Esaü et Jacob à soixante ans (Ge 25:20 et 26). Quand Jacob épousa Rachel, elle ne pouvait pas donner naissance car elle était stérile (Ge 29:31). Le père Abraham, Isaac et Jacob avaient des difficultés à donner naissance parce que leurs épouses étaient stériles. Il avait fallu une intervention divine pour que les trois puissent avoir des enfants. La stérilité est un schéma qui avait voyagé dans leur lignée pendant des années et avait affecté trois générations.

La deuxième chose que j'ai remarquée est la perte du droit d'aînesse par le premier fils. Ismaël était le premier-né d'Abraham, mais il avait perdu le droit au profit d'Isaac. Esaü était le premier-né d'Isaac, mais il l'avait aussi perdu au profit de son frère Jacob. Ruben était le premier-né de Jacob, mais il avait perdu le droit d'aînesse au profit de Joseph. Manassé était le premier-né de Joseph; il l'avait également perdu au profit d'Ephraïm. En observant Ismaël, Esaü, Ruben, et Manassé, on voit qu'ils représentent quatre générations de personnes qui ayant connu l'injustice, la perte, la douleur, la frustration, et le rejet à cause d'un motif répété dans leur lignée et qui les avait désavantagés. Ils avaient tous été privés de leurs droits d'ainesse et avaient refusé les avantages d'être le fils premier-né. Selon la loi, ils méritaient tous de droit la double portion des propriétés de leur père (De. 21:17), mais aucun d'eux ne l'avait obtenu à cause des motifs de leur lignée. Leurs jeunes frères ; Isaac, Jacob, Joseph et Éphraïm ; avaient joui des droits de premiers-nés, quand bien même ils n'étaient pas réellement les premier-nés. Leur racine ancestrale, lignée, fondation, descendance, origine, arbre généalogique, etc. avaient changé la norme pour leur faire hériter de ce qui revenait de droit à d'autres personnes. Vous pouvez combattre tout fait négatif, tout motif dans votre lignée à travers la prière.

L'ENNEMI DE LA MAISON

Un ennemi de la maison est un ennemi de l'intérieur. La Bible déclare dans Mathieu 10:36 que l'homme aura pour ennemis les gens de sa propre maison. La plupart des gens ont des difficultés à accepter cette simple vérité exprimée dans la Bible sur les ennemis de la maison parce qu'ils ne peuvent pas imaginer leurs amis ou les membres de leur famille en train de leur nuisant ou de leur faire du mal. Ils suspectent souvent ceux de l'extérieur. S'il faut demander : qui connait vos secrets, craintes, soucis, plans, rêves, visions, votre maison, votre travail, etc.? N'est-ce pas ceux que vous appelez vos amis et à qui vous dites vos secrets? Le Seigneur Jésus a dit dans Marc 6:4 Un prophète n'est méprisé que dans sa patrie, parmi ses parents, et dans sa maison. Peut-on avoir quelque chose dans sa famille qui lutte contre son honneur et sa gloire? Le verset 5 dit que le Seigneur ne put faire là aucun miracle, si ce n'est qu'il imposa les mains à quelques malades et les guérit. Pourquoi ne pouvait-il pas faire ces œuvres puissantes qu'il faisait ailleurs dans sa propre famille?

Il y avait des choses de sa maison qui s'étaient levées contre sa gloire et avait amené les siens à le mépriser. Et puisqu'ils ne le croyaient pas capable de le faire, ils refusèrent d'amener leurs malades, ce qui avait limité l'efficacité du ministère de Jésus, parce qu'il n'y avait personne à guérir ou à délivrer.

Les ennemis de l'intérieur sont les mauvais amis, le Judas parmi les douze, et les loups en habits de moutons. Ils sont les pires et les plus dangereux ennemis qu'on puisse avoir parce qu'ils savent qui vous êtes, où vous vivez, ce qui vous aimez, comment vous opérez, quand vous sortez ou rentrez, vos forces et vos faiblesses, vos rêves et vos craintes, vos hauts et vos bas, et bien plus.

Le Roi David était un puissant guerrier qui pouvait tout dévorer sur son chemin quand il allait sur le champ de bataille. Selon les estimations d'Ahithophel, qui était l'un de plus grands hommes sages de la Bible et dont les conseils étaient considérés comme quand on allait consulter l'Eternel, il fallait environ douze mille hommes forts pour le vaincre (2 Sa 17:1-3). Aucun de ses adversaires ne pouvait lui résister au combat, que ce soit lui ou ses puissants hommes. Il avait tué un lion, un ours, Goliath, et de nombreux hommes forts de son époque. Et où qu'il se tournait, il assujettissait ses ennemis et conquérait leurs territoires. Il était si habile et si grand au combat qu'il n'avait perdu aucune guerre. Néanmoins, l'écriture nous informe que quand un messager était venu à Jérusalem dire à David que le cœur du peuple d'Israël était avec son propre fils Absalom, il dit à tous ses fonctionnaires qui étaient avec lui dans le palais de se hâter de quitter Jérusalem de peur d'être renversé par Absalom et ses hommes. Et quand le roi entendit que son conseiller personnel, Ahithophel était avec Absalom parmi les conspirateurs, il fut saisi de crainte et s'écria dans la prière et plaida avec Dieu pour transformer ses conseils en folie (2 Sa 15:13-31). Ce qu'aucun autre roi ou royaume ne pouvait faire au Roi David, son fils et son conseiller personnel avaient pu le lui faire. Le Psalmiste dit :

Ce n'est pas un ennemi qui m'outrage, je le supporterais; Ce n'est pas mon adversaire qui s'élève contre moi, Je me cacherais devant lui. C'est toi, que j'estimais mon égal, Toi, mon confident et mon ami! Ensemble nous vivions dans une douce intimité, Nous allions avec la foule à la maison de Dieu! (Ps 55:12-14 LSG)

La Bible parle de Lot, fils de Haran et neveu du Père Abraham. A la mort de Haran, Lot fut laissé aux soins de son grand-père Terah (Ge 11:27-31), mais des années plus tard, Terah, le grand père de Lot mourut également. Quand Dieu dit à Abraham de quitter sa terre natale, ses parents, et la maison de son père pour aller dans le pays qu'il lui montrerait, Lot le suivit. Genèse 12:5 dit qu'Abram quitta comme Dieu le lui avait dit prenant avec lui sa femme Sarai, son neveu Lot, et tous les biens qu'ils avaient acquis à Haran et partirent pour le pays de Canaan. Le nom Lot signifie couverture ou voile. Père Abraham devait l'amener partout avec lui tout au long de son voyage de Haran à Canaan parce que son père (Haran) et son grand-père (Terah), avec qui qui il aurait pu rester, étaient tous deux morts, et en tant que son parent, Abram ne pouvaient pas l'abandonner à Haran. Ainsi, Lot accompagnait légalement Abram du fait des liens et rapports de parenté qui existaient entre eux deux par leur par leur racine ancestrales, descendance, arbre généalogique, lignée etc...

Lot accompagna Père Abraham de Haran à Canaan, puis en Egypte, et ils revirent à la terre de Canaan (Ge 12:1-20). C'était son droit légal de vivre avec Abraham après la mort de son père Haran et son grand père Terah. Cependant, la présence de Lot dans la vie d'Abraham est devenue un empêchement, un obstacle, et un frein à l'accomplissement de sa destinée prophétique. L'esprit de Lot est un esprit familier qui fonctionne légalement dans la vie des gens sur la base de l'alliance, de la malédiction, des motifs, coutumes, et traditions qui coulent dans leur lignée.

Quand l'Eternel avait dit à Abram de quitter sa terre natale, ses parents, et famille de son père pour une nouvelle terre, il ne lui avait pas demandé de prendre avec lui Lot, mais Lot était tellement attaché à lui qu'il ne pouvait pas le laisser derrière pour voyager à la terre de Canaan. L'esprit de Lot représente tout ce qui opère légalement dans votre vie et qui voile, couvre, ou obscurcit votre vision, gêne vos mouvements, vous attire des problèmes, différends, conflits, controverses, etc. inutiles. Ça peut être une malédiction héréditaire, une alliance, un caractère, un état d'esprit, un style de vie, un esprit démoniaque, etc...

Lot, qui voyageait avec Abram, avait aussi des brebis, des boeufs et des tentes. Et la contrée était insuffisante pour qu'ils demeurassent ensemble, car leurs biens étaient si considérables qu'ils ne pouvaient demeurer ensemble. Il y eut querelle entre les bergers des troupeaux d'Abram et les bergers des troupeaux de Lot. Les Cananéens et les Phérésiens habitaient alors dans le pays. Abram dit à Lot: Qu'il n'y ait point, je te prie, de dispute entre moi et toi, ni entre mes bergers et tes bergers; car nous sommes frères. Tout le pays n'est-il pas devant toi? Sépare-toi donc de moi: si tu vas à gauche, j'irai à droite; si tu vas à droite, j'irai à gauche. Lot leva les yeux, et vit toute la plaine du Jourdain, qui était entièrement arrosée. Avant que l'Éternel eût détruit Sodome et Gomorrhe, c'était, jusqu'à Tsoar, comme un jardin de l'Éternel, comme le pays d'Égypte. Lot choisit pour lui toute la plaine du Jourdain, et il s'avança vers l'orient. C'est ainsi qu'ils se séparèrent l'un de l'autre. Abram habita dans le pays de Canaan; et Lot habita dans les villes de la plaine, et dressa ses tentes jusqu'à Sodome. Les gens de Sodome étaient méchants, et de grands pécheurs contre l'Éternel. L'Éternel dit à Abram, après que Lot se fut séparé de lui: Lève les yeux, et, du lieu où tu es, regarde vers le nord et le midi, vers l'orient et l'occident; car tout le pays que tu vois, je le donnerai à toi et à ta postérité pour toujours. Je rendrai ta postérité comme la poussière de la terre, en sorte que, si quelqu'un peut compter la poussière de la terre, ta postérité aussi sera comptée. Lève-toi, parcours le pays dans sa longueur et dans sa largeur; car je te le donnerai. (Ge 13:5-17 LSG)

Le passage ci-dessus nous informe que Lot devint également très riche et possédait des troupeaux de moutons et de chèvres, et du bétail et qu'il avait beaucoup de tentes du simple fait qu'il voyageait avec le Père Abraham. C'était venu au point où la terre ne pouvait plus les contenir ensemble, parce que leurs biens étaient si grands qu'ils ne pouvaient plus rester ensemble. Les biens de l'un étaient devenus un problème pour l'autre, et un conflit éclata entre eux. Lot était devenu celui qui il était à cause de l'onction et de la grâce sur la vie du Père Abraham et parce qu'Abraham l'avait emmené de Haran en Egypte et ensuite à Canaan, mais Lot s'était pourtant en fin de compte révolté contre lui. Ça signifie que quoi que vous fassiez pour l'ennemi de l'intérieur, il finira par se retourner contre vous et vous causera beaucoup de souffrance. Quand Papa Abraham ne pouvait plus supporter à cause des différends, conflits, luttes, et disputes, il demanda une séparation entre lui et Lot. L'écriture dit que 10. Lot leva les yeux, et vit toute la plaine du Jourdain, qui était entièrement arrosée comme un jardin de l'Éternel, comme le pays d'Égypte, et il choisit pour lui. Il déplaça alors sa tente et vécu parmi les villes de la plaine, alors qu'Abraham demeura dans la terre de Canaan. Dès que Lot fut séparé de lui, Dieu dit : Lève les yeux, et, du lieu où tu es, regarde vers le nord et le midi, vers l'orient et l'occident; car tout le pays que tu vois, je le donnerai à toi et à ta postérité pour toujours. Je rendrai ta postérité comme la poussière de la terre, en sorte que, si quelqu'un peut compter la poussière de la terre, ta postérité aussi sera comptée. Lève-toi, parcours le pays dans sa longueur et dans sa largeur; car je te le donnerai. (LSG)

La présence de Lot avait limité les frontières du territoire d'Abraham, car la terre ne pouvait plus supporter de les voir ensemble. Deuxièmement, il y avait des différends et des controverses dans la maison à cause de l'œuvre de l'esprit de Lot. Troisièmement, Lot choisissait toujours ce qui lui semblait être le meilleur.

Quatrièmement, Lot empêchait Abram d'entendre l'Eternel, parce que l'écriture déclare que Dieu lui parla après que Lot se fut séparé de lui. Cinquièmement, lève les yeux et regarde aux quatre coins de la terre, lui avait dit L'Eternel à Papa Abraham. Ça signifie que Lot avait assombri et voilé sa vue de sorte qu'il ne voie plus loin, et aussi longtemps que l'esprit était à l'œuvre dans sa vie, il ne pouvait rien voir. C'était impossible qu'il puisse posséder ce qu'il ne voyait pas. Sixièmement, l'Eternel avait promis de multiplier sa descendance comme la poussière de la terre qui ne peut pas être comptée. Septièmement, lève-toi et parcours la terre dans sa longueur et dans sa largeur.

LIER L'HOMME FORT

Satan n'est pas partout à la fois parce qu'il n'est pas omniprésent. Seul Dieu, le créateur du ciel et la terre, est omniprésent, omniscient, et omnipotent. Ce que le diable fait est de placer stratégiquement des esprits dans différents territoires pour promouvoir son plan d'action et pour perpétrer des ravages dans la région. 1 Jean 5:19 dit que le monde entier est sous la domination du malin. Il établit des réseaux et des systèmes qui lui permettent de contrôler les choses dans le monde. L'écriture l'appelle le grand dragon, également connu sous le nom du serpent ancien, diable, ou Satan. Quand il s'est rebellé contre Dieu, il a séduit le tiers des anges et les a déployés dans la bataille pour conquérir le ciel, mais Michael, avec les deux-tiers restants des anges a combattu le dragon et ses anges. Le dragon et ses anges ont aussi combattu, mais ils ont perdu la bataille et ont été précipités du ciel parce qu'il n'y avait plus de place pour eux dans le ciel (Ap 12:1-12). Le verset 12 dit, c'est pourquoi réjouissez-vous, cieux, et vous qui habitez dans les cieux. Malheur à la terre et à la mer! Car le diable est descendu vers vous, animé d'une grande colère, sachant qu'il a peu de temps.

Ayant perdu sa place dans le ciel, il a établi son royaume sur la terre et a placé ses anges sur différentes régions afin d'imposer son plan d'action. Luc 4:5-7 raconte comment le montra au Seigneur, en un instant tous les royaumes de la terre, et lui dit: Je te donnerai toute cette puissance, et la gloire de ces royaumes; car elle m'a été donnée, et je la donne à qui je veux. Et puisqu'il tient la terre en otage par l'autorité que lui a donnée l'homme au commencement, il dirige et règne sur les affaires du royaume des hommes par les anges déchus qu'il a commissionnés et positionnés sur les territoires. C'est pourquoi les démons sont sur des territoires bien définis. Ils sont affectés à une région spécifique avec un mandat et ils travaillent par des humains pour mener à bien leur mission, parce qu'aucun esprit ne peut légalement opérer sur la terre sans un corps. Tout comme Dieu travaille par nous par le Saint-Esprit pour accomplir un objectif spécifique à un endroit spécifique et de façon spécifique, Satan opère par des humains en leur assignant des esprits démoniaques pour les utiliser comme des instruments afin de réaliser son plan maléfique selon leur position, statut social, et endroit. C'est pourquoi Éphésiens 6:12 dit que nous n'avons pas à lutter contre la chair et le sang mais contre les principautés, les autorités, les règles d'obscurité, et la méchanceté spirituelle dans les endroits célestes.

Il est écrit : « Ou, comment quelqu'un peut-il entrer dans la maison d'un homme fort et piller ses biens, sans avoir auparavant lié cet homme fort? Alors seulement il pillera sa maison. » (Mt 12:29 LSG)

L'écriture parle d'une maison dans ce passage. Ceci implique un endroit spécifique où l'homme fort règne de façon légitime. Il peut s'agir du lieu où il habite ou la juridiction qu'il supervise. Le Seigneur Jésus a dit une parabole dans Mathieu 12: 43-45 qui décrit, quand un esprit mauvais sort d'une personne et erre cherchant un lieu de repos.

Il dit que si l'esprit ne trouve aucun endroit où rester, il dira : Je retournerai dans ma maison d'où je suis sorti; et, quand il arrive, il la trouve vide, balayée et ornée. Il s'en va, et il prend avec lui sept autres esprits plus méchants que lui; ils entrent dans la maison, s'y établissent, et la dernière condition de cet homme est pire que la première. Je crois que c'est parce que les esprits vont prendre le pouvoir sur la personne et contrôler toutes ses actions. Un tel esprit devient l'homme fort contrôlant la vie de la personne avec l'aide d'autres esprits qu'il a invités pour s'assurer que personne ne vienne encore le faire sortir de la personne. La personne devient sa maison et tout ce qui concerne l'individu devient la propriété de l'esprit mauvais. C'était aussi le cas pour une région, une communauté, un état, une nation, ou un continent. Une fois que leur domination est établie sur l'endroit à travers l'autorité que la ou les personnes leur donnent, tout dans le lieu leur devient soumis, et ils prennent des mesures drastiques pour protéger et préserver le territoire en question ainsi que tout ce qu'il contient. Il y a plusieurs moyens par lesquels les humains donnent à des esprits démoniaques le droit et l'autorité légale sur les régions, les vies, et les propriétés qui les établissent et les autorise à perpétrer leur plan maléfique dans le lieu.

Quand l'esprit qui commande une nation, un état, une communauté, une maison, ou une personne est démoniaque, il devient l'homme fort du territoire et détermine ce qui se produit là à moins qu'il soit lié ou chassé du lieu. C'est pourquoi Marc 3:27 dit que personne ne peut entrer dans la maison d'un homme fort et emporter ses biens à moins de l'avoir d'abord lié. Les six mille démons qui avaient possédé l'homme au pays des Gadaréniens avaient conjuré le Seigneur Jésus de ne pas les chasser de l'endroit quand il avait commandé aux esprits de sortir de l'homme, parce que le territoire était leur maison, leur juridiction. Ils avaient même préféré vivre dans des pourceaux plutôt que d'être chassés de la région (Mc 5:1-13).

Les démons sont territoriaux, parce que leur puissance est régionale, et elle est déterminée par l'autorité que leur donnent les personnes vivant dans la région de par certaines pratiques, coutumes, systèmes, paroles, et œuvres qui leur ouvrent les portes et leur donnent des fondements légaux dans le monde invisible afin d'opérer. Alors, les chasser hors de la région met un terme à leur autorité et leurs opérations car ils perdent ainsi le droit légitime d'opérer dans ce nouveau territoire pour que ceux qui y vivent ne puissent plus rien faire qui leur donne le pouvoir d'agir.

Luc 11:21-22 déclare que lorsqu'un homme fort et bien armé garde sa maison, ce qu'il possède est en sûreté. Mais, si un plus fort que lui survient et le dompte, il lui enlève toutes les armes dans lesquelles il se confiait, et il distribue ses dépouilles. Par la mort et la résurrection du Seigneur Jésus-Christ, Dieu nous a donné le pouvoir d'exercer nom de son Fils Jésus, car à la mention du nom de Jésus, tout genou doit fléchir dans le ciel, sur terre, et sous la terre, et toute langue doit confesser que Jésus-Christ est Seigneur, à la gloire du Père. Par l'autorité divine, nous pouvons lier tout homme fort et renverser ses œuvres partout où nous vivons. Il vous suffit tout simplement d'apprendre comment exercer votre autorité divine au nom de Jésus et comment déployer les armes adéquates quand vous avez affaire à l'homme fort de votre territoire, maison, école, voisinage, lieu de travail, ville, nation, continent, etc... Vous pouvez utiliser n'importe laquelle des techniques dont nous avons déjà parlé pour analyser les choses dans votre région afin d'identifier les types d'esprits à l'œuvre avant de les combattre pour libérer la région de leur emprise et changer le climat spirituel de la région en prenant autorité pour imposer le règne et la volonté de Dieu dans le lieu.

DÉTRUIRE LES FLÈCHES DÉMONIAQUES

Les flèches démoniaques sont les armes de guerre de Satan qu'il utilise pour combattre les chrétiens. Ephésiens 6:16 nous recommande de prendre le bouclier de la foi, avec lequel nous pouvons éteindre toutes les flèches enflammées du malin. Le malin utilise des flèches pour détruire, tuer, affliger, tourmenter, frustrer, disperser, opprimer, emprisonner, empêcher, envouter, ou troubler les vies. Quand une flèche est tirée, elle porte en elle un venin mortel ou un feu qu'elle relâche sur sa cible dès qu'elle la touche. Dans l'ancien temps, les arcs et les flèches étaient utilisées pour des buts divers tels que la chasse, le combat, les opérations criminelles etc… La pointe de la flèche était souvent enduite du venin de serpents, d'araignées, ou de scorpions mortels. Certains les utilisaient pour tirer du feu et d'autres substances mortelles sur les gens. Quand la flèche touche sa cible, le venin ou ce qu'elle portait était libéré pour détruire ou tuer la personne ou l'animal.

De même, des flèches démoniaques sont utilisées par le méchant pour libérer la maladie, le trouble, la maladie, la mort prématurée, la dépression, la frustration, la ruse, la perte, la douleur, l'amertume, le retard, les pleurs, le manque, la stagnation, le rejet, l'échec, la division, la haine, la déception sur les gens par la sorcellerie, l'enchantement, l'incantation, la divination, le sacrifice, le sortilège, les malédictions, et autres. Ce sont des flèches mortelles tirées par les couvents sataniques, autels, forêts maléfiques ou les lieux sacrés par les méchants contre les familles, les proches, les mariages, la carrière, les finances, la santé, les destinées, le succès, les affaires, les relations, ou le bien-être des autres.

La Bible déclare que quand Balak, fils de Tsippor, vit tout ce qu'Israël avait fait aux Amoréens. Et Moab fut très effrayé en face d'un peuple aussi nombreux, il fut saisi de terreur en face des enfants d'Israël.

Moab dit aux anciens de Madian: Cette multitude va dévorer tout ce qui nous entoure, comme le bœuf broute la verdure des champs. Balak, fils de Tsippor, était alors roi de Moab. Il envoya des messagers auprès de Balaam, fils de Beor, à Pethor sur le fleuve, dans le pays des fils de son peuple, afin de l'appeler et de lui dire: Voici, un peuple est sorti d'Égypte, il couvre la surface de la terre, et il habite vis-à-vis de moi. Viens, je te prie, maudis-moi ce peuple, car il est plus puissant que moi; peut-être ainsi pourrai-je le battre et le chasserai-je du pays, car je sais que celui que tu bénis est béni, et que celui que tu maudis est maudit. Ainsi les anciens de Moab et de Madian disposèrent de donner de l'argent à Balaam pour qu'il maudisse le peuple d'Israël. Dieu avait dû intervenir pour empêcher Balaam de le faire. Nombres 22:12 dit que Dieu dit à Balaam: Tu n'iras point avec eux; tu ne maudiras point ce peuple, car il est béni. Balaam se leva le matin, et il dit aux chefs de Balak: Allez dans votre pays, car l'Éternel refuse de me laisser aller avec vous. Quand Balak vit cela, il envoya de nouveau des chefs en plus grand nombre et plus considérés que les précédents. Ils arrivèrent auprès de Balaam, et lui dirent: Ainsi parle Balak, fils de Tsippor: Que l'on ne t'empêche donc pas de venir vers moi; car je te rendrai beaucoup d'honneurs, et je ferai tout ce que tu me diras; viens, je te prie, maudis-moi ce peuple. Balaam se leva le matin, sella son ânesse, et partit avec les chefs de Moab. La colère de Dieu s'enflamma, parce qu'il était parti; et l'ange de l'Éternel se plaça sur le chemin, pour lui résister. Balaam était monté sur son ânesse, et ses deux serviteurs étaient avec lui. L'ânesse vit l'ange de l'Éternel qui se tenait sur le chemin, son épée nue dans la main, l'ange s'apprêtait à tuer Balaam, car l'Eternel était irrité parce qu'il voulait aller maudire son peuple.

Quand il se rendit là, où Balak restait, les deux allèrent à Kiriath-Huzoth, où le roi sacrifia des bœufs et des brebis. Le matin, Balak prit Balaam, et le fit monter à Bamoth Baal, d'où Balaam vit une partie du peuple.

Là il bâtit sept autels et sacrifié un jeune un taureau et un bélier sur chaque autel afin que Balaam l'utilise pour maudire le peuple de Dieu. Mais l'Éternel intervint et l'empêcha de maudire son peuple en mettant dans sa bouche des paroles de bénédictions (No 23:1-30). Les malédictions sont des flèches démoniaques que Balak avait amené Balaam à placer sur les enfants d'Israël par la divination, l'enchantement, le sacrifice, et les autels pour que le Moabites puissent vaincre les israélites et les chasser du pays.

L'Éternel vint au-devant de Balaam; il mit des paroles dans sa bouche, et dit: Retourne vers Balak, et tu parleras ainsi. Il retourna vers lui; et voici, Balak se tenait près de son holocauste, avec les chefs de Moab. Balak lui dit: Qu'est-ce que l'Éternel a dit? Balaam prononça son oracle, et dit: Lève-toi, Balak, écoute! Prête-moi l'oreille, fils de Tsippor! Dieu n'est point un homme pour mentir, Ni fils d'un homme pour se repentir. Ce qu'il a dit, ne le fera-t-il pas? Ce qu'il a déclaré, ne l'exécutera-t-il pas? Voici, j'ai reçu l'ordre de bénir: Il a béni, je ne le révoquerai point. Il n'aperçoit point d'iniquité en Jacob, Il ne voit point d'injustice en Israël; L'Éternel, son Dieu, est avec lui, Il est son roi, l'objet de son allégresse. Dieu les a fait sortir d'Égypte, Il est pour eux comme la vigueur du buffle. (No 23:16-22 LSG)

Un autre passage qui dépeint clairement comment les flèches opèrent est 2 Rois 13:14-19. Le prophète Elisée s'était retiré d'un ministère public qui avait duré environ soixante ans. Beaucoup d'érudits de la Bible croient qu'il avait probablement plus de quatre-vingt-dix ans quand Joas, roi d'Israël, vint à lui pour obtenir de l'aide au vu de la situation qu'il traversait à l'époque. Le passage dit que le roi pleura pour lui. Quand vous voyez des rois pleurer comme des bébés, vous comprenez qu'ils ont essayé tout ce qui était en leur pouvoir pour faire avancer les choses mais en vain. Sa stratégie militaire et ses services de renseignement ne pouvaient pas l'aider, et il dut se tourner vers le vieux prophète malade qui s'était retiré du ministère public actif pour obtenir de l'aide.

Le prophète Elisée avait hérité de la double portion de l'esprit de son maitre Elie, et son ministère prophétique était rempli de miracles hallucinants. Il divisa le fleuve Jourdain, assainit les eaux, maudit une bande de quarante-deux qui s'était moqué de lui et deux ours étaient sortis de la foret pour les dévorer, multiplia l'huile de la veuve, donna à la femme Sunammite un fils et le ramena à la vie quand il mourut, guérit la lèpre de Naman, fit flotter sur l'eau une tête de hache, multiplié du pain, piégea et aveugla l'armée syrienne, arrêta la famine en Samarie. On estime à environ quarante-deux le nombre de miracles que le prophète Elisée avait fait.

Le prophète aurait pu utiliser n'importe quel autre moyen de ses quatre-vingt-dix années d'expérience en tant que l'un des plus grands prophètes qui ait jamais vécu pour aider le roi qui pleurait sur lui. Mais la seule direction prophétique qu'il lui donna était de prendre un arc et une flèche puis de la tirer en direction de ses ennemis pour les vaincre. Il dit au roi d'Israël : Prends un arc et des flèches. Et le roi fit ce qu'il lui disait. Alors Elisée lui dit de Bander l'arc avec sa main. Et quand il l'eut bandé de sa main, Élisée mit ses mains sur les mains du roi. Lui dit d'ouvrir la fenêtre à l'orient, et il l'ouvrit. Alors Élisée dit : Tire. Et il tira. Élisée dit: C'est une flèche de délivrance de la part de l'Éternel, une flèche de délivrance contre les Syriens; tu battras les Syriens à Aphek jusqu'à leur extermination. Élisée dit encore: Prends les flèches. Et il les prit. Élisée dit au roi d'Israël: Frappe contre terre. Et il frappa trois fois, et s'arrêta. L'homme de Dieu s'irrita contre lui, et dit: Il fallait frapper cinq ou six fois; alors tu aurais battu les Syriens jusqu'à leur extermination; maintenant tu les battras trois fois. 2 Rois 13:25 dit que Joas, fils de Joachaz, reprit des mains de Ben Hadad, fils de Hazaël, les villes enlevées par Hazaël à Joachaz, son père, pendant la guerre. Joas le battit trois fois, et il recouvra les villes d'Israël comme le prophète l'avait dit. C'est pour vous montrer à quel point les flèches sont puissantes.

> *Élisée était atteint de la maladie dont il mourut; et Joas, roi d'Israël, descendit vers lui, pleura sur son visage, et dit: Mon père! Mon père! Char d'Israël et sa cavalerie! Élisée lui dit: Prends un arc et des flèches. Et il prit un arc et des flèches. Puis Élisée dit au roi d'Israël: Bande l'arc avec ta main. Et quand il l'eut bandé de sa main, Élisée mit ses mains sur les mains du roi, et il dit: Ouvre la fenêtre à l'orient. Et il l'ouvrit. Élisée dit: Tire. Et il tira. Élisée dit: C'est une flèche de délivrance de la part de l'Éternel, une flèche de délivrance contre les Syriens; tu battras les Syriens à Aphek jusqu'à leur extermination. Élisée dit encore: Prends les flèches. Et il les prit. Élisée dit au roi d'Israël: Frappe contre terre. Et il frappa trois fois, et s'arrêta. L'homme de Dieu s'irrita contre lui, et dit: Il fallait frapper cinq ou six fois; alors tu aurais battu les Syriens jusqu'à leur extermination; maintenant tu les battras trois fois. (2 Rois13:14-19 LSG)*

La flèche que Joas le roi d'Israël tira par la fenêtre en direction de ses ennemis était divinement programmée par le prophète Elisée, elle portait une déclaration prophétique et un décret pour amener la défaite sur l'armée syrienne. Dès son envol, elle est devenue une flèche de victoire pour les israélites mais une flèche de défaite, de mort, de honte, et de destruction pour l'armée syrienne. Quand elles se s'étaient rencontrées sur le champ de bataille, les Syriens avaient soudainement commencé à perdre le combat sans savoir ce qui causait ce revirement. Ils reprirent courage, changèrent de stratégie, et combattirent Israël comme ils avaient l'habitude de le faire, pensant qu'ils gagneraient, mais ils échouèrent encore tandis qu'Israël avait le dessus sur eux. Ils firent une autre tentative en vue de récupérer le terrain qu'ils avaient perdu mais ce fut en vain. Ils échouèrent trois fois de suite parce que, depuis une petite pièce, avec un arc et des flèches le prophète Elisée avait déjà été décidé de l'issue de la bataille.

De la même manière que le prophète Elisée avait utilisé une flèche pour amener la défaite, la perte, et la mort sur l'armée syrienne par des déclarations prophétiques, le malin utilise la même arme de déverser le mal, la mort, la maladie, la frustration, la dépression, le blocage, le rejet, le manque, les accidents, les incidents négatifs, la confusion, la division, la perte, les malédictions, la douleur, les sorts, les larmes, la haine, la violence, le trouble, la détresse, la souffrance, le chagrin, la misère, et la tristesse dans les vies des gens par la sorcellerie, la divination, l'enchantement, l'incantation, ou le sacrifice depuis leurs couvents secrets, autels, et lieux sacrés pour les détruire. C'est pourquoi les flèches démoniaques doivent être bloquées, arrêtées, détournées de leurs cibles et retournées à l'envoyeur par une prière offensive.

La mort d'Achab, roi d'Israël, est un autre événement biblique qui révèle à quel point les flèches sont dangereuses (1 Rois 22:1-38). Le roi d'Israël dit à ses serviteurs: Savez-vous que Ramoth en Galaad est à nous? Et nous ne nous inquiétons pas de la reprendre des mains du roi de Syrie! Ainsi il demanda à Josaphat, roi de Juda, s'il allait se joindre à lui dans la bataille pour récupérer Ramoth en Galaad, qui appartenait à la tribu de Lévi mais était sous administration syrienne. Le roi de Juda accepta de le joindre dans la bataille contre la Syrie, mais il voulait savoir si Dieu approuvait ce plan. Alors Achab rassembla quatre cents prophètes et leur demanda : «Irai-je attaquer Ramoth en Galaad, ou dois-je y renoncer? Et ils répondirent: Monte, et le Seigneur la livrera entre les mains du roi. Mais Josaphat dit: N'y a-t-il plus ici aucun prophète de l'Éternel, par qui nous puissions le consulter? Le roi d'Israël répondit à Josaphat: Il y a encore un homme par qui l'on pourrait consulter l'Éternel; mais je le hais, car il ne me prophétise rien de bon, il ne prophétise que du mal: c'est Michée, fils de Jimla. Et Josaphat dit: Que le roi ne parle pas ainsi! Alors le roi d'Israël appela un eunuque, et dit: Fais venir de suite Michée, fils de Jimla. Le roi d'Israël et Josaphat, roi de Juda, étaient assis chacun sur son trône, revêtus de leurs habits royaux, dans la place à l'entrée de la porte de Samarie.

Et tous les prophètes prophétisaient devant eux. Sédécias, fils de Kenaana, s'était fait des cornes de fer, et il dit: Ainsi parle l'Éternel: Avec ces cornes tu frapperas les Syriens jusqu'à les détruire. Et tous les prophètes prophétisaient de même, en disant: Monte à Ramoth en Galaad! Tu auras du succès, et l'Éternel la livrera entre les mains du roi. Le messager qui était allé appeler Michée lui parla ainsi: Voici, les prophètes, d'un commun accord, prophétisent du bien au roi; que ta parole soit donc comme la parole de chacun d'eux! Annonce du bien! Michée répondit: L'Éternel est vivant! J'annoncerai ce que l'Éternel me dira.

Lorsqu'il fut arrivé auprès du roi, le roi lui dit: Michée, irons-nous attaquer Ramoth en Galaad, ou devons-nous y renoncer? Il lui répondit: Monte! Tu auras du succès, et l'Éternel la livrera entre les mains du roi. Et le roi lui dit: Combien de fois me faudra-t-il te faire jurer de ne me dire que la vérité au nom de l'Éternel? Michée répondit: Je vois tout Israël dispersé sur les montagnes, comme des brebis qui n'ont point de berger; et l'Éternel dit: Ces gens n'ont point de maître, que chacun retourne en paix dans sa maison! Le roi d'Israël dit à Josaphat: Ne te l'ai-je pas dit? Il ne prophétise sur moi rien de bon, il ne prophétise que du mal. En fin de compte, Le roi d'Israël et Josaphat, roi de Juda, montèrent à Ramoth en Galaad pour combattre les armées syriennes. Le roi d'Israël dit à Josaphat: Je veux me déguiser pour aller au combat; mais toi, revêts-toi de tes habits. Et le roi d'Israël se déguisa, et alla au combat.

Le roi de la Syrie avait ordonné ordre aux chefs des trente-deux chars de n'attaquer personne d'autre que le roi d'Israël. Quand il arriva sur le champ de bataille, aucun des chefs des trente-deux ne l'avait reconnu, parce qu'il s'était déguisé. Josaphat aurait pu penser que c'était un honneur pour lui de revêtir des vêtements royaux, mais il ne réalisa pas que c'était une machination conçue pour échanger sa destinée.

Sans l'aide de Dieu, il serait mort à la place du Roi Achab, parce que la stratégie d'Achab avait trompé les officiers de l'armée syrienne qui étaient chargés de le tuer et les avait tourné leur attention sur le Roi Josaphat. Un certain homme sortit son arc, tira au hasard sur les troupes israélites et frappa le roi d'Israël au défaut de la cuirasse. Quand le roi Achab vit qu'il était grièvement blessé par la flèche, il dit celui qui conduisait son char de l'amener hors du champ de bataille. Le combat continua toute la journée, et il mourut le soir.

Avec son déguisement, le roi Achab était devenu invisible aux chefs des trente-deux de l'armée syrienne qui avaient reçu l'ordre de l'identifier et de l'abattre. Personne parmi leurs milliers de soldats n'était capable d'identifier Achab sur le champ de bataille et de le tuer parce qu'il avait utilisé une tactique de camouflage pour tromper tous ses ennemis. Au moment même où Achab pensait avoir échappé au complot de l'ennemi, un homme tira au hasard une flèche et le frappa si grièvement qu'il mourut le même jour. Nous notons dans l'histoire que bien qu'Achab semblait invisible à toutes les autres armes des ennemis, il n'a pas pu éviter la flèche, et dès qu'elle le frappa, il mourut. C'est pour vous montrer pourquoi des flèches démoniaques doivent être arrêtées et détruites par la prière. Elles sont très dangereuses et mortelles à cause de ce qu'elles portent.

MANIFESTER LES DÉCRETS PROPHÉTIQUES

Le grand apôtre Paul a demandé à son fils Timothée dans 1 Timothée 1:18 de combattre selon les paroles prophétiques faites à son sujet. Quand Dieu parle, sa parole ne s'exécute pas d'elle-même.

Le dictionnaire gratuit en ligne inclut dans sa définition de gémir, ce qui suit : exprimer un cri profond et inarticulé de douleur, de chagrin ou de mécontentement ; exprimer un cri de stress ou de tension [1] ; un cri perçant prolongé exprimant l'agonie, la douleur, ou la désapprobation : (faibles cris inarticulés) exprimant la douleur, le chagrin, la désapprobation [2] etc...

Gémir en esprit déplace la main de Dieu plus que n'importe quel autre type de prière, parce qu'on invoque et manifeste ainsi la puissance de l'alliance (Dieu garde son alliance). Exode 2:23-25 décrit comment les Israélites gémissaient à cause de leur esclavage et s'écriaient à Dieu de leur venir en aide. Le passage dit que leur cri s'éleva vers Dieu et il entendit leurs gémissements, ce qui lui fit se rappeler son alliance avec Abraham, Isaac, et Jacob. Dieu regarda son peuple et fut attristé par leur situation. Ils gémissaient à cause de l'oppression et de l'affliction, mais leurs cris montèrent vers Dieu et lui firent se rappeler l'alliance qu'il avait faite avec leurs ancêtres, et qui avait été depuis longtemps oubliée. La puissance de l'alliance que leurs gémissements avait activée fit venir Dieu à Madian où Moïse paissait le troupeau de son beau-père Jethro, le sacrificateur de Madian, pour l'envoyer les libérer de leur servitude.

La puissance de cette prière raviva leur rêve ou vision dont on n'avait plus entendu parler pendant environ 430 ans. Elle attira l'attention du ciel et provoqua l'intervention divine, qui amena Dieu à trouver Moïse (leur libérateur) à Madian, mettre en place le buisson ardent (orchestration divine), capter son attention, l'appeler et l'envoyer en mission pour libérer son peuple d'Egypte (Ex 3:1-10). S'ils n'avaient pas gémi, rien de cela ne se serait produit.

---

[1] Gémir (n.d.) *Dictionnaire de la langue Anglaise American heritage®, cinquième édition.* (2011). Extrait de http://www.thefreedictionary.com/groan le 25 Avril 2015

[2] Gémir (n.d.) *Collins English, complet et intégral.* (1991, 1994, 1998, 2000, 2003). Extrait de http://www.thefreedictionary.com/groan le 25 Avril 2015

Voilà ce pourquoi l'église est l'agence d'application de la loi de Dieu sur la terre. L'apôtre savait que, pour que les paroles prophétiques de Dieu concernant son fils Timothée puissent s'accomplir, il devait les amener à manifestation par la prière, et pas par n'importe quelle sorte de prière, mais la prière offensive, parce que beaucoup de choses voulaient annuler l'accomplissement de la parole. Les décrets prophétiques sont des armes du combat spirituel utilisées pour manifester la volonté originelle de Dieu sur la terre. Ils vous donnent la direction et vous aident à être harmonie parfaite avec la volonté, le plan, et le conseil du Seigneur. Chaque fois que Dieu révèle sa pensée, sa volonté, son conseil, ou sa décision juridique sur quelque chose, elle doit être amenée à manifestation afin d'en assurer la totale conformité sur la terre. Et la seule manière de le faire est par prière, parce que le royaume et la volonté de Dieu ne peuvent pas être manifestés sur la terre sans les prières des saints.

La Bible déclare dans Psaumes 115:16 que les cieux sont les cieux de l'Éternel, mais qu'il a donné la terre aux fils de l'homme. Le Seigneur ne fait rien sur la terre sans la permission, la coopération, ou l'autorisation de l'humanité. C'est pourquoi l'écriture exige que nous priions pour que le royaume de Dieu vienne et que sa volonté soit faite sur la terre comme au ciel. Rien ne se passe au ciel sans la volonté de Dieu parce que les anges, qui sont dotés d'une grande force, veillent à ce que les créatures célestes soient en absolue conformité avec l'ordre juridique de Dieu dans le ciel en exécutant ses paroles. Psaumes 103:20 déclare : « Bénissez l'Éternel, vous ses anges, Qui êtes puissants en force, et qui exécutez ses ordres, En obéissant à la voix de sa parole! » (LSG).

Selon qu'il est écrit: Je t'ai établi père d'un grand nombre de nations. Il est notre père devant celui auquel il a cru, Dieu, qui donne la vie aux morts, et qui appelle les choses qui ne sont point comme si elles étaient. (Ro 4:17 LSG)

L'écriture ci-dessus dit que Dieu appelle les choses qui n'existent pas comme si elles existent. Quand Dieu parle, quel que soit comment ça peut paraitre impossible, cela s'accomplit certainement parce que sa parole est revêtue de la force de la loi. Néanmoins, elle doit être manifestée sur la terre, qui est le domaine de l'homme au travers de la prière, pour assurer une complète conformité. Les paroles de Dieu sont l'ordre exécutif juridique du ciel. L'Eternel règne et dirige de par ses édits et ses décrets. C'est pourquoi les anges écoutent attentivement afin d'exécuter son ordre divin dans le ciel. Pour accomplir la parole de Dieu sur la terre, les humains doivent l'amener à manifestation, parce que la parole de Dieu ne s'accomplira pas d'elle-même. La raison pour laquelle beaucoup n'expérimentent pas l'accomplissement de leur parole prophétique est parce qu'elles ne font rien à son sujet. Il y a des choses que vous devez faire à travers la prière pour activer la parole de Dieu. La Bible raconte ce que fit le Roi David dès qu'il entendit la parole de Dieu par la bouche du prophète Nathan concernant sa famille. Après que Dieu ait établi le roi David sur son peuple et lui ait donné du repos de tous les ennemis qui l'environnaient, il résolut dans son cœur de construire une maison pour que l'Eternel y fasse sa demeure. Il appela alors le prophète Nathan et partagea son plan avec lui. « Va, fais tout ce que tu as dans le cœur, car l'Éternel est avec toi » répondit Nathan. La nuit suivante, la parole de l'Éternel fut adressée à Nathan:

Va dire à mon serviteur David: Ainsi parle l'Éternel: Est-ce toi qui me bâtirais une maison pour que j'en fasse ma demeure? Mais je n'ai point habité dans une maison depuis le jour où j'ai fait monter les enfants d'Israël hors d'Égypte jusqu'à ce jour; j'ai voyagé sous une tente et dans un tabernacle. Partout où j'ai marché avec tous les enfants d'Israël, ai-je dit un mot à quelqu'une des tribus d'Israël à qui j'avais ordonné de paître mon peuple d'Israël, ai-je dit: Pourquoi ne me bâtissez-vous pas une maison de cèdre? Maintenant tu diras à mon serviteur David: Ainsi parle l'Éternel des armées: Je t'ai pris au pâturage, derrière les brebis, pour que tu fusses chef sur mon peuple, sur Israël;

j'ai été avec toi partout où tu as marché, j'ai exterminé tous tes ennemis devant toi, et j'ai rendu ton nom grand comme le nom des grands qui sont sur la terre; j'ai donné une demeure à mon peuple, à Israël, et je l'ai planté pour qu'il y soit fixé et ne soit plus agité, pour que les méchants ne l'oppriment plus comme auparavant et comme à l'époque où j'avais établi des juges sur mon peuple d'Israël. Je t'ai accordé du repos en te délivrant de tous tes ennemis. Et l'Éternel t'annonce qu'il te créera une maison. Quand tes jours seront accomplis et que tu seras couché avec tes pères, j'élèverai ta postérité après toi, celui qui sera sorti de tes entrailles, et j'affermirai son règne. Ce sera lui qui bâtira une maison à mon nom, et j'affermirai pour toujours le trône de son royaume. Je serai pour lui un père, et il sera pour moi un fils. S'il fait le mal, je le châtierai avec la verge des hommes et avec les coups des enfants des hommes; mais ma grâce ne se retirera point de lui, comme je l'ai retirée de Saül, que j'ai rejeté devant toi. Ta maison et ton règne seront pour toujours assurés, ton trône sera pour toujours affermi. Nathan rapporta à David toutes ces paroles et toute cette vision. (2 Sa 7: 5-17 LSG)

La Bible déclare qu'aussitôt après avoir entendu cette parole prophétique, David alla directement dans la présence de Dieu dans la prière et s'assit devant l'Eternel. Dans le verset 25, le roi a amené à manifestation la parole prophétique en disant : « Maintenant, Éternel Dieu, fais subsister jusque dans l'éternité la parole que tu as prononcée sur ton serviteur et sur sa maison, et agis selon ta parole » Le verset 27 nous informe que le Roi David était audacieux dans la prière, à cause de la parole que Dieu lui avait révélée. Comme je l'ai mentionné plus tôt, la parole prophétique est une arme du combat spirituel que nous utilisons pour manifester la volonté et le conseil originels de Dieu sur la terre par la prière parce qu'elle révèle la pensée de Dieu, et connaitre le dessein de Dieu concernant quelque chose vous donne la direction, la concentration, et l'audace dans la prière, et vous aide à être en harmonie avec la volonté parfaite de Dieu sur le champ de bataille.

Quand Dieu ordonna au prophète Elie d'aller se présenter lui-même devant le Roi Achab dans 1 Rois 18:1, lui disant qu'il était sur le point de faire descendre la pluie sur la terre après environ trois ans et demi de famine sévère en Israël, Elie obéit et fit tout ce que l'Eternel lui avait ordonné de faire. Il dit au roi au verset 41 d'aller se trouver quelque chose à manger et à boire parce qu'il entendait un bruit qui annonce une forte pluie. C'était après qu'il ait construit un autel au nom de l'Eternel, fait un sacrifice énorme (un taureau et 12 grandes gourdes d'eau en temps de sécheresse sévère), fait descendre le feu du ciel, et ait tué quatre cents cinquante prophètes de Baal. Le Roi Achab partit manger et boire, mais le prophète Elie monta au sommet du mont Carmel, s'inclina à terre, et mis son visage entre ses genoux dans une prière intensive pour manifester la parole prophétique de Dieu pour le pays. Alors il envoya son serviteur aller regarder en direction de la mer s'il verrait le signe de l'accomplissement de la parole prophétique, il alla donc mais ne vit rien. Il revint dire à son maitre Elie qu'il n'y avait aucun signe. Le prophète Elie continua à prier pour amener à manifestation la prophétie pendant que son serviteur partait en quête d'un signe. La septième fois, le jeune homme revint dire à son maître qu'un nuage aussi petit que la paume d'une main d'homme s'élevait de la mer. Alors Elie lui dit d'aller dire au Roi Achab de se dépêcher de retourner chez lui avant que la pluie l'arrête (1 Rois 18:1-46). L'apôtre Jacques dit qu'il il pria avec instance pour manifester la parole prophétique que Dieu avait prononcée sur la terre avant de pouvoir voir l'accomplissement (Ja. 5:17-18).

Quand Dieu promit au père Abraham qu'il lui donnerait la terre de Canaan comme possession, il crut en la parole de Dieu, et l'écriture dit que l'Eternel le lui imputa à justice. Puis, il demanda encore : « Seigneur Éternel, à quoi connaîtrai-je que je le posséderai? » Alors, Dieu lui demanda d'offrir un sacrifice.

Quand le soleil fut couché, il y eut une obscurité profonde; et voici, ce fut une fournaise fumante, et des flammes passèrent entre les animaux partagés. La Bible déclare que l'Eternel fit alliance avec Abram en ce jour.

> *Alors la parole de l'Éternel lui fut adressée ainsi: Ce n'est pas lui qui sera ton héritier, mais c'est celui qui sortira de tes entrailles qui sera ton héritier. Et après l'avoir conduit dehors, il dit: Regarde vers le ciel, et compte les étoiles, si tu peux les compter. Et il lui dit: Telle sera ta postérité. Abram eut confiance en l'Éternel, qui le lui imputa à justice. L'Éternel lui dit encore: Je suis l'Éternel, qui t'ai fait sortir d'Ur en Chaldée, pour te donner en possession ce pays. Abram répondit: Seigneur Éternel, à quoi connaîtrai-je que je le posséderai? Et l'Éternel lui dit: Prends une génisse de trois ans, une chèvre de trois ans, un bélier de trois ans, une tourterelle et une jeune colombe. Abram prit tous ces animaux, les coupa par le milieu, et mit chaque morceau l'un vis-à-vis de l'autre; mais il ne partagea point les oiseaux. Les oiseaux de proie s'abattirent sur les cadavres; et Abram les chassa. Au coucher du soleil, un profond sommeil tomba sur Abram; et voici, une frayeur et une grande obscurité vinrent l'assaillir. Et l'Éternel dit à Abram: Sache que tes descendants seront étrangers dans un pays qui ne sera point à eux; ils y seront asservis, et on les opprimera pendant quatre cents ans. Mais je jugerai la nation à laquelle ils seront asservis, et ils sortiront ensuite avec de grandes richesses. Toi, tu iras en paix vers tes pères, tu seras enterré après une heureuse vieillesse. A la quatrième génération, ils reviendront ici; car l'iniquité des Amoréens n'est pas encore à son comble. Quand le soleil fut couché, il y eut une obscurité profonde; et voici, ce fut une fournaise fumante, et des flammes passèrent entre les animaux partagés. En ce jour-là, l'Éternel fit alliance avec Abram, et dit: Je donne ce pays à ta postérité, depuis le fleuve d'Égypte jusqu'au grand fleuve, au fleuve d'Euphrate, le pays des Kéniens, des Keniziens, des Kadmoniens, des Héthiens, des Phéréziens, des Rephaïm, des Amoréens, des Cananéens, des Guirgasiens et des Jébusiens. (Ge 15:4-21 LSG)*

Le sacrifice porte, active, et libère la puissance d'une alliance, et c'est l'une des nombreuses choses qui ajoutent du poids à la prière quand il s'agit de manifester un décret prophétique. Laissez-moi préciser ici qu'il y a une petite différence entre un sacrifice et une semence de foi. La Bible déclare que toute semence se reproduit selon son espèce et qu'il y a un temps pour semer et un temps pour moissonner (Ge 1:11-12, 8:22). Le Seigneur est celui qui fournit de la semence au semeur, et du pain pour sa nourriture, (2 Co 9:10). Le maitre nous encourage dans Ecclésiaste 11:6 à semer nos semences, et de ne pas laisser reposer notre main le soir; car on ne sait pas ce qui réussira. Le Psalmiste dit que celui qui marche en pleurant, quand il porte la semence, revient avec allégresse, quand il porte ses gerbes. (Ps 126:6).

Toutes les semences ne sont pas identiques, mais chaque semence se reproduit selon son espèce. Quand vous semez une semence de foi pour une chose particulière, elle produira exactement ce que vous semez. Galates 6:7 dit qu'on récolte ce qu'on sème. D'autre part, un sacrifice est quelque chose de précieux, spécial, et de valeur qui vous coute. C'est quelque chose qui diffère de votre façon habituelle d'offrir et quand vous le faites, vous le ressentez. Ce n'est pas un quelconque type d'offrande ordinaire. En lisant attentivement la Bible, vous remarquerez à quel point Dieu est strict quant au type d'animal ou de chose qu'on peut offrir en sacrifice. Et quand on n'offre pas ce qu'il faut, le sacrifice est rejeté. Mais un vrai sacrifice porte, active, et libère la puissance d'une alliance.

Dieu avait fait une alliance avec le père Abraham quand il offrit son sacrifice comme nous l'avons vu précédemment dans le passage. L'Eternel dit dans Psaumes 50:5, Rassemblez-moi mes fidèles, qui ont fait alliance avec moi par le sacrifice! Dieu dit dans Malachie 1:8 que c'est mal d'offrir une bête aveugle, boiteuse ou infirme comme sacrifice.

C'est pourquoi un sacrifice doit être spécial, et précieux, afin de faire bouger la main de Dieu. En dehors des offrandes sacrificielles et des semences de foi, il y a beaucoup d'autres choses qui ajoutent du poids à votre prière dans la manifestation d'un décret prophétique. Pour en savoir plus, allez au chapitre trois et lisez aussi "Les armes du combat spirituel" de ce chapitre.

De la Genèse à Malachie, il y a eu de nombreuses prophéties sur la naissance, la vie, et la mission du Seigneur Jésus, mais pour que l'écriture soit accomplie, des gens avaient dû se lever dans la prière pour amener les prophéties à accomplissement. L'un d'eux était une prophétesse du nom d'Anne, fille de Phanuel de la tribu d'Aser. Son mari était mort sept ans après leur mariage. Elle resta donc veuve jusqu'à l'âge de quatre-vingt-quatre ans. Elle ne quitta jamais le temple de jour comme de nuit, jeûnant et priant pour manifester les prophéties concernant la rédemption de Jérusalem (Luc. 2:36-38). Un autre était Siméon, un homme juste et pieux, qui attendait ardemment la consolation d'Israël. L'écriture déclare que l'Esprit Saint était sur lui, et il lui avait été dit qu'il ne mourrait pas avant d'avoir vu le Messie du Seigneur. L'Esprit le conduisit au temple lorsque Marie et Joseph vinrent pour présenter l'enfant à l'Eternel selon la coutume de la loi. Il prit l'enfant dans des ses bras et loua Dieu de ce qu'il lui avait permis de voir l'accomplissement de sa promesse pour son peuple Israël (Luc. 2:25-35). La Bible décrit également comment le Seigneur Jésus avait prié avec ferveur dans son agonie pour manifester les paroles prophétiques prononcées depuis la Genèse à Malachie (Lu. 22:39-46).

GÉMIR EN ESPRIT

Gémir en esprit est la dimension la plus élevée de la prière. Ça se produit quand quelqu'un qui croupit sous le poids d'un fardeau est conduit ou amené en esprit, par l'Esprit Saint qui nous donne la capacité de parler dans le langage céleste, à faire un long bruit dépourvu de paroles. C'est là la dimension la plus élevée de la prière d'agonie, et il amène l'intéressé à pleurer et supplier inlassablement en esprit à cause de l'agitation, la détresse, la douleur, le chagrin, l'angoisse, ou du malaise intérieur. Il peut être défensif ou offensif selon le cas. Dans l'intercession, il est défensif, mais pendant le combat spirituel où vous luttez contre l'ennemi, il devient offensif.

Tout comme il existe différents niveaux de prière, il existe des dimensions de prière stratégique. Puisque l'intercession et le combat sont tous deux stratégiques, gémir par l'esprit est la dimension la plus élevée de prière stratégique. Tous les intercesseurs et guerriers de la prière n'opèrent pas à la même dimension de prière. Tout dépend de la connaissance, des aptitudes, et de l'expérience qu'on a en la matière. Plus vous en savez et pratiquez, plus vous allez en profondeur!

Le dictionnaire gratuit en ligne inclut dans sa définition de gémir, ce qui suit : exprimer un cri profond et inarticulé de douleur, de chagrin ou de mécontentement ; exprimer un cri de stress ou de tension [1] ; un cri perçant prolongé exprimant l'agonie, la douleur, ou la désapprobation : (faibles cris inarticulés) exprimant la douleur, le chagrin, la désapprobation [2] etc...

Gémir en esprit déplace la main de Dieu plus que n'importe quel autre type de prière, parce qu'on invoque et manifeste ainsi la puissance de l'alliance (Dieu garde son alliance). Exode 2:23-25 décrit comment les Israélites gémissaient à cause de leur esclavage et s'écriaient à Dieu de leur venir en aide. Le passage dit que leur cri s'éleva vers Dieu et il entendit leurs gémissements, ce qui lui fit se rappeler son alliance avec Abraham, Isaac, et Jacob. Dieu regarda son peuple et fut attristé par leur situation. Ils gémissaient à cause de l'oppression et de l'affliction, mais leurs cris montèrent vers Dieu et lui firent se rappeler l'alliance qu'il avait faite avec leurs ancêtres, et qui avait été depuis longtemps oubliée. La puissance de l'alliance que leurs gémissements avait activée fit venir Dieu à Madian où Moïse paissait le troupeau de son beau-père Jethro, le sacrificateur de Madian, pour l'envoyer les libérer de leur servitude.

La puissance de cette prière raviva leur rêve ou vision dont on n'avait plus entendu parler pendant environ 430 ans. Elle attira l'attention du ciel et provoqua l'intervention divine, qui amena Dieu à trouver Moïse (leur libérateur) à Madian, mettre en place le buisson ardent (orchestration divine), capter son attention, l'appeler et l'envoyer en mission pour libérer son peuple d'Egypte (Ex 3:1-10). S'ils n'avaient pas gémi, rien de cela ne se serait produit.

---

[1] Gémir (n.d.) *Dictionnaire de la langue Anglaise American heritage®, cinquième édition.* (2011). Extrait de http://www.thefreedictionary.com/groan le 25 Avril 2015

[2] Gémir (n.d.) *Collins English, complet et intégral.* (1991, 1994, 1998, 2000, 2003). Extrait de http://www.thefreedictionary.com/groan le 25 Avril 2015

Quand nous prions en langues, le Saint-Esprit nous donne la capacité d'articuler des mots dans le langage spirituel également connu sous le nom de "langue de prière." Mais lorsque nous gémissons en esprit, le Saint-Esprit intervient, et il utilise nos langues pour déclarer des mystères qui ne peuvent pas être exprimés à travers des mots à Dieu le Père. Romains 8:26-27 explique comment le Saint-Esprit nous aide dans notre faiblesse en intercédant pour nous par des soupirs exprimables, parce que nous ne savons pas ce que nous devons demander. Il dit que le Père qui sonde nos cœurs sait que ce que dit l'esprit qui gémit par nous, parce qu'il intercède pour nous selon la volonté de Dieu. Et du moment où la prière est en harmonie avec la volonté de Dieu, l'exaucement est garanti.1 Jean 5:14 déclare que si nous demandons quelque chose selon sa volonté, il nous écoute. La raison pour laquelle certains ne reçoivent pas l'exaucement à leurs prières est qu'ils demandent avec de mauvaises intentions. Gémir en esprit est une prière qui est complètement en accord avec la volonté de Dieu. Elle produit, par conséquent des résultats. J'appelle ça, la dimension la plus élevée de la prière parce qu'elle porte, active, et libère la puissance de l'alliance, et une fois qu'une personne atteint ce niveau de prière, elle manifeste le plan de Dieu, surimpose sa volonté au royaume des hommes et aux œuvres du malin.

Jean 11:33-44 raconte ce qui s'est passé quand le Seigneur Jésus s'est rendu à Béthanie après que Lazare soit mort et enterré. Le verset 33 dit quand le Seigneur vit Marie pleurer ainsi que les juifs qui l'accompagnaient, il frémit en son esprit, et fut tout ému. Le verset 35 déclare clairement que Jésus pleura. Avant que le Seigneur ait commencé à frémir, l'écriture dit qu'il vit Marie et ceux qui étaient venus avec elle pleuraient. Cela l'émut et mit en lui le fardeau qui l'amena à frémir en esprit. Le verset 38 dit que Jésus frémissant de nou-veau en lui-même, se rendit au sépulcre. C'était une grotte, et une pierre était placée devant. Jésus dit: Otez la pierre. Au verset 41, le Seigneur Jésus leva les yeux en haut, et dit: Père, je te rends grâces de ce que tu m'as exaucé.

Un ami m'a une fois demandé : « Pourquoi Jésus dirait: Père, je te rends grâces de ce que tu m'as exaucé alors qu'à aucun endroit dans le passage on ne le voit prier? Il continua : « est-ce que cet acte d'action de grâce était une expression de sa foi et confiance en la capacité du Père d'accorder ce qu'il voulait de lui, ou le remerciait-il pour une prière qu'il avait faite avant de venir à Béthanie? ». Je lui ai dit pour répondre : « Pendant qu'il gémissait en esprit, c'était la dimension la plus élevée de la prière ». Si le Seigneur dit « Père, je te rends grâces de ce que tu m'as exaucé», ça signifie qu'il avait prié. Les versets 33 et 38 révèlent qu'il avait gémi en esprit, et gémir est la dimension la plus élevée de la prière. Ça signifie alors que par le gémissement, il a amené à manifestation la parole prophétique qu'il avait dite concernant la situation de Lazare au verset 4.

ABRÉVIATIONS IMPORTANTES

Gen.	Genèse
Ex.	Exode
Lev.	Levitique
Num.	Numbres
Deut.	Deutéronome
Jos.	Josué
Jug.	Juges
1 Sa.	1 Samuel
2 Sa.	2 Samuel
1 Ro.	1 Rois
2 Ro.	2 Rois
1 Ch.	1 Chroniques
2 Ch.	2 Chroniques
Néh.	Néhemie
Esth.	Esther
Ps.	Psaumes
Pro.	Proverbes
Ecl.	Ecclésiaste
CdC.	Cantiques des Cantiques
Es.	Esaîe
Jer.	Jeremie
Lam.	Lamentations
Ezek.	Ezéckiel
Dan.	Daniel
Os.	Osée
Jon.	Jonas
Mic.	Michée
Nah.	Nahum
Hab.	Habacuc
Soph.	Sophonie
Hag.	Haggée
Zac.	Zacharie
Matt.	Matthieu
Mk.	Marc

Lu.	Luc
Jn.	Jean
Ro.	Romain
1 Co.	1 Corinthiens
2 Co.	2 Corinthiens
Ga.	Galates
Ep.	Ephésiens
Ph.	Philippiens
Co.	Colossiens
1 Th.	1 Thessaloniciens
2 Th.	2 Thessaloniciens
1 Ti.	1 Timotée
2 Ti.	2 Timotée
Hé.	Hébreux
Ja.	Jacques
1 Pi.	1 Pierre
2 Pi.	2 Pierre
1 Jn.	1 Jean
2 Jn.	2 Jean
3 Jn.	3 Jean
Ap.	Apocalypse

La prière peut être désignée comme le premier produit général de la religion. Quelle que soit la diversité des religions dans le monde, il y a un rituel et une pratique courants qu'ils embrassent tous : la prière. La prière est le dénominateur commun des religions. Pourtant la prière a toujours été la pratique la moins cernée et la plus mal comprise des adeptes des religions. Comprendre la prière est le désir du cœur de tout homme ; même le païen aspire à se connecter à Dieu pour trouver la consolation, l'accès, et les résultats. Cela requiert un certain travail pour vraiment la comprendre.

- Dr. Myles Munroe

Suivez moi sur [f] : Caesar benedo
E-mail : caesben11@yahoo.com

Dépot Légal N° 8544 du 18 / 02 / 2016
Bibliothèque National, 1er Trimestre

www.ingramcontent.com/pod-product-compliance
Lightning Source LLC
Chambersburg PA
CBHW061426040426
42450CB00007B/925